साक्षात्कार

संसार में निर्मल वर्मा : पूर्वार्द्ध

लेखक की कृतियाँ

कहानी-संग्रह

परिन्दे (1959), जलती झाड़ी (1965), पिछली गर्मियों में (1968), बीच बहस में (1973), कव्वे और काला पानी (1983), प्रतिनिधि कहानियाँ (1988), सूखा तथा अन्य कहानियाँ (1995), थिगलियाँ (2024)

उपन्यास

वे दिन (1964), लाल टीन की छत (1974), एक चिथड़ा सुख (1979), रात का रिपोर्टर (1989), अन्तिम अरण्य (2000)

यात्रा-संस्मरण/डायरी

चीड़ों पर चाँदनी (1963), हर बारिश में (1970), धुंध से उठती धुन (1997)

निबन्ध/व्याख्यान

शब्द और स्मृति (1976), कला का जोखिम (1981), ढलान से उतरते हुए (1985), भारत और यूरोप : प्रतिश्रुति के क्षेत्र (1991), इतिहास स्मृति आकांक्षा (1991), शताब्दी के ढलते वर्षों में (संचयन, 1995), दूसरे शब्दों में (1997), आदि, अन्त और आरम्भ (2001), साहित्य का आत्म-सत्य (2006), सर्जना पथ के सहयात्री (2006)

नाटक

तीन एकान्त (1976)

अनुवाद

पराजय : अलेक्सांद्र फ़देयेव (1954), बचपन : लेव तोल्स्तोय (1954), कुप्रीन की कहानियाँ : अलेक्सांद्र कुप्रीन (1958), रोमियो, जूलियट और अँधेरा : यान ओत्चेनाशेक (1964), खेल-खेल में : चेक कहानियाँ (1966), इतने बड़े धब्बे : चेक कहानियाँ (1966), झोंपड़ीवाले और अन्य कहानियाँ : मिहाइल सदौवेन्यु (1966), कारेल चापेक की कहानियाँ (1966), बाहर और परे : इर्शी फ्रीड (1969), आर.यू.आर. : कारेल चापेक (1972), एमेके : एक गाथा : जोसेफ़ श्कवोरेस्की (1973)

पत्र

प्रिय राम, प्रिय निर्मल (2006), देहरी पर पत्र (2010), चिट्ठियों के दिन (2010)

साक्षात्कार

संसार में निर्मल वर्मा (2006)

संचयन

दूसरी दुनिया (1978)

संसार में निर्मल वर्मा

पूर्वार्द्ध

सम्पादन

गगन गिल

राजकमल पेपरबैक्स

पहली बार किताबघर प्रकाशन से 'मेरे साक्षात्कार' नाम से 1998 में प्रकाशित

राजकमल पेपरबैक्स में
पहला संस्करण : सितम्बर, 2024

राजकमल पेपरबैक्स : उत्कृष्ट साहित्य के जनसुलभ संस्करण

राजकमल प्रकाशन प्रा. लि.
1-बी, नेताजी सुभाष मार्ग, दरियागंज
नई दिल्ली-110 002
द्वारा प्रकाशित

शाखाएँ : अशोक राजपथ, साइंस कॉलेज के सामने, पटना-800 006
पहली मंजिल, दरबारी बिल्डिंग, महात्मा गांधी मार्ग, प्रयागराज-211 001
1, अनमोल सोराबजी सन्तुक लेन, मरीन लाइंस, मुम्बई-400002

वेबसाइट : www.rajkamalprakashan.com
ई-मेल : info@rajkamalprakashan.com

विकास कंप्यूटर एंड प्रिंटर्स
ट्रॉनिका सिटी-201 102
द्वारा मुद्रित

मूल्य : ₹299

SANSAR MEIN NIRMAL VERMA : POORVARDDH
Edited by Gagan Gill

ISBN : 978-93-6086-177-3

संसार में निर्मल वर्मा : पूर्वार्द्ध

क्रम

भूमिका

ये साक्षात्कार—'इंटरव्यू' शायद अधिक व्यावहारिक और विनयपरक शब्द है—लगभग पिछले पच्चीस वर्षों के दौरान विभिन्न पत्र-पत्रिकाओं के लिए दिये गए थे। पुस्तक के लिए सिर्फ़ उन साक्षात्कारों को चुना गया है, जो कमोबेश कला, साहित्य और समाज के उन प्रश्नों को छूते हैं, जो आज भी विचारोत्तेजक विवाद का विषय बने हुए हैं। इसका श्रेय मेरे 'उत्तरों' को नहीं जाता, उन 'प्रश्नों' को जाता है जो हिन्दी समाज में किसी-न-किसी रूप में हमेशा हाथ उठाए दिखाई देते हैं।

इनमें कुछ ऐसे साक्षात्कार भी शामिल हैं जो अंग्रेज़ी में दिये गए थे—अंग्रेज़ी पत्रों के लिए। मैंने उनका हिन्दी में अनुवाद तो किया ही है, साथ ही अपने उत्तरों के साथ अनुवाद करते समय काफ़ी छेड़छाड़ भी की है। उसके लिए मेरा बचाव यही है कि कुछ 'उत्तर' जो मैंने बरसों पहले दिये थे, वे मुझे तथ्यात्मक रूप से काफ़ी अपर्याप्त जान पड़े...। बहुत जगह अक्षरशः अनुवाद न करके अपनी ओर से कुछ जोड़ने या हटाने का भी दुस्साहस किया है, ताकि मेरा उत्तर अधिक स्पष्ट और संक्षिप्त (प्रिसाइज़) बन सके। इस तरह की मनमानी स्वच्छन्दता के लिए क्षमा ही माँग सकता हूँ। हिन्दी में दिये गए साक्षात्कारों को दुबारा लिखने का मौक़ा नहीं मिला, इसलिए उन्हें सँवारने-सुधारने का प्रलोभन संवरण करना पड़ा—उन्हें जस का तस दिया जा रहा है।

अन्त में मैं सत्यव्रत जी का आभारी हूँ, जिनका आग्रह यदि इतना हठीला न होता, तो मुझमें कभी इतना धैर्य नहीं होता कि इतने बरसों के दौरान बिखरे साक्षात्कारों को एक जगह कालक्रमानुसार एकत्रित कर सकता।

—निर्मल वर्मा

नई दिल्ली
13 दिसम्बर, 1998

लिखने के जोखिम

विनोद भारद्वाज की बातचीत

विनोद भारद्वाज : अपने लिखने की शुरुआत के दिनों में क्या आपको महसूस होता था कि लेखक बनना आपकी नियति है? उन दिनों किन चीज़ों ने आपको आकर्षित किया था कि आप एक लेखक बनें?

निर्मल वर्मा : नहीं, मुझमें कभी इस बारे में कोई स्पष्ट धारणा नहीं थी कि मेरी नियति लेखन की है। मैं पढ़ने का बहुत शौक़ीन था और उन दिनों रामकुमार भी कहानियाँ लिखते थे। उनकी कहानियाँ मैं पढ़ता भी था, लेकिन कभी यह ख़याल नहीं आया था कि मैं कुछ कल्पनाशक्ति के क्षेत्र में लिख सकूँगा। इतिहास में बहुत शौक़ था और एक बार जब मैं बहुत छोटा था, तो इच्छा हुई थी कि मैं दुनिया का इतिहास—जिसमें कि विभिन्न देशों के लोगों के रीति-रिवाज, उनके चाल-चलन, उनकी अलग-अलग संस्थाओं के बारे में लिखूँ। वह इतिहास के बारे में बिलकुल एक तरह का बचकाना सम्मोहन (ऑब्सेशन) था लेकिन मैंने कभी कहानी या उपन्यास लिखने की बात नहीं सोची थी।

वि.भा. : क्या आप किसी एक ख़ास समय को याद कर सकते हैं जब आपने लिखने या उसे अपना प्रोफ़ेशन बनाने का निर्णय लिया?

नि.व. : मैंने कभी इस तरह का कोई प्रोफ़ेशनल निर्णय नहीं लिया कि मैं लेखक बनूँ। किसी ठंडे क्षण में सोच-समझकर मैंने लेखक बनने का कोई फ़ैसला लिया हो, मुझे याद नहीं आता। समय-समय पर ज़रूर दूसरे कामों में बहुत उलझा होने के कारण या उनसे मुक्ति पाने के लिए मैं लिखता था। लेकिन, वह चीज़ मेरी तात्कालिक परेशानियों या दबावों से बिलकुल अलग कठघरे में ढली थी। एक ज़माने में जब मैं पढ़ता था या कम्यूनिस्ट पार्टी में था, तो बहुत दबाव रहता था लोगों से मिलने का, उससे बिलकुल अलग व्यक्तिगत स्तर पर अपने भावनात्मक

संसार में घुसने की सुविधा कहानी ज़रूर मुझे देती थी और यह शायद सबसे शुरू का एक सम्मोहन था।

वि.भा. : आपका यह जो राजनीतिक कार्यक्षेत्र था—जिन लोगों के सम्पर्क में आप आते थे, उन लोगों का आपकी कहानियों के चरित्रों से कोई सीधा सम्बन्ध भी कभी रहा है?

नि.व. : कभी नहीं रहा क्योंकि राजनीतिक दुनिया मेरे लिए बहुत कुछ अमूर्त-सी दुनिया रही थी। उसमें लोग आते थे, बातचीत होती थी लेकिन वह केवल एक क्षणिक (फ्लीटिंग) दुनिया थी जबकि कहानी में मैं एक ऐसे भावजगत में आने की कोशिश करता था, जहाँ संवेग बाहर की दुनिया के दबावों से अलग अपने बिलकुल कोरे वैयक्तिक जीवन के स्तर पर 'क्रिस्टलाइज़' होते हैं और कहानी एक तरह से मेरे लिए बचपन से 'क्रिस्टलाइज़' हुई भावनाओं पर विचार रिफ़्लैक्ट करने की एक प्रक्रिया थी।

वि.भा. : उन दिनों आप मार्क्सवाद से कैसे प्रभावित हुए? क्या विचारधारा के स्तर पर? एक लेखक के रूप में मार्क्सवाद को आपने किस आधार पर स्वीकार किया?

नि.व. : मैंने मार्क्सवाद को एक लेखक के तरीक़े से कभी स्वीकार नहीं किया क्योंकि उन दिनों मैं अपने को लेखक मानता ही नहीं था। वह प्रश्न उठता ही नहीं है और न ही मैं समझता हूँ कि जब मैं कम्यूनिस्ट पार्टी में आया था, तो मेरा मार्क्स का अध्ययन बहुत गहरा था। उससे पहले मैं समाजवादी दल में काफ़ी अर्से से रहा था और एक तरह से उस ज़माने में, जब 1942 में कम्यूनिस्ट पार्टी ने दूसरा रवैया अपनाया तो मेरा आक्रोश और बहुत विरोध भी कम्यूनिस्ट पार्टी से था। लेकिन स्वतंत्रता के बाद मुझे महसूस हुआ—क्योंकि चीन में जो क्रान्ति हुई थी, उसकी कुछ किताबें पढ़ी थीं और समाजवादी दल एक तरह से कांग्रेस के साथ ही उन दिनों शामिल हो गया था—भारतीय स्थिति में विरोध का एक सक्षम और सार्थक आन्दोलन जो मुझे दिखाई दिया, वह कम्यूनिस्ट आन्दोलन था। यह चीज़ काफ़ी व्यंग्यात्मक है—पता नहीं और लोग कैसे कम्यूनिस्ट पार्टी में शामिल होते हैं : मार्क्स को पढ़ने के बाद शामिल होते हैं या मार्क्स को बाद में पढ़ते हैं और फिर उससे अलग होते हैं क्योंकि, जितना मैं मार्क्स के नज़दीक आता गया, उतना ही अधिक कम्यूनिस्ट पार्टी से मेरा मोहभंग होता गया।

वि.भा. : शायद उन दिनों लेखक कम्यूनिस्ट पार्टी में न्याय की लड़ाई के लिए और समाज को बदलने की इच्छा से अधिक शामिल हो रहे थे!

नि.व. : बहुत सही बात है यह, क्योंकि जवानी के दिनों में इस चीज़ का—एक आदर्श का, एक ख़ास क़िस्म का आदर्श जो कि बिलकुल अपनी तार्किक परिणति में पहुँचना चाहता है—कहीं भी समझौता नहीं करना चाहता—और कम्यूनिस्ट पार्टी इस तरह का भ्रम उन दिनों देती थी कि सब वामपंथी दल समझौते करते हैं केवल कम्यूनिस्ट पार्टी क्रान्ति को उसकी चरम परिणति में पहुँचाने की सामर्थ्य रखती है।

वि.भा. : विद्यार्थी जीवन में किन लेखकों ने आप पर असर डाला था? देशी और विदेशी, दोनों ही प्रकार के लेखकों की बात कर रहा हूँ।

नि.व. : हिन्दी में जैनेन्द्र और अज्ञेय का मुझ पर गहरा असर रहा था। जैनेन्द्र के शुरू के उपन्यासों का और अज्ञेय के 'शेखर' का—'शेखर' मैंने स्कूल के दिनों में पढ़ा था...।

वि.भा. : 'शेखर' उन दिनों आपको क्या हिन्दी में एक नया मोड़ लगा था?

नि.व. : हाँ, मुझे यह ज़रूर लगा था कि हिन्दी में इस तरह का उपन्यास नहीं था जिसमें कि भाषा की इतनी गहरी काव्यात्मकता और इतनी प्रखरता—एक मँजी हुई प्रांजलता हो। लेकिन वह ऐसा समय था जबकि मुझे रोमां रोलां भी बहुत पसन्द आते थे। उनका उपन्यास 'जां क्रिस्तोफ' पढ़ा था। ये बहुत कुछ किशोरावस्था के प्रभाव थे जिनसे आज मैं मुक्त हो चुका हूँ किन्तु जिन लेखकों का बहुत ही गहरा और स्थायी प्रभाव पड़ा था, वे थे—चेख़ॅव, टॉल्स्टॉय—विशेष कर टॉल्स्टॉय और दोस्तोएव्स्की। यह शायद कुछ अजीब है कि अंग्रेज़ी और अमेरिकी लेखक उन दिनों मुझे अधिक प्रभावित नहीं करते थे सिवाय उन लेखकों के जो कि एक तरह से रूसी लेखकों से ही प्रभावित थे, जैसे—कैथरीन मैंसफील्ड या एक बहुत दूसरे स्तर पर वर्जीनिया वुल्फ़। एम.ए. प्रीवियस की पढ़ाई के दिनों में मुझ पर वर्जीनिया वुल्फ़ का बहुत गहरा असर था।

वि.भा. : उन दिनों प्रूस्त जैसे लेखकों ने भी क्या आपको प्रभावित किया?

नि.व. : नहीं, प्रूस्त को मैंने बहुत बाद में पढ़ा और उन्हें पढ़कर मैं बिलकुल अभिभूत हो गया।

वि.भा. : विचारधारा के स्तर पर अस्तित्ववाद ने आप पर किस तरह का असर डाला था?

नि.व. : मार्क्सवाद ने दुनिया के बारे में एक तरह का फ्रेमवर्क मुझे दिया था कि उसमें कोई क्रम (ऑर्डर) है, उसका कोई अर्थ है और उसके भीतर मेरे रहने के

भी कोई मायने हैं। वह मुझे, मेरे और दुनिया के बीच में एक अर्थपूर्ण सुसंगत फ्रेमवर्क प्रदान करता था। किन्तु अस्तित्ववादी चिन्तन में पहली बार मुझे महसूस हुआ कि इतिहास को हम जैसे एक क्रमबद्ध विकास के रूप में स्वीकार करते हैं, वह हक़ीक़त नहीं है। दुनिया उतने क्रमबद्ध रूप में विकसित नहीं होती बल्कि उसके बिलकुल उलटे हम एक अराजकता और अर्थहीनता की सृष्टि में रहते हैं। यह सचमुच ही काफ़ी भयानक अनुभव हो सकता है कि इतिहास का कोई मतलब नहीं है और वह काफ़ी मनमाना हो सकता है, जैसे कि जीवन में घटनाएँ होती हैं—मेरा मतलब है कि इतिहास के भीतर जो घटनाएँ होती हैं, उनके पीछे कोई बहुत ही (अति पवित्र) सर्वमान्य नियम हो, ऐसा कोई ज़रूरी नहीं है। जब इस तरह की जागरूकता एक बार हो जाए तो फिर यह काफ़ी ज़रूरी हो जाता है कि हम सृष्टि के अर्थ को ईश्वर या इतिहास में न देखकर अपने नैतिक अर्थ में पाएँ और मनुष्य ख़ुद इस नैतिकता का निर्माण करे क्योंकि इसके भी कोई फ़ार्मूले नहीं हैं जो कि आपको बने-बनाए मिल सकते हों। इसलिए क्या सही है, क्या ग़लत है, क्या है और क्या होना चाहिए—इसे तय करने की ज़िम्मेदारी ख़ुद मनुष्य को अपने ऊपर उठानी होगी। वह न तो उसे ईश्वर से मिल सकती है और न ही इतिहास में उसकी खोज हो सकती है। इसका एक विकल्प तो यह हो सकता है कि आदमी 'सिनिकल' हो जाए—जब सारी दुनिया अर्थहीन और ईश्वर-शून्य हो, तब कुछ भी सम्भव है। जैसा दोस्तोएव्स्की ने अपने उपन्यास 'पज़ेस्ड' में एक चरित्र के माध्यम से कहा : 'जब कोई ईश्वर नहीं है, तो कुछ भी सम्भव है।' इसके उलटे अस्तित्ववादी दर्शन से जो मैंने सबसे बहुमूल्य चीज़ अपने लिए पाई, वह यह कि ईश्वर और इतिहास से मुक्त होकर, यह आदमी पर निर्भर है कि वह अर्थ और नैतिकता को जन्म दे जिससे कि बाहरी दुनिया से एक अर्थपूर्ण सम्बन्ध बन सके। इस बात के बीज शायद मुझमें बहुत पहले भी रहे हों क्योंकि यह चीज़ इतनी आसानी से—सरल ढंग से मैंने नहीं पाई। लेकिन क्योंकि मेरी भूमिका मार्क्सवाद से शुरू हुई थी इसलिए बाद में अस्तित्ववाद के प्रति इतना गहरे स्तर पर आकर्षित होना अपने विकास में मुझे एक अनिवार्य क़दम जान पड़ा।

वि.भा. : संगीत में शायद आपकी दिलचस्पी बहुत शुरू से रही है...?

नि.व. : अजीब बात यह है कि मेरी दिलचस्पी पश्चिमी शास्त्रीय संगीत में पहले शुरू हुई थी। इसके कारण भी कई थे क्योंकि उसका थोड़ा-बहुत शौक़ था और फिर जब मैं प्राग गया, तो न तो वहाँ मुझे भाषा आती थी और न वहाँ मेरे दोस्त थे...और वे काफ़ी ऐसे दिन थे जब मैं अकेलापन महसूस करता था और क्योंकि थियेटर और सिनेमा में भाषा की समझ ज़रूरी है इसलिए जब कभी मैं पोस्टर में मोत्सार्ट, बाख़, बीथोवन का नाम देखता था, तो शाम को कंसर्ट में जा बैठता था।

मेरा ख़याल है, मेरी सबसे ज़्यादा शिक्षा-दीक्षा पश्चिमी शास्त्रीय संगीत में हुई है तो प्राग की उन शामों में हुई है जब मैं किसी शाम को शायद ही बिना किसी कंसर्ट में जाए बिताता था। बाद में, वापस लौटने के बाद मुझे भारतीय शास्त्रीय संगीत में रुचि हुई लेकिन वह भी अपने को खोजने की दिशा में थी। उसने कोई ख़ास शक्ल ग्रहण की हो, ऐसा मैं नहीं समझता।

वि.भा. : दरअसल जैसा कई आलोचक भी संकेत दे चुके हैं, आपकी कहानियों का संगीत से गहरा सम्बन्ध है और सिर्फ़ आपकी कहानियाँ ही क्यों, आपके गद्य को पढ़ते हुए भी आपके संगीत के गहरे प्रेम की जानकारी मिलती है। इसीलिए मैंने यह सवाल किया था।

नि.व. : इसका शायद एक कारण यह भी लगता है कि संगीत हमारे भीतर की चुप्पी को बिना कोई समझौता किये सबसे ज़्यादा अभिव्यक्त करता है, बल्कि चुप्पी का रूप अगर सबसे ज़्यादा किसी चीज़ के निकट आता है, तो वह चीज़ संगीत है। यह चीज़ कहानियों में मुझे सबसे ज़्यादा आकर्षित करती रही है बल्कि एक तरह से चकित करती रही है कि क्या शब्द इस ख़ामोशी के संसार को तोड़ने के बजाय उसे अभिव्यक्त कर सकता है? यह केवल मेरा अनुमान है, क्योंकि यह कभी मैंने जानबूझकर या 'कांशस' होकर समझने की कोशिश नहीं की कि कहाँ संगीत मेरे लिखने में प्रवेश करता है। लेकिन कहानी में या मनुष्य के रिश्तों में मौन का जो रूप है, वह मुझे बराबर संगीत की तरफ़ खींचता था।

वि.भा. : शायद इस चुप्पी का कोई सम्बन्ध आप पहाड़ों में बिताए अपने बचपन से भी जोड़ सकते हैं।

नि.व. : मैं सोचता हूँ कि यह सम्बन्ध काफ़ी गहरा रहा होगा क्योंकि हमारी जो शहरी संस्कृति है, उसमें पहाड़ों का महत्त्व केवल इसलिए नहीं है कि वहाँ रूमानी या प्राकृतिक सौन्दर्य है। बहुत कम लोग यह महसूस करते हैं कि आज भी हमारे पहाड़ों पर एक ऐसी ख़ामोशी है जो हमारे शहरों में नहीं है और जिस व्यक्ति ने अपने जीवन के कई वर्ष पहाड़ों पर गुज़ारे हों, वह इस ख़ामोशी को केवल शब्द का अभाव नहीं मानता बल्कि उसे जीने के एक 'पॉज़िटिव' विस्तार के रूप में भी स्वीकार करता है। हम समझते हैं कि ख़ामोशी सिर्फ़ किसी चीज़ की अनुपस्थिति है लेकिन पहाड़ों पर अगर आप वर्षों रहे हों तो यह जीने की सम्पूर्ण शैली का एक विस्तार बन जाती है।

वि.भा. : 'परिन्दे' के छपने तक 'नई कहानी' का काफ़ी स्पष्ट रूप सामने आ चुका था। क्या आप भी 'कहानी' के प्रचलित रूप पर कोई प्रहार करने की सजग कोशिश कर रहे थे?

नि.व. : बिलकुल नहीं, क्योंकि मैंने हमेशा अपने को 'नई कहानी' के आन्दोलन और उसके जो नेता हैं, उनसे अलग पाया है। सिर्फ़ इसलिए नहीं कि आन्दोलन में कभी मुझे दिलचस्पी नहीं रही, बल्कि इसलिए भी कि मैंने कभी जानबूझकर यह कोशिश नहीं की कि मैं अपनी परम्परा से कोई चीज़ अलग कर रहा हूँ या उसे तोड़ने की कोशिश कर रहा हूँ। कोशिश सिर्फ़ यही थी कि मैं अपने अनुभवों को कितने प्रामाणिक स्तर पर व्यक्त कर पा रहा हूँ। इस प्रक्रिया में यह ज़रूर हो सकता है कि मैंने बहुत ही अवचेतन स्तर पर ऐसी कहानियाँ लिखी हों जो 'नई कहानी' के आन्दोलन में आती हों। लेकिन व्यक्तिगत रूप में लेखकीय रचना के स्तर पर शिल्प में कभी किसी जेहाद (क्रूसेडर) की हैसियत से परिवर्तन करने की न तो मेरे मन में इच्छा रही है और न ही मैंने ऐसी कोई कोशिश की।

वि.भा. : लेकिन 'नई कहानी' के उस दौर में जो कहानियाँ चर्चा का विषय थीं, जो उस आन्दोलन को एक तरह से परिभाषित कर रही थीं, उन्हें आपने पढ़ा तो होगा ही। क्या आप उन कहानियों के साथ संवाद की स्थिति में थे?

नि.व. : ज़रूर। मुझे ये कहानियाँ पुराने कहानीकारों की दुनिया की तुलना में कहीं ज़्यादा प्रामाणिक, सही और कहीं ज़्यादा ईमानदार जान पड़ती थीं और मुझे लगता था कि कहानी की बनावट में चाहे कोई मूलभूत अन्तर न भी आया हो लेकिन अहसास में और अनुभूति के क्षेत्र में उस ज़माने के लेखक जो लिख रहे थे, उनमें एक बुनियादी परिवर्तन आया था और उस परिवर्तन को अगर परिभाषित करना हो तो मैं कहूँगा कि पिछले कहानीकारों के मन में यह इच्छा रहती थी कि वे ऐसे अनुभव लें जिससे अच्छी कहानी बन सके जबकि इधर के जो मेरे समकालीन कहानीकार थे, उनका आग्रह था कि वे उन अनुभवों को लें जो उनकी दृष्टि में प्रामाणिक हैं, उनके नज़दीक हैं, फिर चाहे कहानी अच्छी बने या न बने। यही कारण है कि उन कहानियों में भले ही शिल्प की दृष्टि से कोई ज़्यादा अन्तर नहीं था पर मैं समझता हूँ, वे वयस्क थीं, प्रौढ़ थीं। वे एक ऐसे स्तर पर लिखी गई थीं जहाँ हमें मनुष्य की दुनिया की छुअन महसूस होती थी।

वि.भा. : कलाकार के निजी संसार और सामाजिक दबाव के सम्बन्ध की जब बात होती है तो आपकी कहानियों के सन्दर्भ में मुझे इतालवी फ़िल्मकार एंटोन्योनी की याद आती है जिनकी फ़िल्मों के बारे में कहा जाता है कि उनमें एक तरह का आन्तरिक यथार्थवाद है। 1955-60 के वातावरण को याद करते हुए हम सोचें तो उन दिनों यथार्थवाद की बहस को—सिर्फ़ एक आन्दोलन के रूप में ही नहीं, यथार्थ का सामना करने की समस्या को—आप कैसे देखते रहे हैं?

नि.व. : मैं समझता हूँ कि मेरे यथार्थवाद का एक पक्ष यह तो ज़रूर था कि मैंने अपनी कहानियों में जिस वर्ग को लिया था, वह कोई हवाई वर्ग नहीं था। वह भारतीय मध्यवर्ग के बुद्धिजीवियों की दुनिया थी। मैं उसे कम यथार्थ नहीं मानता और यह नहीं स्वीकार करता कि एक किसान की दुनिया ज़्यादा यथार्थवादी है और एक मध्यवर्ग के बुद्धिजीवी की दुनिया नक़ली है। हमारे भीतर यह जो एक अजीब-सा आग्रह रहा है कि एक वर्ग की दुनिया प्रामाणिक है और दूसरे वर्ग की दुनिया कृत्रिम है, इस आग्रह को मैं हमेशा आश्चर्य से देखता रहा हूँ। इस लिहाज़ से मेरी कहानियाँ उस अर्थ में तो बिलकुल ग़ैर-यथार्थवादी नहीं हैं, जैसा कि हम फ्रांस के उस आन्दोलन के बारे में कह सकते हैं जहाँ व्यक्ति केवल अपने अहं के स्तर पर दुनिया को परखता और जाँचता है। मेरे लिए यह कभी सम्भव नहीं रहा। मेरा और मेरे वर्ग का धागा चाहे कितना ही कमज़ोर क्यों न रहा हो, वह धागा हमेशा रहा है लेकिन उस धागे की जितनी गाँठें हैं, वह किसी 'टिपिकल' मध्यवर्ग के लोगों की विशेषताओं के द्वारा उद्घाटित न होकर बहुत कुछ मेरे अपने ढंग जैसे मैं उन्हें देखता हूँ या जैसे उनके द्वारा मैं अपनी ज़िन्दगी में उनके अस्तित्व को पाता हूँ, वैसे अभिव्यक्त करने की कोशिश की है—शायद इसे ही हम 'आन्तरिक यथार्थवाद' कहते हैं जहाँ यथार्थ भीतर और बाहर की नक़ली सीमाओं को तोड़ता है। मेरा यथार्थ के प्रति मोह उतना ही गहरा है, जितनी मेरी वितृष्णा 'यथार्थवादी' रचनाओं से है। हमें यथार्थ और यथार्थवाद के बीच भेद करना होगा। यथार्थवादी लेखक अक्सर यथार्थ को बौना और संकीर्ण बनाकर छोड़ देते हैं।

वि.भा. : कहानी लिखने के अपने शुरू के दिनों की तुलना में इधर पिछले कुछ वर्षों में जो कहानियाँ आप लिख रहे हैं, उनमें क्या आप बुनियादी 'शिफ़्ट' महसूस कर रहे हैं? या आप सोचते हैं कि जिन चीज़ों की खोज आपने शुरू की थी, आज भी आप कहीं न कहीं उसी से 'निर्धारित' हो रहे हैं?

नि.व. : मुझे यह महसूस होता है कि मेरी पिछली कहानियों में एक तरह का विभाजन-सा रहता था। मैं सोचता था कि वैयक्तिक स्तर की अनुभूतियों को मैं कहानी में व्यक्त कर सकता हूँ और मेरे जो वैचारिक आग्रह रहे हैं समाज के प्रति, इतिहास के प्रति, देश के प्रति, पश्चिमी सभ्यता और भारतीय परम्परा के प्रति—उन्हें मैं केवल निबन्धों द्वारा ही बराबर सामने ला सकता हूँ। इन दोनों चीज़ों के बीच में मुझे कोई सम्बन्ध नहीं जान पड़ता था। वह सम्बन्ध आता भी था, तो छाया की तरह आता था और मेरी कहानियों की जो भावभूमि थी, वह भी एक छाया की तरह मेरे निबन्धों पर आती थी। मैं सोचता हूँ कि इस तरह का विभाजन एक उम्र के बाद एक लेखक के लिए ज़्यादा सुखकर और ज़्यादा उपयोगी नहीं होता।

यह एक कारण है कि अपने ही लेखन के बारे में जो मुझे एक गहन असन्तोष-सा होता है, वह यह है कि कई चीज़ों को मैं अपने भीतर एक तरह से वर्जित मान लेता हूँ। एक तरह का नक़ली सेंसर उन पर आरोपित कर देता हूँ। मैं सोचता था कि वे चीज़ें अगर मैं अपनी रचना में लाऊँगा तो बनावटीपन या उथलापन पैदा हो सकता है क्योंकि ये चीज़ें केवल मेरे सोचने के स्तर पर हैं, अनुभूति के स्तर पर नहीं, जबकि अब मैं सोचता हूँ कि लिखने का सबसे बड़ा 'रिस्क' यही है कि आदमी अपनी सम्पूर्णता में किस तरह से जाता है। जब तक कि हम असफल होकर लिखने का 'रिस्क' नहीं उठाएँगे, तब तक सफलता का भी कोई विशेष महत्त्व नहीं है।

वि.भा. : कहानी और उपन्यास के सम्बन्ध को आप कैसे देखते हैं? उपन्यास आपकी नज़र में कोई बहुत बड़ा कैनवस है? या यूँ पूछा जाए कि कहानी की जगह पर आप उपन्यास क्यों लिखते हैं?

नि.व. : मेरे ख़याल में इसका जवाब मैं काफ़ी व्यक्तिगत स्तर पर ही दे सकता हूँ। कहानी हमेशा मुझे एकदम फ़्लैश के रूप में आ जाती है। उसमें कहीं भी मुझे यह महसूस नहीं होता कि कुछ खुले प्रश्न हैं जिन्हें मैं अपने भीतर सुलझा नहीं पाया हूँ या उनको लेकर किसी नतीजे तक नहीं आ पाया हूँ। लेकिन कई बार मेरे मन में कुछ चीज़ें एक धुँधली इमेज या प्रश्न के रूप में आती हैं तो मैं चाहता हूँ कि उन्हें लिखने के दौरान परिभाषित कर पाऊँ या स्पष्ट कर पाऊँ। इसलिए मेरे लिए उपन्यास लिखना एक तरह का 'ब्रॉडर क्लैरिफ़िकेशन' है। उन चीज़ों को, जिनके बारे में ख़ुद मैं अपने भीतर बहुत धुँधला हूँ। मेरे लिए उपन्यास कभी यह नहीं रहा कि उसका ज़्यादा बड़ा कैनवस हो, या उसमें ज़्यादा चरित्र हों, या उसके मुद्दे अपने में अधिक जानदार (वाइटल) हों। बल्कि एक उपन्यास के ज़रिये मैं अपनी शंकाओं के रेगिस्तान को आलोकित करना चाहता हूँ। मैं अगर लिखता और लिखता चला जाऊँ तो शायद इन शंकाओं को पार कर सकता हूँ और कभी-कभी इस तरह से लिखने का नतीजा एक उपन्यास होता है जबकि कहानी में आप एक जगह पर पहुँच जाते हैं और कहते हैं कि लो, यहाँ पर ख़त्म हो गई। कहानी कुछ पाने का भ्रम देती है, उपन्यास ढूँढ़ने की लम्बी यात्रा है।

वि.भा. : उपन्यास के बारे में एक प्रसिद्ध यूरोपीय विचारक का सिद्धान्त है कि वह बुनियादी रूप में एक धीमी गति से आगे बढ़ने वाली विधा है और जो लोग उसमें 'एक्शन' की माँग करते हैं, वे उपन्यास लिखने के तर्क को ग़लत दृष्टि से देखते हैं। आपके उपन्यास 'लाल टीन की छत' को पढ़ते वक़्त उसका ढिल्लड़पन (स्लगिशनैस) कई बार अपनी तरफ़ ध्यान खींचता है। आप इस पर कुछ कहना चाहेंगे?

नि.व. : यह बहुत रोचक शब्द है—स्लगिशनैस—इस लिहाज से तो यह बहुत महत्त्वपूर्ण है कि जो शिल्प-कौशल कहानी में होता है, वह उपन्यास में बहुत कम होता है। मैं यह नहीं कहता कि उसका उपन्यास में अभाव होता है लेकिन वह उसी रूप में नहीं आता, जैसा कि कहानी में हम उसे देखते हैं। उपन्यास में एक चीज़ जो ज़्यादा व साफ़ तरीक़े से कहानी से उसे अलग करती है, वह चीज़ मेरे ख़याल में सवाल पूछने की उत्कंठा और जिज्ञासा है। मैं समझता हूँ, मनुष्य की प्रकृति तथा उसकी स्वतंत्रता उपन्यास विधा के दो बुनियादी प्रश्न हैं। उपन्यास में इन प्रश्नों पर 'ब्रूड' किया जा सकता है। मैं यह नहीं कहता कि इनका कोई बना-बनाया उत्तर मिल सकता है लेकिन इस बारे में कितने ही सवाल किये जा सकते हैं। सॉल बैलो का उपन्यास 'हरजोग' आपने पढ़ा होगा। हरजोग दुनिया में सिर्फ़ सवाल पूछते हैं और वह भी बीसवीं शताब्दी के अमेरिका के सन्दर्भ में, अपने प्रेम के बारे में, अपनी पत्नियों, प्रेमिकाओं और अस्तित्व के बारे में सवाल जो कि कहानी में सम्भव हो ही नहीं पाता। इसलिए उपन्यास जहाँ एक तरफ़ 'स्लगिश' विधा है, वहीं दूसरी तरफ़, एक बड़ी खुली विधा भी है। और यह विधा इतनी बड़ी स्वतंत्रता देती है कि जब तक लेखक ख़ुद अपनी सीमाएँ निर्धारित न करे, इस विधा की सीमा का कोई अर्थ नहीं है। इसलिए 'दोन कुआते' के बारे में बोर्ख़ेस हमेशा यह कहते हैं कि मुझे 'दोन कुआते' एक तरह की कहानी ही जान पड़ती है जो बराबर उपन्यास की तरह चलती रहती है।

वि.भा. : बोर्ख़ेस की कहानियों का फ़ार्म—वे कहानियाँ आकार में बहुत छोटी होती हैं—क्या उसने कभी आपको प्रभावित किया? क्या आप उन पर कुछ कहेंगे?

नि.व. : यद्यपि बोर्ख़ेस की कहानियों का मुझ पर कोई असर नहीं है लेकिन मैं उन्हें पढ़ना बहुत पसन्द करता हूँ और मैं समझता हूँ, इतनी छोटी कहानियों, चार-पाँच पृष्ठ लम्बी कहानियों से किसी लेखक ने शायद ही समय, काल, इतिहास के बारे में इतने बुनियादी प्रश्न उठाए हों। मेरे ख़याल में कहानी के क्षेत्र में बोर्ख़ेस पहले दार्शनिक हैं। दार्शनिक एक बिलकुल दूसरे अर्थ में, जिन्होंने कहानीकार की कल्पनाशक्ति से हमारी धारणाओं को बिलकुल उलटकर उन पर एक प्रश्नचिह्न लगाकर हमें दिखाया। इस दृष्टि से वह मुझे बहुत ही चकित करते हैं, उत्तेजित करते हैं, अद्वितीय जान पड़ते हैं। उनकी कहानियाँ काफ़्का के 'पैरेबल्स' के निकट जाती हैं।

वि.भा. : मैं फ़िल्म विधा के बारे में आपसे कुछ बात करना चाहूँगा। आपकी कहानी 'माया-दर्पण' पर फ़िल्म भी बन चुकी है। आप अपनी कहानियों के बारे में सोचते हुए फ़िल्म के सन्दर्भ में भी क्या कुछ सोचते हैं? आप यह चाहेंगे कि कोई फ़िल्मकार या आप ख़ुद कभी उन पर फ़िल्म बनाएँ?

नि.व. : मेरे लिए तो यह कहना काफ़ी मुश्किल होगा क्योंकि निर्देशक मेरी कहानियों के बारे में क्या सोचता है, यह उस पर निर्भर है, लेकिन यह ज़रूर है कि साहित्य के बाद अगर मेरा कोई दूसरा पैशन है तो वह सिनेमा है। मुझे यथार्थ को चाक्षुष (विज़ुअल) सन्दर्भ में देखना—जिस यथार्थ में गति हो और एक अनन्त स्पेस जो कि थिएटर में नहीं समा सकता, यह चीज़ मेरे लिखने में बहुत ही गहरी प्रेरणा मुझे देती रही है। चीज़ों को लेकर पहले मैंने कभी ऐसा महसूस नहीं किया था। पश्चिम में बहुत फ़िल्में देखने का मौक़ा मिला। जिसे हम दुनिया कहते हैं, वह कोई अमूर्त चीज़ नहीं है। वह बहुत ठोस चीज़ों में बँटी हुई है। उसमें कमरा, सड़क, ख़ाली सड़क, ख़ाली गली, गली में चलती हुई कोई औरत, खेलते हुए बच्चे, लड़ते हुए बच्चे, मनुष्य की भावनाएँ, कुंठाएँ, प्रेम और हिंसा की इमेजेज़ हैं जिनमें कहीं कोई शब्द नहीं है लेकिन जो एक लैंडस्केप या सिटीस्केप के सन्दर्भ में एक बिजली की तरह कौंधते हुए दिमाग़ पर असर करती है। इतने गहरे और इतने ज़बरदस्त विज़ुअल प्रभाव—जिनके भीतर समूची सभ्यता के अन्तर्विरोध छिपे रहते हैं। यह पहली बार मुझे फ़िल्में देखकर महसूस हुआ। लेकिन इसका असर शायद मुझ पर इसलिए भी बहुत हुआ क्योंकि कहानियों में मेरी हमेशा यह कोशिश रही है—हालाँकि मुझे मालूम नहीं कि मैं कहाँ तक सफल रहा हूँ—कि कहानियों में पेंटिंग के स्पेस और सिनेमा की गति को कैसे शब्दों द्वारा उद्घाटित किया जा सकता है। कभी-कभी रॉब्ब ग्रिये या नाथालिया सारुत के उपन्यास ऐसा करते हैं। मुझे नहीं मालूम कि अगर सिनेमा का प्रभाव मुझ पर इतना गहरा न होता, तो मैं कभी इस चीज़ को इतनी तीव्रता के साथ महसूस कर पाता।

वि.भा. : पर क्या आप स्वयं कभी कोई फ़िल्म बनाना चाहेंगे? जैसे अमेरिकी लेखक मेलर ने फ़िल्में बनाईं। सुपर-8 के बाद तो हैंडहेल्ड कैमरा लेकर फ़िल्में बनाना और भी आसान हो गया है। क्या इस तरह का कोई उत्साह आपमें है?

नि.व. : मैं फ़िल्मों के तकनीकी पक्ष के प्रति बिलकुल अनभिज्ञ हूँ। मेरे लिए यह एक तरह का स्वप्न और महत्त्वाकांक्षा ही है कि मैं कोई फ़िल्म बना सकूँ हालाँकि मैं सोचता हूँ कि इस काम में मैं बहुत असफल होऊँगा।

वि.भा. : शुरू में शायद आपने अध्यापन का कार्य किया था, लेकिन बाद में आप काफ़ी स्वतंत्र क़िस्म की ज़िन्दगी जीते रहे हैं। अक्सर मैंने आपको दिल्ली के पुस्तकालयों-सांस्कृतिक केन्द्रों से फ़िल्में देखकर निकलते, बस के इंतज़ार में खड़े देखा है, जो बात आपके समकालीनों में मुझे दिखती नहीं। क्या आप एक बोहेमियन—अगर हम इस शब्द का एक ख़ास तरह से इस्तेमाल करें—ज़िन्दगी पसन्द करते रहे हैं? किसी संस्थान से आप नहीं जुड़े या पत्रकारिता की तरह का

कोई पेशा नहीं अपनाया, इसका कोई ख़ास कारण है क्या? सिर्फ़ लेखन पर आश्रित रहने को आप कैसे देखते हैं?

नि.व. : मेरे साथ दिक़्क़त यह है कि मैं लेखन भी पूरी तेज़ी के साथ नहीं करता जो कि मुझे करना चाहिए। इसलिए मुझे अपने पर काफ़ी अफ़सोस भी होता है। हालाँकि मैं अपने लेखन पर ही रहता हूँ लेकिन अपने लेखन में मैंने काफ़ी 'प्यूरिटन' सा एप्रोच अपना रखा है जो मुझे ख़ास ठीक नहीं जान पड़ता। साहित्य का एक अपना जगत है। हिन्दुस्तान में या दिल्ली में उसमें भी मेरी ज़्यादा दिलचस्पी नहीं है और वह काफ़ी कुंठा पैदा करने वाली दुनिया भी है। लेकिन बोहेमियन ज़िन्दगी का सवाल—यह बहुत हद तक ठीक है क्योंकि लिखने के अलावा यूँ कहा जाए कि मेरी ज़िन्दगी एक 'शाश्वत छात्र' की ज़िन्दगी रही है। इसलिए मुझे अपने दैनिक रहन-सहन में किसी तरह का परिवर्तन अपने स्वभाव के ख़िलाफ़ जान पड़ता है। इसलिए 10 से 5 की ज़िन्दगी का प्रश्न तो अलग रहा, सम्पादन जैसी चीज़ें भी मुझे अपने तईं अलग-सी जान पड़ती हैं। शायद यही कारण है कि जब कभी मेरा लेखन एक प्रोफ़ेशन जैसा रूप धारण करने लगता है, वहीं मुझे बहुत वितृष्णा होने लगती है। मैं अपने लिखने को बहुत कुछ उसी तरह से अस्थायी रखना चाहता हूँ जैसा कि मैंने अपने लिखने के शुरू के दिनों में उसे रखा था। वह स्थिति मुझे बहुत घुटन-भरी जान पड़ती है। जब किसी सत्ता के भीतर या बाहर हटा न जा सके, उसके ख़िलाफ़ विद्रोह न किया जा सके। मैं सोचता हूँ, आज की स्थिति में हमें कम-से-कम सुविधाओं पर जीने की कोशिश करनी चाहिए, ताकि हम अपने लिए ज़्यादा-से-ज़्यादा स्वतंत्रता की स्पेस बना सकें। देखिए, इमरजेंसी के दौरान उन लेखकों और बुद्धिजीवियों का क्या हाल हुआ, जो पहले 'स्वतंत्र मेधा' और क्रिटिकल चिन्तन का ढिंढोरा पीटते हैं, किन्तु उनकी सुविधाओं पर ज़रा-सी आँच आई कि उन्होंने तुरन्त हथियार डाल दिये।

वि.भा. : इन दिनों तो वैसे आप दिल्ली में ही रह रहे हैं पर आपने अपना काफ़ी समय यूरोप में बिताया है और अभी पिछले दिनों अमेरिका से लौटे हैं। क्या आपको लगता है दुनिया में कहीं कोई एक ऐसा शहर है जहाँ आप रहना चाहेंगे? मेरा मतलब शायद किसी आदर्श स्थिति से नहीं है—एक ऐसे शहर के बारे में जानने से है, जहाँ सुबह आप अपने ढंग से निकल जाना चाहेंगे, पुस्तकालयों में व्यस्त रहना चाहेंगे, शाम को किसी थियेटर या कंसर्ट में बैठ जाना चाहेंगे, आदि-आदि।

नि.व. : हाँ, लन्दन शहर मुझे ऐसा लगता है। मैं, हालाँकि प्राग में कई वर्ष रहा हूँ। लेकिन लन्दन में जितनी आज़ादी और प्राइवेसी (जिस पर कोई हस्तक्षेप नहीं करता) मिली, वह कहीं नहीं मिलती। मैं लन्दन में कई वर्ष रहा हूँ और वे मेरे जीवन के सुखद वर्ष रहे हैं। मैं समझता हूँ कि मैं उस शहर में आधा भूखा भी रह सकता हूँ।

वहाँ पर वह भूख भी अपने में काफ़ी रचनात्मक हो सकती है। शहरी जीवन का अकेलापन और उसका भरपूरपन अगर कहीं मैंने एक साथ पाया है, तो वह लन्दन में। वहाँ मैं बहुत अर्से तक अकेला ही रहा हूँ। एक ऐसे समय में जब मैं शायद दिन में पाँच या छह शब्द बोलता था। कभी-कभी मुझे हैरानी होती थी कि मैं सुबह से शाम तक एक आधे दर्जन शब्दों को बोलकर भी रह सकता हूँ। लेकिन मुझे वहाँ कभी वैसा अलगाव महसूस नहीं हुआ, जैसा दिल्ली में महसूस होता है।

वि.भा. : पिछले दिनों आप आयोवा (अमेरिका) में थे। अमेरिकी समाज के स्वरूप पर इधर काफ़ी सोचा गया है और उस पर लिखा गया है। वहाँ पर रहते हुए आपको कोई ख़ास बात महसूस हुई? एक तरह का ख़ास अमेरिकी अनुभव...

नि.व. : असल में अमेरिका में न्यूयॉर्क तो मैं सिर्फ़ घूमने गया था। कुछ दिन सैन फ्रांसिस्को में रहा। ज़्यादातर तो मैं आयोवा में ही ठहरा था जहाँ का विश्वविद्यालय काफ़ी 'प्रोविंशियल' क़िस्म का है। वहाँ के जीवन को लेकर किसी तरह से सारे अमेरिका पर कुछ कहना शायद ठीक नहीं होगा लेकिन आयोवा में रहते हुए भी मुझ पर कुछ ऐसे प्रभाव पड़े जो कि शायद यूरोप में कभी सम्भव नहीं हो पाते। कभी-कभी मुझे बड़ा भयानक-सा अहसास होता था कि यह इतनी बड़ी महाशक्ति अमेरिका, जिस पर बहुत कुछ दुनिया की शान्ति और मनुष्य की नियति निर्भर करती है, वहाँ के लोग स्वयं अपनी इस ज़िम्मेदारी के प्रति काफ़ी उदासीन हैं... मुझे हमेशा यह लगता रहा कि एक अमेरिकी को ख़ुद अपने भीतर एक अमेरिकी होने का अहसास नहीं है। उसे अपनी स्वतंत्रता ही अभिशाप और बोझ जान पड़ती है—इसलिए वह उससे जल्दी-से-जल्दी छुटकारा पाना चाहता है, किसी ओरियंटल धार्मिक दर्शन में—अमेरिका में जो भारतीय साधु या महात्मा धन कमाते हैं, यह एक उदाहरण है। स्वयं अमेरिका की सभ्यता के भीतर किसी तरह का असन्तोष कोई सार्थकता ग्रहण कर सकता है, इसमें उसका विश्वास नहीं। 20वीं शताब्दी के सन्दर्भ में जहाँ यातना शिविर, लेबर कैम्प, दो विश्वयुद्ध, वियतनाम की स्मृतियाँ हों—वहाँ पर अमेरिकी लोग इस समूचे क्रियाकलाप में अपने को बहुत कम शामिल कर पाने का उत्साह प्रदर्शित कर पाएँ, यह चीज़ मुझे वहाँ पर काफ़ी अचम्भे में डालती थी।

वि.भा. : इस बातचीत के रिकॉर्ड करने से पहले आपने चर्चा की थी कि अमेरिका से वापस लौटने पर आपने यात्रा-संस्मरण इसलिए नहीं लिखे कि अब आपको उस तरह के यात्रा-संस्मरण लिखने की ज़रूरत नहीं महसूस होती, जैसे पहले यूरोप से लौटने पर महसूस होती थी। इस फ़र्क़ पर आप कुछ कहेंगे?

नि.व. : पहले जब मैं यूरोप गया था, तो मैं पहली बार हिन्दुस्तान के बाहर यूरोप के सम्पर्क में आया था और इसी उत्साह में मैंने अपने यात्रा-संस्मरण भी लिखे थे।

मैं आइसलैंड गया था, तो वह बिलकुल नई तरह का अनुभव था। एक नया लैंडस्केप, नई तरह के लोग—मेरी इच्छा होती थी, मैंने जैसा देखा—अनुभव किया है, उसे संस्मरण की विधा में लिखूँ। एक कारण यह भी था कि मैं कहानी लिखता हुआ भी बहुत तंग आ गया था और क्योंकि कविता मैं लिखता नहीं हूँ इसलिए मैं दूसरी ही विधा को अपनाना चाहता था। मुझे हमेशा यात्रा-संस्मरण की विधा अपने बहुत अनुकूल जान पड़ती रही है। लेकिन अगर मैं कुछ विषयों को छोड़ दूँ तो ज़्यादातर ये संस्मरण या निबन्ध बहुत प्रभाववादी (इंप्रेशनिस्ट) स्तर पर लिखे गए हैं और जहाँ ऐसा नहीं है, वहाँ मैंने कुछ निष्कर्ष निकालने की कोशिश की है, जैसे पश्चिमी बर्लिन या पश्चिमी सभ्यता के बारे में। वहाँ पर भी मेरा विचारधारात्मक दुराग्रह काफ़ी भूमिका अदा करता रहा है जिसे कि अब मैं स्वीकार नहीं कर पाता हूँ। इसलिए पिछले कुछ वर्षों में केवल अपने प्रभावों के आधार पर मैं किसी नये देश के बारे में लिखना ठीक नहीं समझता, हालाँकि मैं समझता हूँ कि किसी यात्रा-निबन्ध को दिलचस्प और पठनीय बनाने के लिए प्रभाव बहुत ज़रूरी होते हैं। बल्कि भारतीय लेखन या हिन्दी के यात्रा-संस्मरणों में अगर कोई कमी है तो वह यही है कि यहाँ के लेखक ठोस, जीवन्त अनुभवों की अवहेलना करके केवल मोटे-मोटे सामान्यीकरणों में ही लिखना पसन्द करते हैं जबकि हम अगर किसी विदेशी लेखक का संस्मरण पढ़ें, जो कि भारत के बारे में लिखता है, तो हमें ख़ुद आश्चर्य होता है कि वह छोटी-से-छोटी चीज़ों को देखता है, जिन्हें हम अक्सर नज़रअन्दाज़ कर देते हैं।

वि.भा. : हिन्दी में आत्मकथा या फिर जीवनवृत्तों का जो अभाव है—आत्मस्वीकृतियाँ तो ख़ैर हैं ही नहीं...अपने बचपन की घटनाओं का अप्रत्यक्ष इस्तेमाल तो शायद हर लेखक करता होगा पर सीधे-सीधे उसका 'मुक़ाबला' करने के लिए आपकी इच्छा कभी आत्मकथा लिखने की हुई है?

नि.व. : यह ख़याल मेरे दिमाग़ में कभी आया नहीं है। जब आपने कहा तो मेरे दिमाग़ में बात आई कि ऐसा हो सकता है। इसके लिए एक तरफ़ बहुत निर्मम होना होगा और दूसरी तरफ़ वस्तुपरक होना होगा। अब तक जो जीवनवृत्त या आत्मकथाएँ लिखी गई हैं, उस समूची परम्परा से हटकर जब तक मैं अपने बारे में नहीं सोचूँगा, तब तक लिखने का कोई मतलब नहीं है। आत्मकथा के बारे में तो कुछ कहा नहीं जा सकता—क्योंकि कुछ लोग अपने बारे में तथ्य नहीं बताना चाहते। लेकिन हिन्दी में जो जीवनियाँ लिखी गई हैं, वे पहले ही कम हैं और उनमें अक्सर एक लेखक या व्यक्ति की मूर्ति-पूजा की जाती है—जैसे उसमें कमज़ोरियाँ नहीं रहीं, अन्तर्द्वंद्व नहीं रहा। एक व्यक्ति की उसके जीवन के समूचे उतार-चढ़ाव, उसके छिछोरेपन, उसकी महानता—इस सबके बीच जो ज़िन्दगी रहती है,

जब तक हम उसको नहीं उकेर पाएँगे, तब तक जीवनी की विधा हम कभी विकसित नहीं कर सकते। शायद यह हमारी पुरानी कमी रही है—शायद एक तरह की भारतीय कमज़ोरी है कि हम अपनी कमज़ोरियों को लेकर निर्मम नहीं हो सकते। दूर क्यों जाइए—इमरजेंसी के बाद कितने लेखक या पत्रकार थे, जिन्होंने अपने पाठकों के सामने खुले ढंग से अपनी आत्मालोचना की हो? हमारे यहाँ वैचारिक ग़ुलामी की जड़ें बहुत गहरी हैं। गांधी जी अपवाद थे। उन्होंने अपनी आत्मकथा में जो बातें लिखी हैं, वे अपने में अकेली हैं। शायद ही किसी व्यक्ति ने इतने निर्मम ढंग से अपनी सेक्स ज़िन्दगी की कमज़ोरियों, उसके 'ट्रेप्स' के बारे में लिखा। जब तक यह दृष्टिकोण नहीं विकसित होता तब तक आत्मकथा या जीवनी का कोई मतलब नहीं है।

वि.भा. : आप क्या जर्नल्स लिखते रहे हैं?

नि.व. : हाँ, मैं कभी-कभी डायरी लिखता रहा हूँ। बहुत अनियमित रूप से।

वि.भा. : आपने आलोचनात्मक साहित्य बहुत कम लिखा है—इसकी कोई ख़ास वजह है या सम्पादकों ने आपको इस तरह के काम नहीं सौंपे...?

नि.व. : सम्पादकों की राय पर तो मैंने कभी नहीं लिखा। जहाँ तक मैं सोच पाता हूँ, साहित्य के बारे में मेरे जो सामान्य आग्रह और मान्यताएँ रही हैं, उन्हें मैंने अमुक लेखक या पुस्तक का विषय न बनाकर अपने निबन्धों में व्यक्त करने की कोशिश की है। उन निबन्धों में मैंने जिन लेखकों के लेखन को प्रासंगिक समझा है, उनका उल्लेख मैंने बार-बार किया है—फिर चाहे विदेशी लेखक हों या भारतीय लेखक। शायद मुझे लगता है कि जो बात मैं एक लेखक या पुस्तक को केन्द्रबिन्दु बनाकर कहना चाहता रहा हूँ, उसे मैंने एक व्यापक संस्कृति और अपने समय के सन्दर्भ में देखने की कोशिश की है। इसका एक कारण यह भी रहा है, जो लेखक हिन्दी में मुझे बहुत पसन्द हैं, मैं उन्हीं पर लिखना चाहता हूँ। सिर्फ़ इसलिए लिखना कि किसी लेखक को निन्दा करनी हो, उसकी किताब पसन्द नहीं आई हो, यह एक प्रोफ़ेशनल आलोचक तो कर सकता है और क्योंकि मैं एक प्रोफ़ेशनल आलोचक नहीं हूँ इसलिए मुझे इसकी कभी प्रेरणा नहीं हुई कि मैं उन किताबों के बारे में या उन लेखकों के बारे में लिखूँ जिन्होंने मेरे भीतर कोई नया विचार या नई प्रतिक्रिया नहीं दी।

वि.भा. : हिन्दी में आलोचना की जैसी भी स्थिति है—वह बेहतर तो नहीं है—उसमें जो लोग आपकी रचनाओं पर लिखते हैं उसमें आपकी दिलचस्पी किस प्रकार की रहती है?

नि.व. : दिलचस्पी मुझे पहले तो रहती थी लेकिन मेरा अनुभव कुछ इतना निराशाजनक रहा है, अब मेरी पुस्तकों की प्रशंसा होती है तो न तो ज़्यादा ख़ुशी होती है और जब बुराई होती है, तो कोई बहुत अफ़सोस भी नहीं होता। मैंने यह देखा है कि हिन्दी आलोचना में यह कोशिश कम रहती है कि पुस्तक का संसार क्या है और फिर उसकी शर्तों पर उसकी आलोचना की जाए या तारीफ़ की जाए। जब कोई आलोचक यह नहीं करता तो वह किताब में से कुछ ऐसी चीज़ें चुन लेता है जो कि उसकी आलोचना या प्रशंसा का आधार बन जाती हैं। अपने में यह बहुत अधूरी प्रशंसा या आलोचना होती है। इससे आलोचक एक किताब का समग्र मूल्यांकन करने में बिलकुल असमर्थ होता है। आपने इसे बहुत ही धीमे स्वर में कहा है कि आलोचना की स्थिति बेहतर नहीं है, मैं समझता हूँ कि हिन्दी आलोचना की स्थिति बहुत ही दयनीय है और सिर्फ़ इसलिए नहीं कि पत्र-पत्रिकाओं में पुस्तक समीक्षा को बहुत कम जगह दी जाती है या आलोचना को अपने में बहुत उपेक्षित माना जाता है बल्कि इसलिए भी कि आलोचना के लिए जिस मनीषा की ज़रूरत होती है, भारतीय मनीषा में उसका गहरा अभाव है। यह बात हमें अपनी संस्कृति में भी दिखाई देती है जहाँ हम नायपॉल की किताब को लेकर इतने नाराज़ हो जाते हैं किन्तु उसकी ठीक से आलोचना नहीं कर पाते। हालाँकि आप आक्रोश कितने लोगों के मुँह से सुनेंगे। नीरद चौधरी का विरोध करने वाले कितने लोग मिल जाएँगे पर नीरद चौधरी ने भारतीय संस्कृति के बारे में जो लिखा है, उसके ख़िलाफ़ जो प्रतिक्रिया देखने में आती है, वह केवल एक पूर्वग्रह, एक आक्रोश, एक नक़ली क़िस्म के देशभक्ति-प्रधान प्रेरकों में चुककर रह जाती है। जहाँ इतने बड़े विषयों का कोई आलोचनात्मक विश्लेषण असम्भव है, वहाँ एक किताब, आप उसके प्रति कितने ही कटु क्यों न हों, वह आपसे बहुत ही सूक्ष्म संवेदना की माँग करती है। अपनी रचना के बारे में पढ़कर कभी-कभी दुर्लभ सन्तोष तब मिलता है जब किसी ने पहली बार कहानी या उपन्यास के बुनियादी तर्क को समझने की कोशिश की हो और यह अपने में एक दुर्लभ चीज़ है।

['सारिका' : 9 जून, 1978]

एक आउटसाइडर की चुनौती

स्मितु कोठारी की बातचीत

स्मितु कोठारी : पिछली दो शताब्दियों के दौरान हिन्दी साहित्य का समुचित विकास हुआ है। यह विकास किस दिशा में है? कौन-सी समस्याएँ इसके साथ जुड़ी हैं? क्या आप इस विकास के ऐतिहासिक मूलाधारों पर प्रकाश डालेंगे—साथ में उस पर जो समकालीन प्रभाव पड़े हैं, उस पर कुछ कहेंगे?

निर्मल वर्मा : यह एक बड़ा व्यापक प्रश्न है। भारतीय साहित्य की स्थिति एक जैसी नहीं है। हर क्षेत्र के साहित्य का अपना इतिहास रहा है। जहाँ तक समकालीन हिन्दी लेखन का प्रश्न है, मुझे लगता है कि उसे एक साथ दो क़िस्म की शक्तियों का सामना करना पड़ता है : अपनी परम्परा के प्रति कैसा रुख़ अपनाया जाए और इस परम्परा के चौखटे के भीतर अपनी आवाज़ की विशिष्टता को कैसे निर्देशित किया जाए। अपनी आवाज़ से मेरा मतलब अपनी अस्मिता को रेखांकित करना है। इसकी आवश्यकता इसलिए अधिक मुखर हुई क्योंकि आधुनिक पश्चिमी सभ्यता और साहित्य ने इतिहास के प्रति, समय के प्रति, मानवीय सम्बन्धों के प्रति हमारे पारम्परिक रिश्ते को बदल डाला है।

इसलिए मैं सोचता हूँ कि इन दो प्रवृत्तियों—एक तरफ़ परम्परा के प्रति और दूसरी तरफ़ इस परम्परा में हस्तक्षेप करने वाली पश्चिमी सभ्यता की प्रवृत्ति ने हमारे अनुभव के जिस कच्चे माल को तैयार किया, उसे एक भारतीय लेखक अपने वैयक्तिक दर्शन द्वारा साहित्य में रूपायित करना चाहता है।

इस दृष्टि से हम हिन्दी कविता में छायावाद की जो रोमांचक धारा शुरू हुई थी और जिसके मुख्य प्रवक्ता निराला, प्रसाद और पंत थे, उसका परीक्षण कर सकते हैं। ये सब परम्परा और आधुनिकता के परस्पर द्वंद्व को अपने लेखन में प्रतिबिम्बित करते हैं। दूसरी तरफ़ एक गद्य लेखक को इस चुनौती का अलग ढंग से सामना करना पड़ा। उसे उन्नीसवीं शताब्दी के अनेक आदर्शवादी आत्म-छवियों

को भेदकर एक ऐसी यथार्थवादी दृष्टि को अपनाना पड़ा, जो अनुभव की बदलती हुई संश्लिष्ट वास्तविकता को शब्द दे सके।

स्मि.को. : माना कि यह काफ़ी संश्लिष्ट स्थिति थी लेकिन आपको क्या इन दो प्रवृत्तियों में अन्तर्विरोध दिखाई नहीं देता?

नि.व. : नहीं, ऐसा नहीं है। ऊपर से जान पड़ता है, असलियत में नहीं। ध्यान से देखें तो हिन्दी गद्य का यथार्थवाद और कविता का तथाकथित रोमांटिसिज़्म एक ही संश्लिष्ट स्थिति का सामना करने की दो प्रतिक्रियाएँ थीं। एक ही समय में प्रेमचन्द अपने यथार्थवादी उपन्यास वाराणसी में लिख रहे थे और उनके समकालीन कवि एक बिलकुल दूसरे मुहावरे में सशक्त काव्य रचना कर रहे थे। दरअसल, ये हिन्दी साहित्य का सबसे दिलचस्प पहलू है। जो ऊपर से विरोधाभास जान पड़ता है, वही साहित्य में यथार्थ के दो परस्पर सम्बन्धित पहलुओं के रूप में प्रकट होता है।

हमें एक और बात की ओर ध्यान देना चाहिए। दो सौ वर्ष के अंग्रेज़ी राज ने भारतीय मानस को बहुत हद तक अपनी जड़ों से उन्मूलित किया था। इसके कारण, ख़ास कर उत्तरी भारत के ग्रामवासियों और किसानों में कहीं एक गहरा विषाद, शून्यता-बोध और आध्यात्मिक व भौतिक असुरक्षा की भावना उत्पन्न हुई थी। देखा जाए तो प्रेमचन्द के उपन्यास इसी वर्ग की कथा-व्यथा को अपने उपन्यासों का विषय बनाते हैं।

स्मि.को. : लेकिन उत्तरी भारत ही क्यों? क्या अंग्रेज़ी राज के औपनिवेशिक पंजे में भारत के दूसरे प्रदेश नहीं आए थे?

नि.व. : दक्षिण या महाराष्ट्र में ज़मींदारी प्रथा का प्रकोप उतना गहरा नहीं था जितना उत्तर प्रदेश, बिहार या बंगाल के कुछ भागों में। अंग्रेज़ी राज के क़ानून ने देखते-देखते इन प्रदेशों के किसानों को अपनी ज़मीनों से उन्मूलित कर दिया। इससे आर्थिक रूप से तो वह विपन्न हुए ही, किन्तु शताब्दियों से उनका ज़मीन से जुड़ा हुआ सम्बन्ध और उस सम्बन्ध से उपजा मिथक-बोध, संस्कार, लगाव—ये सब भी तहस-नहस हो गए। कभी-कभी हम यह नहीं जानते, जब हम किसी वर्ग के पारम्परिक चरित्र को ठेस पहुँचाते हैं तो हम उसके साथ जुड़े हुए अनेक बहुमूल्य संस्कारों को भी नष्ट कर देते हैं। मनुष्य का अपनी प्रकृति, आकाश से वही सम्बन्ध नहीं रहता जो एक समय उन्हें एक तरह का आध्यात्मिक संरक्षण प्रदान करता था। उत्तरी भारत के अनेक गद्य लेखकों में ग्रामवासियों का यह उन्मूलनबोध बड़ी मार्मिकता से व्यक्त हुआ है।

स्मि.को. : उन्नीसवीं शताब्दी के उत्तरार्द्ध में अंग्रेज़ी राज से भारतीय जनता का जो मोहभंग हुआ था, वह यहाँ के साहित्य में बहुत कम दिखाई देता है। देखा जाए तो उस समय की पत्रकारिता में या विचारात्मक निबन्धों में वह अधिक मुखर रूप से व्यक्त हुआ है। क्या आप ऐसा नहीं सोचते?

नि.व. : जो निबन्ध उन्नीसवीं शताब्दी के अन्तिम चरण में साहित्य या पत्रकारिता में इतनी सशक्त अभिव्यक्ति पाता है, वही भाव-बोध आगे चलकर बीसवीं शताब्दी के दूसरे-तीसरे दशकों में सृजनात्मक साहित्य का मुख्य विषय बन पाया। यह सही है कि मोहभंग की चेतना बराबर क़ायम रही लेकिन सृजनात्मक साहित्य में उसका 'ब्रेक थ्रू' बीसवीं शताब्दी के इन दशकों में ही हुआ।

हमें यह नहीं भूलना चाहिए कि हिन्दी प्रदेश के बुद्धिजीवियों में अंग्रेज़ी राज के प्रति हमेशा द्विविधापूर्ण भावना रही है। एक तरफ़ उन्हें मालूम था कि उनकी बदहाली और ग़रीबी के लिए अंग्रेज़ी राज ही ज़िम्मेदार है किन्तु दूसरी तरफ़, अंग्रेज़ों के आने के बाद उन्हें एक तरह से राजनीतिक स्तर पर मुगल राज्य की अपेक्षा अधिक सुरक्षा-बोध भी महसूस होता था। उन्हें लगता था कि अंग्रेज़ी क़ानून के सामने हिन्दू और मुसलमानों के साथ एक-सा व्यवहार किया जाएगा। किसी एक वर्ग के साथ केवल धर्म के आधार पर कोई विरोध या पक्षपात नहीं किया जाएगा। हम चाहें तो कह सकते हैं, 'सेक्यूलर' चेतना का सूत्रपात भी इतिहास के इसी चरण में हुआ था।

स्मि.को. : क्या इस तरह की प्रतिद्वंद्वी धाराएँ अलग-अलग लेखकों में व्यक्त होती थीं?

नि.व. : नहीं, यह अन्तर्विरोध अधिकांश समय एक ही लेखक के भीतर रहता था। वह लेखक जो एक साँस में ब्रिटिश राज की लूट-खसोट की भर्त्सना करता था, वही दूसरी साँस में उसके स्थायित्व और सुरक्षा की प्रशंसा करता था। भारतेन्दु-युग के लेखकों में इस तरह का विरोधाभास देखा जा सकता है। सच पूछा जाए तो भारतीय परिदृश्य में गांधी जी के आने से पहले यह बात भारतीय चेतना में स्पष्ट रूप से लक्षित नहीं हुई थी कि अंग्रेज़ी राज अपने में ही एक पाप है, इविल का प्रतीक और उसके अन्तर्गत जो स्थायित्व दिखाई देता है, वह भी एक भ्रम से अधिक कुछ नहीं है। इसलिए हम कह सकते हैं कि मोहभंग की अधूरी चेतना में सम्पूर्णता का बोध गांधी जी के आगमन के बाद ही आया था।

स्मि.को. : इस दौरान अन्तर्क्षेत्रीय साहित्यिकों के आपस में कैसे सम्बन्ध रहे? क्या उनके बीच कोई संवाद होता था? क्या एक भारतीय भाषा के लेखक की पुस्तकें दूसरी भाषा के पाठकों को उपलब्ध थीं?

नि.व. : जहाँ तक हिन्दी का प्रश्न है, बांग्ला और कुछ कम मात्रा में गुजराती, मराठी लेखकों की पुस्तकें अनुवाद होती रहती थीं। बांग्ला साहित्य का प्रभाव तो

हिन्दी लेखकों पर भारतेन्दु-युग से ही शुरू हो गया था और छायावादी-युग तक आते-आते और भी सघन और व्यापक हो चुका था। रवीन्द्रनाथ ठाकुर और शरत् बाबू की कविताओं और उपन्यासों का गहरा असर प्रेमचन्द से लेकर निराला और अज्ञेय तक देखा जा सकता है।

किन्तु साहित्य के बाहर भी राष्ट्रीय आन्दोलन के कारण अन्तर्देशीय एकसूत्रता अधिक सुदृढ़ हुई थी। हिन्दी-भाषी लोग तिलक, गोखले आदि राष्ट्रनेताओं से भली-भाँति अवगत थे। मध्यकालीन संत-भक्तों, जिनमें तुकाराम और संत ज्ञानेश्वर विशेष उल्लेखनीय हैं, का प्रभाव भी बहुत गहरा और व्यापक था। देखा जाए तो बीसवीं शताब्दी के आरम्भिक दशकों में हिन्दी लेखक अपने आसपास होने वाले समस्त प्रभावों के प्रति बहुत संवेदनशील था। इनमें साहित्य की भूमिका सबसे महत्त्वपूर्ण थी, क्योंकि उसके माध्यम से भारत की अखंडित राष्ट्रीय छवि छनकर आती थी।

स्मि.को. : यदि ऐसा था तो फिर भारतीय भाषाओं के बीच आदान-प्रदान इतना कम कैसे था?

नि.व. : इसका सीधा-सा उत्तर भारत का बहुभाषीय होना है। बिना उत्कृष्ट अनुवादों के माध्यम से तमिल या तेलगू या किसी भी दक्षिणी भाषा के मर्म को समझ पाना असम्भव है। अचरज की बात यह है कि भाषायी भिन्नता के बावजूद धार्मिक और आध्यात्मिक क्षेत्र में सम्पूर्ण भारतीय चेतना लक्षित होती है। मैंने जैसा कहा, उत्तरी भारत के सजग पाठकों के लिए गुजराती या मराठी जाने बिना नरसी मेहता और तुकाराम के नाम उतने ही परिचित थे, जितना तुलसीदास और कबीर के। यह धार्मिक बोध हमारी सांस्कृतिक परम्परा की अनमोल धरोहर रहा है। दुर्भाग्यवश हम देश की स्वतंत्रता को धर्मनिरपेक्षता या सेक्यूलरिज़्म से जोड़कर देखने के इतने आदी हो गए हैं कि हम भूल जाते हैं कि हमारे पौराणिक और धार्मिक संस्कार हमारे सृजनात्मक साहित्य और महाकाव्यों का अमरस्रोत रहे हैं। अगर हम अपनी परम्परा के प्रति इतना गहरा विरोध रखते हैं तो हममें इतना साहस होना चाहिए कि हम अपना समूचा अतीत—'अतीत का बोझ' उठा फेंकने का जोखिम उठा सकें। हम ऐसा नहीं करते क्योंकि हम आधुनिकता से वशीभूत होकर अपने अतीत और परम्परा के प्रति अज्ञानी रहना पसन्द करते हैं। हमारा धर्म और परम्परा से विरोध अज्ञान से उत्पन्न होता है। इसलिए हमारे विरोध में किसी तरह की ऊर्जा या नवीनता नहीं दिखाई देती। वह केवल पश्चिम की नक़ल में शुरू होकर उसी की आराधना में समाप्त हो जाती है। हम जिसे लिबरल या उदारवादी सेक्यूलरिज़्म मानते हैं, वह हमें अपने ही घर में बेघर बना देता है। जो दरअसल हमारा है, उसे छोड़कर हम उसके पीछे भागते हैं, जिसकी हमारी जीवन-गति से कोई संगति नहीं बैठती।

स्मि.को. : क्या यह भारत की सामान्य स्थिति को प्रतिबिम्बित नहीं करता? क्या दूसरे देशों के समाज भी इस तरह के द्वंद्व का सामना नहीं करते? लेकिन उन्होंने मार्केस और नेरुदा जैसे लेखकों को भी जन्म दिया, जिन्होंने अपने कृतित्व में इस तरह के विरोधाभास को व्यक्त किया, जो हम भारत में देखते हैं।

नि.व. : नहीं। भारत की स्थिति लैटिन अमेरिकी देशों से बहुत भिन्न थी। भारतीय सभ्यता विदेशी सत्ता द्वारा आहत ज़रूर हुई, पूरी तरह नष्ट नहीं हुई, जैसा कि लैटिन अमेरिका के मूल निवासियों की संस्कृति का हाल हुआ। मार्केस और नेरुदा स्पानी संस्कृति और भाषा, कैथोलिक धर्म की उपज हैं, जिसकी जड़ें यूरोप में थीं। भारतीय लेखक समूचे विरोधाभासों और आत्मद्वंद्वों के बावजूद अपने संस्कारों, अपनी सांस्कृतिक परम्परा और अपनी भाषा में रहता 'भारतीय' ही है...। जिन दुर्गम ऐतिहासिक दबावों और चुनौतियों की पीठिका में उसे आत्माभिव्यक्ति के साधन चुनने पड़े, वे लैटिन अमेरिका के लेखकों से बहुत भिन्न रहे हैं। साहित्य में न सही, किन्तु मानवीय चेतना के स्तर पर बीसवीं शताब्दी में भारत के मनीषियों ने 'आधुनिक सभ्यता' के समक्ष जो प्रश्न रखे हैं, वे अत्यंत महत्त्वपूर्ण हैं। क्या किसी पश्चिमी लेखक ने हिटलर के हॉलोकास्ट, स्टालिन के लेबर-कैम्पों में मरने वाले लाखों लोगों की यातना, हिरोशिमा के विनाश के परिप्रेक्ष्य में यूरोपीय सभ्यता के पुनर्मूल्यांकन का काम ज़रूरी समझा? नहीं, इसीलिए मार्केस जैसे लेखक फिदेल कास्त्रो की तानाशाही और नेरुदा और सार्त्र जैसे लेखक स्टालिनवादी आतंक की न्यायोचित बताते रहे...पश्चिम में हर अमानुषिक कृत्य के पीछे कोई-न-कोई ऐतिहासिक और दार्शनिक कारण ढूँढ़ने में माहिर बुद्धिजीवियों और लेखकों की एक लम्बी जमात रही है...विडम्बना यह है कि यही लोग पूर्व के 'अन्धविश्वासों' के विरुद्ध अपने को यूरोप की रैशनेलिस्ट परम्परा का उत्तराधिकारी भी मानते हैं।

स्मि.को. : मार्केस जैसे लेखकों का भारतीय साहित्य पर कैसा असर पड़ा?

नि.व. : बहुत कम। मार्केस अपनी ऐतिहासिक 'माइथोलॉजी' में कहीं इतने गहरे में रसे-बसे हैं कि उसका 'निर्यात' बहुत आसानी से नहीं हो सकता। 'जादुई यथार्थवाद' भले ही सार्वभौमिक हो, उसके प्रतीक और बिम्ब हर लेखक अपनी धरती और परम्परा—अपने जातीय 'स्मृतिमंडल' से प्राप्त करता है। पश्चिमी आधुनिक अतियथार्थवादी काव्य-दृष्टि का भी गहरा असर लैटिन अमेरिकी लेखकों पर पड़ा है, जिससे भारतीय लेखक कमोबेश अछूते रहे हैं।

स्मि.को. : और रूसी लेखकों का प्रभाव? टॉल्स्टॉय, तुर्गनेव और दोस्तोएव्स्की की पुस्तकों का तो हिन्दी में अनुवाद हुआ है?

नि.व. : उन्नीसवीं शताब्दी के रूसी लेखकों का हिन्दी लेखकों पर गहरा प्रभाव पड़ा है। चेख़ॅव की कहानियाँ, टॉल्स्टॉय और दोस्तोएव्स्की के उपन्यास हिन्दी पाठकों और लेखकों को बहुत आत्मीय लगते रहे हैं, शायद इसलिए भी कि उनके सरोकार न्यूनाधिक मात्रा में हमारे सरोकार भी रहे हैं। यह एक विडम्बना ही मानी जाएगी कि अंग्रेज़ों के ग़ुलाम हम ज़रूर हुए, किन्तु अंग्रेज़ी लेखकों का प्रभाव हम पर अधिक नहीं पड़ा—अकादमिक क्षेत्र के बाहर—सिवा छायावादी युग में जब अनेक हिन्दी कवि (अन्य भारतीय भाषाओं के कवि भी) इंग्लैंड के रोमांटिक कवियों, विशेष कर वड्सर्वर्थ, शेली और कीट्स की रचनाओं द्वारा अत्यधिक अभिभूत हुए। किन्तु अधिकांश समकालीन हिन्दी लेखक आधुनिक अंग्रेज़ी साहित्य के प्रति उदासीन ही रहे हैं। इसके विपरीत फ्रांस के अस्तित्ववादी लेखक—विशेष कर कामू और अमेरिका और यूरोप के कवियों और गद्य-लेखकों की कृतियाँ हिन्दी लेखकों को अपेक्षाकृत अधिक आकर्षित करती रही हैं। हेमिंग्वे, फ़ॉकनर और स्टाइनबेक की लोकप्रियता असंदिग्ध है।

स्मि.को. : अब हमें आपके अपने लेखन पर कुछ बात करनी चाहिए। आप अपने सृजनात्मक विकास के बारे में कुछ कहना चाहेंगे?

नि.व. : मुझे इस बात की सबसे ज़्यादा ख़ुशी है कि मैंने हिन्दी में लिखना आरम्भ किया, जो मेरे लिए एक दैवी वरदान से कम नहीं था। काफ़ी लम्बे समय तक हिन्दी एक उपेक्षित भाषा रही थी। अंग्रेज़ी राज के ज़माने में फ़ारसी और उर्दू पर ही ज़ोर दिया जाता था। पंजाब में तो हिन्दी परिवार में लड़कियों को ही सिखाई जाती थी, जबकि लड़के फ़ारसी और उर्दू पढ़ते थे। सौभाग्य से मेरे पिता ने मुझे एक ऐसे स्कूल में दाख़िल कराया, जहाँ हिन्दी पहली कक्षा से ही पढ़ाई जाती थी। परिणाम यह हुआ कि हाईस्कूल तक पहुँचते-पहुँचते मुझे हिन्दी साहित्य का अच्छा-ख़ासा ज्ञान हो गया था। हिन्दी-भाषा ने एक साथ ही मुझे संस्कृत और स्थानीय लोकभाषाओं के सम्पर्क में ला दिया। इससे भी महत्त्वपूर्ण बात यह थी कि हिन्दी के माध्यम से मैं राष्ट्रीय आन्दोलन के उन्मेष से अपने को संपृक्त कर सका। हमारी पृष्ठभूमि कुछ ऐसी थी कि हम बहुत निकट आत्मीयता से अपने समाज से नाता नहीं जोड़ पाते थे। हिन्दी के ज़रिये मैं अपनी मध्यवर्गीय चिन्ताओं और सरोकारों से अधिक गहन स्तर पर परिचित हो सका। हिन्दी-भाषा, जो स्वयं अनेक विशेष अधिकारों से वंचित थी, ने मुझे ऐसे लोगों के अन्तरंग जीवन में झाँकने का अवसर दिया, जो स्वयं विपन्न और अधिकारहीन थे।

मेरा यह लक्ष्य रहा है कि जिस रूप या फ़ॉर्म में हमें बाहरी दुनिया के अनुभव होते हैं, उसे अपनी कहानियों में शब्द-विन्यास दे पाऊँ। शब्द मेरे लिए अनुभूतियों के वाहक हैं, सिर्फ़ अभिव्यक्ति के साधन मात्र नहीं। शब्द और भावनाएँ समानान्तर चलनी चाहिए। इस प्रयास में मैं सफल भी हुआ हूँ और असफल भी हुआ हूँ।

मेरे लिए यह रहस्य ही रहा है कि कैसे कुछ घटनाएँ और अनुभव सृजन के जादुई प्रदेश में प्रवेश कर लेते हैं और बाक़ी बहुत-से अनुभव उसे अछूता छोड़कर लुप्त हो जाते हैं। शायद अनुभव और स्मृति के बीच जो सम्बन्ध है, उसी में सृजन का सत्य छिपा है। जब कभी कोई अनुभव स्मृति के दरवाज़े खोल पाता है, तभी उसका कहानी या उपन्यास में रूपान्तरण हो पाता है। जीवन के बाक़ी अनुभव चाहे अपने में कितने ही महत्त्वपूर्ण क्यों न हों, एक लेखक के लिए अपने में प्रासंगिक नहीं हैं। इसलिए हिन्दी लेखक को अनेक स्तरों पर अपने को अभिव्यक्त करना पड़ता है। उसे नागरिक की भूमिका एक रूप में निभानी पड़ेगी और लेखक की भूमिका दूसरे रूप में। इन दोनों भूमिकाओं के बीच कोई अन्तस्सम्बन्ध बन सकता है, इस बारे में अधिक चिन्ताकुल होना ज़रूरी नहीं। महत्त्वपूर्ण बात यह है कि उसे दोनों के दायित्वों को पूरी सच्चाई से निभाने का प्रयत्न करना चाहिए, वरना न तो वह अच्छा लेखक बन पाएगा और न ही ईमानदार नागरिक।

स्मि.को. : आपकी रचनाओं की पृष्ठभूमि बहुत कुछ विदेश की रही है। आपका पहला उपन्यास 'वे दिन' तो चेकोस्लोवाकिया की पृष्ठभूमि के आधार पर ही लिखा गया है।

नि.व. : हाँ, यह सही है, लेकिन उस एक उपन्यास और कुछ कहानियों को छोड़ दें, तो बाक़ी उपन्यासों और अधिकांश कहानियों की पृष्ठभूमि भारत ही है। मेरा पहला कहानी-संग्रह 'परिन्दे' तो विदेश जाने से पहले ही प्रकाशित हो गया था। मेरा अन्तिम उपन्यास 'रात का रिपोर्टर' इमरजेंसी के आतंक काल पर आधारित है। वैसे मैं विदेशी या देशी भावभूमियों के अन्तर को अधिक महत्त्व नहीं दे पाता। मुझे इस तरह का विभाजन साहित्यिक दृष्टि से अर्थहीन भी जान पड़ता है। एक कृति का मूल्यांकन उसकी भौगोलिक पृष्ठभूमि को लेकर करना हास्यास्पद है। ध्यान देने योग्य बात यह है कि वह कृति किस तरह के प्रश्नों को प्रस्तुत करती है और कितनी सक्षमता से अपने शिल्प में साध सकती है। इस सन्दर्भ में मैं अपने उपन्यास 'एक चिथड़ा सुख' का उदाहरण दे सकता हूँ। समूचा उपन्यास एक ऐसे प्रश्न पर टिका हुआ है, जिसे हर संवेदनशील व्यक्ति कभी-न-कभी अपने से पूछता है। ख़ास कर उच्चवर्ग से आने वाले वे युवा लोग, जो विशेष सुविधाओं में जीते हैं। क्या इन सुविधाओं को भोगते हुए हम अपने समाज, अपने जीवन, स्वयं अपने आत्म के प्रति ईमानदार और सच्चे रह सकते हैं? उपन्यास के लगभग सब पात्र भीषण व्यक्तिगत अन्तर्द्वंद्वों से गुज़रकर इन प्रश्नों को सुलझाने का प्रयास करते हैं। क्या कला में उन्हें सच्चाई का ऐसा आलोक मिल सकता है, जो आसपास के अँधेरे को भेदकर उनके अपने जीवन को कोई अर्थवत्ता दे सके? उपन्यास में कोई उत्तर अन्तिम और सम्पूर्ण नहीं है किन्तु प्रश्नों की यह चुभन और उत्तर पाने की आकांक्षा मेरे विचार में कम महत्त्वपूर्ण नहीं है।

अजब बात यह है कि स्वयं लेखक इस प्रक्रिया में अपने को बदलने लगता है। वह उत्तरोत्तर उन चीज़ों को सन्देह से देखने लगता है जो उसे पहले से ही उपलब्ध हैं। समाज की नैतिक मान्यताएँ, मर्यादाएँ, सम्बन्धों के बीच की वफ़ादारी—इन सब पर एक तरह का प्रश्नचिह्न लग जाता है।

मैंने इस उपन्यास में जानबूझकर मध्यवर्ग के पढ़े-लिखे पात्रों को लिया था, जो थिएटर में अपने जीवन के ड्रामे को मंचित करते हैं और उन सब सुविधाजनक समझौतों और आत्म-छलनाओं को भेदने का प्रयत्न करते हैं, जिन्होंने उनके अन्दरूनी जीवन को खोखला बना दिया है। मेरे विचार में यह वह बिन्दु है, जहाँ प्रामाणिक यथार्थ खोजने में ही साहित्य अपनी सार्थक भूमिका सम्पन्न करता है, अप्रामाणिक, झूठे और आत्म-सम्मोहित विकल्पों की खोट को दर्शाता है। ऐसे उपन्यास हमें आत्म-मंथन और आत्मालोचना की उत्पीड़ित प्रक्रिया में से गुज़रने पर विवश करते हैं। प्रगतिशील साहित्य वह नहीं होता, जो प्रचार या प्रोपेगैंडा के लिए जनसाधारण के लिए लिखा जाता है, बल्कि उसकी सही प्रगतिशीलता इसमें निहित होती है कि आप अपने यथार्थ का निर्मम अन्वेषण करने का साहस जुटा सकें। दूसरों की बात करने की बजाय अपने अनुभवों के यथार्थ का निर्भीक परीक्षण ही किसी कहानी या उपन्यास में सत्य की खनक उत्पन्न करता है। किन्तु जब हम अपने यथार्थ की बात करते हैं, तो वह अनिवार्यतः हमारी परम्परा से जुड़ी होती है।

हम अपनी परम्परा की भाषा में ही इस तरह के मर्मभेदी प्रश्न पूछ सकते हैं। परम्परा की भाषा में ही हमारे आत्म का सही स्वरूप गढ़कर आता है। हर महान लेखक सहज रूप से आत्म और परम्परा के बीच अपनी रचना की सृष्टि करता है। आत्म की यह भारतीय अवधारणा पश्चिम के अहं या ईगो से बहुत अलग है। सॉल बैलो ने एक बार कहा था कि पश्चिमी मनुष्य ने अपना आत्म (सेल्फ़) खो दिया है। एक तरह से आधुनिक पश्चिमी उपन्यास अपने खोए हुए आत्म को पाने का ही प्रयास है क्योंकि मनुष्य की आत्म-छवि अलग-अलग अहं में विभाजित होती रहती है और कभी ऐसा क्षण नहीं आता कि वह अपने को अखंडित और अविभाजित रूप में पा सके, जैसा वह है।

स्मि.को. : क्या आप सोचते हैं कि आपके चेक यथार्थ का अनुभव जो आपको सामाजिक, राजनीतिक और साहित्यिक क्षेत्रों में हुआ था, आपकी कहानियों और उपन्यासों की आधार-भूमि बन सका है, जो भारत लौटने पर आपने लिखी हैं?

नि.व. : नहीं, प्रत्यक्ष रूप से नहीं। सच पूछा जाए, तो मेरे चेक प्रवास का अनुभव मेरी कहानियों और उपन्यासों पर उतना नहीं, जितना मेरे निबन्धों पर पड़ा था, जो मैंने अपने देश लौटकर लिखे थे। पश्चिमी सभ्यता, विशेष कर समाजवाद के बारे में

मेरी विचारदृष्टि में एक तरह का रेडिकल परिवर्तन आया, जिसने मेरे बहुत-से भ्रमों और सम्मोहनों को तोड़ दिया। यह इतिहास की गूढ़ विडम्बना पाकर समाजवाद के मानवीय चेहरे से साक्षात् किया, तभी उस चेहरे को इतनी क्रूरता से कुचल दिया गया। मेरे लिए यह कुछ वैसा ही कटु अनुभव था, जैसा कुछ वर्षों बाद भारत में जब इन्दिरा जी ने हमारी लोकतांत्रिक परम्पराओं की उपेक्षा करके समूचे देश पर इमरजेंसी लागू कर दी थी। इन सब घटनाओं ने मुझे भारतीय संस्कृति, राष्ट्रीय अस्मिता, भारत और पश्चिम के अन्तस्सम्बन्धों के बारे में पुन: सोचने के लिए विवश किया, जिसकी कुछ झलकें मेरे निबन्ध संग्रहों 'शब्द और स्मृति', 'कला का जोखिम', 'ढलान से उतरते हुए' में देखी जा सकती हैं।

स्मि.को. : मैं आपसे एक प्रश्न पूछना भूल गया, जो मैं इस इंटरव्यू में शामिल करना चाहूँगा। आप उन लेखकों के बारे में क्या सोचते हैं, जो विदेश में जाकर बस गए—राजा राव, रामानुजन, कमला मार्कंडेय आदि। आप उनके लेखन, उनकी लेखकीय भूमिका के बारे में क्या सोचते हैं? भारत से उनका सम्बन्ध किस तरह का रहा है? एक दूसरे स्तर पर मैं आपके विचार नायपॉल के बारे में भी जानना चाहूँगा, जो भारत के बाहर रहे हैं, किन्तु भारत के बारे में काफ़ी कुछ लिखा है।

नि.व. : सर्वप्रथम तो मैं यह कहना चाहूँगा कि हमें झूठी देशभक्ति की रौ में बहकर उन लेखकों पर कोई फ़ैसला नहीं देना चाहिए, जिन्होंने विदेश में जीने, बसने और लिखने का निर्णय लिया है। मैं सोचता हूँ कि एक लेखक कौन-सी जगह रहकर काम करना चाहेगा, यह चयन अन्तत: उसका अपना होता है। हमें कोई अधिकार नहीं कि हम उस पर कोई सन्देह करें, उसकी ईमानदारी पर प्रश्नचिह्न लगाएँ। आख़िर जेम्स जॉयस से बड़ा कौन आयरिश लेखक हो सकता है? सही अर्थों में आयरिश, जबकि उन्होंने अपने जीवन के अधिकांश वर्ष आयरलैंड के बाहर ही गुज़ारे थे। अत: एक भारतीय लेखक सिर्फ़ इसलिए कम भारतीय नहीं हो जाता, क्योंकि वह भारत के बाहर रह रहा है। किन्तु एक चीज़ ज़रूर हमें थोड़ा संशय में डालती है। क्या कारण है कि राजा राव ने अपना सर्वश्रेष्ठ उपन्यास 'कंथापुरा' तब लिखा, जब वह अपने देश में थे। कमला मार्कंडेय ने तो विदेश में जाने के बाद लिखना लगभग बन्द ही कर दिया। इसका मतलब यह नहीं है कि जो लेखक अपने देश में ही रहते हैं, वे हमेशा ही अच्छा लिखते हैं या एक उम्र के बाद लिखना बन्द नहीं कर देते। इसलिए विदेश में रहने और लिखने के बीच का सम्बन्ध इतना आसान नहीं, जितना ऊपर से दिखाई देता है। कभी-कभी तो यदि कोई लेखक कुछ वर्ष बाहर रहे, तो उसके लिए यह लाभप्रद भी हो सकता है, जैसा कि मैं स्वयं अपने अनुभव के आधार पर कह सकता हूँ। हम भारतीय अक्सर अपने पारिवारिक सम्बन्धों के भीतर इतना धँसकर रहते हैं कि अपने को तटस्थ भाव से देखने का अवकाश हमें मिल ही नहीं पाता।

मुझे नहीं लगता कि मैं स्वयं अपने देश और अपने समाज के काले और उजले पक्षों को इतने निस्संग भाव से देख पाता, अगर मुझे विदेश जाने का अवसर न मिलता। किन्तु नायपॉल जैसे लोग, जिनके बारे में आपने पूछा है, हमेशा एक आउटसाइडर की हैसियत से ही भारतीय जीवन की विसंगतियों और विद्रूपताओं को देखते रहे हैं, और उसकी मूल आत्मा, उसके आत्यंतिक चरित्र को अनदेखा कर देते हैं। एक पत्रकार तो यह करता है कि सतही चीज़ों का बखान करके अपना कर्तव्य पूरा कर ले किन्तु क्या एक लेखक को भी ऐसा ही करना चाहिए? एक पुरातन संस्कृति जिसने पिछले पाँच हज़ार वर्षों से लाखों-करोड़ों लोगों की जीवनदृष्टि को इतना व्यापी और सघन रूप से पोषित और विकसित किया है, क्या सिर्फ़ उसके बाह्य व्यवहार या अन्धविश्वासों को देखकर उसकी जीवन-शैली और दर्शन पर कोई एकटूक फ़ैसला दिया जा सकता है? मुझे नहीं लगता कि इतिहास में भारतीय संस्कृति और सभ्यता पर जितने विनाशकारी आक्रमण हुए हैं, उसका उदाहरण कहीं और मिल सकता है।

ज़ाहिर है, इन आक्रमणों और ऐतिहासिक परिवर्तनों के कारण भारतीय जीवन में अनेक तरह की विकृतियाँ और दूषण उत्पन्न हुए हैं, लेकिन आश्चर्य की बात तो यह है कि इन सब ऐतिहासिक दबावों और विकृतियों के बावजूद यह सभ्यता अपनी असली तात्त्विक दृष्टि को बरकरार रख सकी है। इस संस्कृति ने ज़ख़्म ज़रूर सहे हैं, लेकिन उनके नीचे भारतीयों की जीवनधारा अविरल रूप से प्रवहमान रही है। जब मैं प्राग में था, तो ड्राइक्लीनर जो कपड़े धोकर भेजते थे, उन पर एक चेतावनी का लेबल चिपका रहता था—क्षमा करें, आपके कपड़े पर लगे कुछ धब्बे इसलिए साफ़ नहीं किये जा सके क्योंकि हमें डर था कि उससे कपड़े का टेक्स्चर भी नष्ट हो जाएगा। कितना अजीब है कि जो अन्तर्दृष्टि एक ड्राइक्लीनर की सतह और टेक्स्चर के बारे में है, वह नायपॉल जैसे संवेदनशील लेखक को प्राप्त नहीं, जो एक संस्कृति पर बिखरे हुए धब्बों को तो देखता है, किन्तु उसके मूल टेक्स्चर को नहीं। इसलिए मैं समझता हूँ कि आज भारतीय लेखक को एक साथ इनसाइडर की अन्तर्दृष्टि और आउटसाइडर की तटस्थता अपनानी होगी। अगर वह सिर्फ़ बाहर का दर्शक ही रहता है, तो वह उन विकल्पों को अनदेखा कर देता है, जिन्हें एक परम्परागत संस्कृति अपने बचाव, अपने रहन-सहन, अपने सर्वाइवल के लिए चुनती है और यदि वह महज़ इनसाइडर ही रहता है, तो वह अपने समाज में होने वाली उन कुरीतियों और अमानवीय प्रथाओं के प्रति आँखें मूँदे रहेगा जो इतिहास ने उस पर आरोपित की हैं। गांधी जी इस अर्थ में आउटसाइडर भी थे और इनसाइडर भी। इसीलिए एक परम्परागत हिन्दू के जीवन-दर्शन को अपनाते हुए भी और उसके कारण वह आधुनिक युग की चुनौतियों का इतनी सक्षमता के साथ सामना कर सके।

['इलस्ट्रेटेड वीकली' : 20 नवम्बर, 1983]
अंग्रेज़ी से अनूदित

मैं अपने लेखन को किसी का पर्याय नहीं बनाना चाहता

कुलदीप सिंह की बातचीत

कुलदीप सिंह : आपकी कहानियों के बारे में प्राय: कहा जाता है कि वे सामान्य आदमी के यथार्थ को व्यक्त नहीं करतीं। कृष्णा सोबती ने भी 'हम हशमत' में आप पर लिखते हुए यह कहा है। आप इस बारे में क्या महसूस करते हैं?

निर्मल वर्मा : इस प्रश्न के दो पहलू हैं, एक तो 'सामान्य आदमी', दूसरा उसका 'यथार्थ'। मुझे नहीं मालूम, साहित्य में 'सामान्य आदमी' जैसी अमूर्त अवधारणा कोई अर्थ रखती है। साहित्य में हम व्यक्तियों से साक्षात् करते हैं, सामान्य अवधारणाओं से नहीं। हर व्यक्ति अपनी समग्रता में हमारे सामने आता है, जो उसके जीवन के विशिष्ट यथार्थ से फूटकर बाहर अवतरित होती है। हम यथार्थ को किसी एक ख़ास अर्थ या अवधारणा में सीमित नहीं रख सकते। एक लेखक को यथार्थ की विभिन्न परतों के सम्पर्क में आना पड़ता है, जो उसकी कहानी की थीम के साथ जुड़ी होती हैं। वह कौन-से यथार्थ को उद्घाटित करता है, यह उस थीम पर निर्भर करता है, जिसे वह अपनी कहानी या उपन्यास के लिए चुनता है। मेरी समझ में यथार्थ को किसी सामान्य अमूर्त सिद्धान्त में रिड्यूस करना उचित नहीं।

कु.सिं. : किन्तु आप जो अपनी कहानियों के पात्र चुनते हैं, वे किसी भी अर्थ में सामान्य कोटि में नहीं आते; वे बहुत ही परिष्कृत भाव-बोध लिये होते हैं।

नि.व. : मैं नहीं सोचता, यह भावबोध का प्रश्न है। मुझे नहीं लगता कि किसी तथाकथित सामान्य व्यक्ति का भावबोध एक मध्यवर्गीय बुद्धिजीवी से कम परिष्कृत होता है। बेशक, यह उससे भिन्न अवश्य हो सकता है। उसके देखने-समझने का ढंग, ज़िन्दगी की समस्याओं को झेलने का तरीक़ा भले ही अलग हो सकता है।

अपने परिवेश में एक 'सामान्य आदमी' का सोचने-देखने का भाव-तंत्र उतना ही संश्लिष्ट, जटिल और परिष्कृत होता है, जितना किसी दूसरे वर्ग के व्यक्ति का। व्यक्तियों को 'सामान्य' और 'असामान्य' कठघरों में विभाजित करने से हम यथार्थ की चमत्कारिक सम्भावनाओं को विपन्न करते हैं, जो अनन्त हैं।

कु.सिं. : आप अपनी कहानियों के पात्र और थीम कैसे चुनते हैं?

नि.व. : कोई लगा-बँधा नियम उसमें नहीं है। कुछ अनुभव मेरी स्मृतियों को उघाड़ते हैं, जो अपनी एक निजी सृष्टि रूपायित करते हैं। मैं कहानी में इस सृष्टि की प्रामाणिकता और सम्पूर्णता को टटोलने और पाने का प्रयास करता हूँ। कभी मैं सफल होता हूँ, कभी नहीं। किन्तु मेरे 'चयन' के पीछे कोई पहले से सोचा हुआ निर्णय नहीं होता। सिर्फ़ यह जिज्ञासा रहती है कि क्या कुछ अनुभव सत्य की सम्भावनाओं को उजागर कर सकते हैं? क्या उनके भीतर से किसी तरह के अर्थ उद्घाटित हो सकते हैं?

कु.सिं. : आप अपने पात्रों से कहाँ तक तादात्म्य स्थापित करने की कोशिश या कामना करते हैं?

नि.व. : एक तरह से मैं अपने को हर पात्र में अवस्थित करता हूँ, किन्तु दूसरी ओर मैं उनसे एक तरह की दूरी निस्संगता भी बनाने की कोशिश करता हूँ। गोएटे ने एक बार कहा था कि कोई भी मानवीय अनुभूति उनके लिए अजनबी नहीं है—एक हत्यारे का अनुभव भी नहीं। तो इसे मानवीय अनुभूतियों तक ही क्यों सीमित रखा जाए। एक लेखक को ग़ैर-मानवीय प्रकृति के विराट अनुभव-सागर में भी डूबने का साहस करना चाहिए...तभी वह मानवीय प्रकृति को भी ठीक से अंकित कर सकेगा।

कु.सिं. : आपकी कहानियों का तन्तुजाल सशक्त भावनाओं में बुना हुआ दिखाई देता है। उन्हें पढ़ते हुए कुछ ऐसा लगता है, जैसे आप लिखते समय भी उनसे कहीं गहरे में बँधे हुए हैं, उन स्थितियों में उलझे हुए हैं जिन्हें आप दर्शाना चाहते हैं, क्या यह सही है?

नि.व. : नहीं, सीधे या प्रत्यक्ष रूप से नहीं। मैं प्राय: उन चीज़ों के बारे में नहीं लिखता, नहीं लिख पाता, जिनसे मैं घिरा हूँ, आवेष्टित हूँ क्योंकि तब मेरा लेखन उस चीज़ का पर्याय बन जाएगा, जिसे मैं जीना चाहता हूँ। मैं अपना लेखन किसी भी चीज़ का पर्याय नहीं बनाता। अपने विषय के प्रति भावनात्मक लगाव रहना तो स्वाभाविक है—उसके बिना मैं कुछ भी नहीं लिख सकता। किन्तु एक तरह की दूरी, ठंडापन, तटस्थता भी होनी चाहिए। लिखते हुए हमें एक 'न्यूट्रल ग्राउंड',

तटस्थ भूमि पर रहना चाहिए। रोलाँ बाख़्त ने कहा था : 'जो बोलता है, वह नहीं है जो लिखता है, और वह जो लिखता है, वह नहीं है जो वह है।'

कु.सिं. : आपकी इधर की कहानियों में 'कथावस्तु' पर ज़ोर उतना नहीं है, जितना शायद आरम्भिक दौर में था। इससे अनुभव की तीव्रता में कमी नहीं आती, किन्तु क्या आप ऐसा नहीं सोचते कि यदि किसी कहानी का सधा-सँवरा, सुघड़ प्लॉट हो, तो उसके अधिक सशक्त और विश्वसनीय बन जाने की सम्भावना बन जाती है?

नि.व. : मेरे लिए कहानी में रिश्तों का पैटर्न केन्द्रीय महत्त्व का है। यदि उससे प्लॉट बनने लगता है, तो मैं उसे छोड़ता या बिगाड़ता नहीं। किन्तु यदि वह पैटर्न किसी प्लॉट की बैसाखी के बिना भी उद्घाटित होने लगता है, तो मुझे बुरा नहीं लगता। उसका होना या न होना मेरे लिए महत्त्वपूर्ण नहीं है। किन्तु कहानी में एक भावनात्मक ढाँचा अवश्य होना चाहिए, चाहे उसकी रूपरेखा कितनी ही धुँधली क्यों न हो, जो उसकी गति और लय को निर्धारित कर सके। कहानी का अदृश्य भेद उसकी दृश्य गति को संचालित करता है।

कु.सिं. : मैल्कम काउले ने कहीं लिखा है : 'कुछ लेखक स्वयं नहीं लिखते...कोई उन्हें लिखवाता है और वह उसके आदेश पर लिखते जाते हैं,'—आप क्या सोचते हैं? फ़ॉकनर कहते हैं : 'मैं आवाज़ों को सुनता हूँ और जब मैं उसे लिख लेता हूँ जो वे कहती हैं, तो वह मुझे सही जान पड़ता है,' आपके साथ क्या होता है?

नि.व. : फ़ॉकनर ने बहुत सुन्दर बात कही है। मैं 'आवाज़ों' की बात न भी कहूँ, तो भी लिखते समय मेरी चेतना के स्क्रीन पर एक समानान्तर फ़िल्म चलती रहती है, जो अपनी जीवन्त स्पंदनशीलता के साथ शब्दों में अवतरित होना चाहती है। जब तक कहीं चेतन या अवचेतन में ऐसी 'फड़फड़ाहट' न हो, तब तक लिखना, एक दिन के बाद दूसरे दिन बराबर लिखते चले जाना असम्भव होगा।

कु.सिं. : क्या लिखना आपके लिए सुखद अनुभव है या यातनादायी? कुछ लेखक सृजन की प्रसव-पीड़ा की बात करते हैं...!

नि.व. : ज़्यादा प्रीतिकर अनुभव तो नहीं है—कम-से-कम मेरे लिए। टॉमस मान ने एक बार व्यंग्य में कहा था : 'लिखना ही एक ऐसी चीज़ है, जो एक लेखक को सबसे ज़्यादा मुश्किल जान पड़ती है।' कभी-कभी बुरे क्षणों में उससे सान्त्वना भी मिलती है...कुछ भी कहो, है काफ़ी जी-तोड़ काम-पीड़ा और सुख से परे। कभी-कभी यह सोचकर मैं आतंकित-सा हो जाता हूँ कि शायद ऐसा भी समय आ सकता है, जब मैं कुछ भी नहीं लिख पाऊँगा।

कु.सिं. : कहा जाता है कि किसी महत्त्वपूर्ण लेखक की कृतियों में कुछ ऐसे विषय होते हैं, जो एक 'टेक' की तरह बार-बार लौटकर आते हैं। आपकी कहानियों में, जैसा मैंने कहा, एक तरह के भावनात्मक पैटर्न की तीव्रता रहती है, जिसमें पीड़ा, अकेलापन, दुःख, क्षति, निराशा की भावनाएँ ही प्रमुख रहती हैं। क्या इससे एक असन्तुलित-सी तसवीर सामने नहीं आती?

नि.व. : सच पूछा जाए, तो लिखते समय मेरे मन में ऐसा कोई संकल्प नहीं होता कि मैं कोई उदास कहानी या अकेलेपन या अलगाव की कहानी लिखने जा रहा हूँ। मेरे लिए कोई एक भावना इतनी केन्द्रीय महत्त्व की नहीं है कि दूसरी भावनाओं को हाशिये पर ठेल दे। पीड़ा की अनुभूति के पीछे भी चाहे वह कितनी तीव्र क्यों न हो, कहीं सुख पाने की लालसा छिपी रहती है। मुझे लगता है, जब तक पीड़ा या अकेलेपन का त्रास मनुष्य की नैतिक विडम्बनाओं के भीतर से उत्पन्न नहीं होकर आता, तब तक कहानी में उनकी कलात्मक अर्थवत्ता अधिक नहीं होती।

कु.सिं. : आपकी कहानी 'कव्वे और काला पानी' में सच्ची-झूठी कहानियों के बारे में एक वाक्य आता है। मुझे वह बहुत मर्मस्पर्शी लगा। क्या आप उसके बारे में कुछ विस्तार से कहना चाहेंगे? उसे पढ़कर मुझे वर्जीनिया वुल्फ़ का एक वाक्य स्मरण हो आया, जो उन्होंने अपने कथा साहित्य के बारे में कहा था : 'मेरे मुँह से बहुत-से झूठ निकलेंगे, लेकिन कहीं उनमें सच छिपा होगा।' माना, कहानी कल्पना की चीज़ है, एक माया-भ्रम, यथार्थ को तोड़-मरोड़कर रखने का उपक्रम और उस हद तक वह झूठ है। किन्तु उसका कुल प्रभाव उस यथार्थ से कहीं ज़्यादा सशक्त होता है। ऐसा क्यों होता है? एक कहानी यथार्थ की प्रामाणिक प्रतिकृति कैसे बन जाती है?

नि.व. : आपने जिस कहानी का ज़िक्र किया, उसमें उसके नायक की भावनाएँ प्रतिध्वनित होती हैं। उसे लगता है कि उसके भाई ने संसार को त्यागकर जो सत्य पाया है, वह उससे कहीं ज़्यादा मूल्यवान है, जो वह अपनी कला में खोजता रहा है। यह कला से निराशा नहीं है, सिर्फ़ अपने लेखन की असफलता को पहचानने का क्षण है...। एक लेखक को अवश्य ही यह भ्रम कचोट सकता है कि वह अपने लिखने में अपने जीने का सत्य, अपने अस्तित्व का सम्पूर्ण सत्य, नहीं व्यक्त कर पाया है। टॉल्स्टॉय से महान लेखक कौन हो सकता है, किन्तु उन्हें भी रह-रहकर अपने लेखन को लेकर सैकड़ों सन्देह सालते रहते थे। 'युद्ध और शान्ति' और 'अन्ना कैरेनिना' जैसे अमर उपन्यासों के लेखक को भी अपनी कला की प्रामाणिकता, उसके सत्य के बारे में शंकाएँ उद्वेलित करती थीं। शायद पहुँचे हुए संतों-संयासियों को भी कभी-कभी अपनी साधना के बारे में ऐसे ही सन्देह होते होंगे—रामकृष्ण परमहंस को भी शायद।

ऐसा क्यों होता है? शायद इसलिए कि कला या ईश्वर का रास्ता अपनाकर लगता है कि कहीं उनके कारण दूसरे अनुभव तो हाथ से नहीं छूट गए जो किसी अलग सत्य की ओर जाते थे और जिससे हम हमेशा के लिए वंचित रह गए? हम कह सकते हैं कि यह सन्देह हर साधना के भीतर मौजूद रहता है, और उसका अतिक्रमण, निरावरण नहीं, साधना के द्वारा ही सम्भव हो पाता है।

कु.सिं. : तो आपके लिए कहानी लिखना इसी सत्य को पाने का माध्यम है?

नि.व. : नहीं, वह सत्य को पाने का माध्यम नहीं, वह स्वयं अपने में सत्य है।

कु.सिं. : अगर मैं ग़लत नहीं हूँ, तो भारत में शायद ही कोई लेखक अपने 'लिखने' पर जीता है, जिसने लिखना ही कैरियर के रूप में चुना हो। आपने यह कैसे किया? क्या इस चुनाव के पीछे कोई जानबूझकर लिया हुआ निर्णय है?

नि.व. : मैं इसे संयोग और परिस्थितियों का मिश्रण ही कहूँगा, कि वैयक्तिक जीवन में मुझे अधिकांश समय नौकरी करने की ज़रूरत नहीं पड़ी। लिखने से ज़्यादा कमाई नहीं होती, लेकिन मेरी पारिवारिक ज़िम्मेदारियाँ भी ज़्यादा नहीं हैं। अनेक दूसरे लेखकों की तरह मुझे घर का किराया भी...।

कु.सिं. : आपका अपना ही मकान है?

नि.व. : मेरा नहीं...मेरे पिता ने उसे ख़रीदा था, शायद अपने बेरोज़गार बच्चों के लिए (हँसते हुए)।

कु.सिं. : कौन-से भारतीय और विदेशी लेखकों ने आपको प्रभावित किया?

नि.व. : बचपन में मुझे प्रेमचन्द, जैनेन्द्र, रवीन्द्रनाथ ठाकुर, शरत् बाबू की कहानियाँ लुभाती थीं। पहले-पहल मैंने इन्हीं लेखों को पढ़ा था। थोड़ा वयस्क होने पर रूसी लेखकों ने मुझे एकदम अभिभूत कर दिया—चेख़ॅव, तुर्गनेव, टॉल्स्टॉय, गोर्की। दोस्तोएव्स्की को काफ़ी बाद में पढ़ा। लिखने का व्यसन उनकी पुस्तकों से ही लगा। शायद भारतीय लेखकों से कहीं अधिक उनका प्रभाव मुझ पर पड़ा। बाद के वर्षों में केन्द्रीय यूरोप के लेखकों ने, विशेष कर टॉमस मान, हर्मन हैस्स, मार्सल प्रूस्त और काफ़्का ने मेरे पाठकीय अनुभव की नई दिशाएँ खोलीं। अंग्रेज़ी लेखकों में सिवा वर्जीनिया वुल्फ़ के ज़्यादा आकर्षित नहीं किया। लेकिन वर्जीनिया वुल्फ़ को पढ़ना एक अद्वितीय अनुभव रहा...फ्रांसीसी अस्तित्ववादी लेखकों में कामू मुझे सर्वश्रेष्ठ जान पड़े।

कु.सिं. : पाँचवें और छठे दशक में 'नई कहानी' का आन्दोलन शुरू हुआ था जिसके बारे में गॉर्डन रोडरमल ने कहा था कि लेखकों की एक ऐसी नई पीढ़ी सामने आई जो समान रूप से राजनीतिक, सामाजिक और वैयक्तिक सम्बन्धों के मोह-भंग से आक्रान्त थी। इसी दौरान 'सचेतन' और 'अकहानी' आन्दोलन भी शुरू हुए। आपकी वर्तमान हिन्दी कथा-साहित्य के बारे में क्या राय है?

नि.व. : मुझे लगता है कि आज जो लेखक लिख रहे हैं, उनमें से अधिकांश राजनीतिक विचारधाराओं के प्रति अपेक्षाकृत अधिक सजग हैं। वे मुझे पाँचवें दशक की प्रगतिशील लेखकों की पीढ़ी की याद दिलाते हैं। यह विवाद का विषय हो सकता है कि इन राजनीतिक विचारधाराओं ने उनके लेखन को कहाँ तक क्षति पहुँचाई है। किन्तु इस तथ्य से कोई इनकार नहीं कर सकता कि इन वर्षों के दौरान ग़रीबी, बेरोज़गारी और उन लोगों की बेचारगी और व्यथा जो गाँव से उन्मूलित होकर शहरों में आए हैं, इन सब घटनाओं ने लेखकों की चेतना को प्रभावित किया है। आज जिस तरह ग़रीब और समृद्ध लोगों की जीवन-शैली के बीच अन्तराल बढ़ा है, जिसके कारण सामाजिक जीवन के हर क्षेत्र में पाखंड और अनैतिकता जिस नंगे ढंग से दिखाई देती है, ऐसा पहले कभी नहीं था। लोग अब इन तथ्यों के प्रति इतना अधिक सचेत हो गए हैं कि व्यक्तियों के निजी अनुभव जो पहले के लेखकों की कहानियों में इतना गहरा महत्त्व रखते थे, अब सामाजिक और राजनीतिक दबावों के तले दब-से गए हैं।

कु.सिं. : लेकिन अगर आपको आज के लेखन के बारे में कोई नाम या लेबल देना हो, तो वह क्या होगा?

नि.व. : मैं कहूँगा कि वह पहले से अधिक 'समाजोन्मुख' है। जिन मध्यवर्गीय परिवारों से हिन्दी, बंगाली और गुजराती लेखक आते हैं, उनके सृजनात्मक मानस से इन सामाजिक परिस्थितियों के द्वारा गहरे तनाव और उथल-पुथल उत्पन्न हुए हैं।

कु.सिं. : बहुत वर्ष पहले आपका कम्यूनिस्ट पार्टी से सम्बन्ध था। आप उसके द्वारा संचालित कल्चरल फोरम से भी सम्बद्ध थे। आपकी आज की राजनीति क्या है? क्या आप किसी राजनीतिक दल से सम्बद्ध हैं?

नि.व. : नहीं, मैं किसी राजनीतिक दल का सदस्य नहीं हूँ। सन् 1956 में जब हंगरी में सोवियत हस्तक्षेप हुआ, तब से मेरा किसी राजनीतिक दल से कोई नाता नहीं रहा। मुझे लगा कि एक लेखक को अपनी राजनीतिक चेतना के द्वारा एक सतर्क नागरिक की हैसियत से समाज के हर प्रश्न को समझना और तौलना-परखना चाहिए और यह वह तभी कर सकता है जब वह किसी राजनीतिक दल विशेष के

आईने से समाज को न देखकर उसे थोड़ा निष्पक्ष और तटस्थ ढंग से आँकने का प्रयत्न करे। अगर वह ऐसा करता है तो वह एक लेखक के तौर पर यथार्थ की जिन विभिन्न परतों से युक्त सत्य को देखता है, उसे राजनीति के एकतरफ़ा यथार्थ से गड्डमड्ड नहीं करेगा। इस तरह वह एक अच्छे नागरिक का दायित्व भी निभा पाएगा और एक लेखक की भूमिका भी सम्पन्न कर सकेगा और इन दोनों के परस्पर सम्बन्धों को उलझाएगा नहीं।

कु.सिं. : चलिए, कहानी पर वापस आएँ। कभी-कभी मुझे आश्चर्य होता है कि कुछ संवेदनशील पाठक होते हैं जो हमेशा कहानियों में लेखक को एक व्यक्ति की तरह पाना चाहते हैं। आपकी दृष्टि में यह कहाँ तक उचित है?

नि.व. : इसे 'पाठक' की एक सीमा ही कहा जा सकता है।

कु.सिं. : शायद आप ठीक कहते हैं। एक पाठक को अपने पढ़ने की प्रक्रिया में स्वयं निष्कर्ष निकालने चाहिए। स्वयं अपने लिए उसका अर्थ खोजना चाहिए।

नि.व. : मैं यह नहीं कहूँगा कि पढ़ने का एक ख़ास ढंग दूसरे ढंग से बेहतर या बदतर होता है। वह तो स्वाभाविक ही है कि किसी लेखक की पुस्तक पढ़ते हुए उसकी (लेखक की) एक छवि धीरे-धीरे हमारे मस्तिष्क में बनती जाती है। अगर यह छवि हमारे साहित्यिक मूल्यांकन में बाधा न डाले तो यह अपने में एक सुन्दर खोज हो सकती है...हाँ, जब मैं चेख़ॅव की कहानियाँ पढ़ता हूँ, तो उनके व्यक्तित्व का एक बिम्ब मेरी आँखों के सामने आ जाता है। मैं उनकी कहानियों से कुछ ऐसी चीज़ों की अपेक्षा करने लगता हूँ, जिन पर कहीं-न-कहीं उनके व्यक्तिगत जीवन की छाप रहती है—वह जीवन जो उन्होंने जिया था। कभी-कभी तो एक को दूसरे से अलग करना मुश्किल हो जाता है। चेख़ॅव के साथ मेरा सम्बन्ध उनकी कहानियों से बनता है और उनकी कहानियों से उनके लेखन का बिम्ब बनता है। उनकी कहानियों को पढ़कर जो आनन्द मिलता है, उसमें कहीं इन दोनों की छवियाँ घुली-मिली रहती हैं—लेखक की भी और व्यक्ति की भी। मैं सोचता हूँ कि कोई भी चीज़, जो हमें एक लेखक की कृति के साथ आत्मीय सम्बन्ध जोड़ने में मददगार होती है, वह उसकी कृतियों के पढ़ने के आनन्द और अन्तर्दृष्टि को अधिक पुष्ट करने में भी मददगार होगी।

['संडे ऑब्ज़र्वर' : 15 अप्रैल, 1984]
अंग्रेज़ी से अनूदित

कला का यथार्थ और ज़िन्दगी

विष्णु नागर की बातचीत

विष्णु नागर : निर्मल जी, सुना है आपातकाल में जिन हिन्दी लेखकों ने सचमुच प्रतिरोध किया, उनमें आप भी थे। कई हिन्दी लेखकों ने इसे भुनाया है, पर आपने ऐसा नहीं किया। वह कौन-सी शक्ति थी, जिसने आपको इतना दृढ़ बनाए रखा?

निर्मल वर्मा : पहले तो मैं यह कहना चाहूँगा कि आपातकाल में मैंने जो कुछ सोचा या लिखा—समय की परिस्थितियों के विरोध में या प्रतिक्रिया में—वह अपने में बहुत कम था। यह अवश्य है कि आपातकालीन स्थिति ने मुझे गहरी निराशा में डाल दिया था। मैं कभी नहीं सोचता था कि जिस देश की लोकतांत्रिक परम्परा इतनी लम्बी और गहरी है, उसे इतने निर्मम और सनकी ढंग से ध्वस्त कर दिया जाएगा। ऐसी स्थिति में एक लेखक या तो सीधे-सीधे सत्ता से टक्कर ले सकता है या वह अपने लेखन के द्वारा अपनी निराशा, अपना रोष व क्षोभ प्रकट कर सकता है। चूँकि राजनीति से मेरा सम्बन्ध कभी सीधा और संगठनात्मक स्तर पर नहीं रहा, मेरे लिए दूसरा चारा केवल अपने विचारों को अपने लेखों में व्यक्त करना था। यह एक तरह से गर्व या गौरव की बात नहीं थी कि जिसे मैं आपातकाल के बाद भुनाना चाहूँ। यह एक भारतीय लेखक व नागरिक होने के नाते मेरी व्यक्तिगत प्रतिक्रिया थी। इसलिए इस बात का प्रश्न ही नहीं उठता कि मैंने इमरजेंसी के दौरान जो कुछ लिखा या कहा, उसके एवज़ में किसी परिणाम की आकांक्षा करूँ। इसके लिए किसी असाधारण ताक़त की ज़रूरत नहीं। कुछ ऐसी चीज़ें होती हैं जो मनुष्य अनायास अपने स्वभावानुकूल करता है। मैं नहीं समझता कि जब मनुष्य अपने दायित्व को निभाता है या निभाने की कोशिश करता है तो उसे किसी विशेष या असाधारण शक्ति की ज़रूरत होती है। उसे केवल अपनी कमज़ोरी और कायरता से ही संघर्ष करना पड़ता है, ताकि अपने व्यवहार और लेखन में झूठ से ज़्यादा-से-ज़्यादा बचा जा सके।

वि.ना. : आपको नौकरी छोड़े एक लम्बा अर्सा बीत गया। क्या सचमुच एक गम्भीर लेखक के लिए इस समाज में लेखन पर और वह भी रचनात्मक लेखन पर जीना सम्भव है?

नि.व. : मुझे मालूम है, हिन्दी में ही क्यों, किसी भी भाषा में केवल लिखने के आधार पर जीना कठिन, प्राय: असम्भव होता है। किन्तु मुझे पिछले दो या तीन वर्षों से, जब से मैं यूरोप से लौटा, कुछ ऐसी सुविधाएँ प्राप्त थीं जिनके सहारे कुछ वर्षों तक बिना नौकरी किये हुए अपना लिखना ज़ारी रख सकता था। यह अवश्य है कि इसके लिए मुझे एक औसत और साधारण ज़िन्दगी बितानी पड़ती है, अपनी आवश्यकताओं को सीमित रखना पड़ता है, लेकिन इसके एवज़ में अगर मैं स्वतंत्र रह सकूँ, बिना किसी नौकरी के बन्धन में फँसे हुए वही काम कर सकूँ जो करना चाहता हूँ, तो यह मूल्य कुछ ज़्यादा नहीं है।

वि.ना. : एक ज़माने में आप मार्क्सवादी थे। अब आप अपने लेखों में ग़ैर-मार्क्सवादी रुख़ अपनाते दिखते हैं। क्या आप मार्क्सवाद के विरुद्ध होते हुए यह भुला देना चाहेंगे कि कुछ प्रजातंत्री शक्तियों को छोड़कर, भारत और दुनिया में ऐसी ताक़तों से ख़तरा बढ़ रहा है जो अपने मार्क्सवाद-विरोधी रवैये के लिए विख्यात हैं?

नि.व. : मैंने कम्यूनिस्ट पार्टी के बाहर रहकर मार्क्सवादी दर्शन को समझने की कोशिश की है, क्योंकि कोई भी पार्टी, चाहे वह मार्क्सवादी कम्यूनिस्ट पार्टी ही क्यों न हो, जिसका सम्बन्ध सत्ता की राजनीति से होता है, वह किसी भी रोज़ अपने दार्शनिक सिद्धान्तों को दूषित कर सकती है या तोड़-मरोड़ सकती है। मैंने कम्यूनिस्ट पार्टी को इसलिए नहीं छोड़ा कि मार्क्सवाद के प्रति मोहभंग हुआ, बल्कि स्वयं कम्यूनिस्ट पार्टी मार्क्सवादी दर्शन से हटती गई। मार्क्सवाद का मूल लक्ष्य मनुष्य को न केवल पूँजीवादी त्रास से छुटकारा दिलाना है, बल्कि उन सब छद्म और झूठे भ्रमों से भी मुक्ति दिलाना है जो शताब्दियों से मनुष्य को इतिहास की कठपुतली बनाते रहे हैं। इतिहास के बारे में मैं मार्क्स के अनेक विचारों से सहमत नहीं हो पाता। इसके बावजूद मनुष्य की सम्पूर्ण मुक्ति की खोज मार्क्स का मुख्य आग्रह था। कम्यूनिस्ट पार्टी न केवल इस देश में, वरन् उन देशों में भी, जहाँ उनके हाथों में राज्यसत्ता है, अपने को मार्क्सवादी कहने के बावजूद न केवल मार्क्स के इस स्वतंत्रता के सिद्धान्त को ठुकराती है, बल्कि उसको उस स्वतंत्र मेधा और चिन्तन से भी वंचित कर देती है जिसकी सुविधा मनुष्य को, अपनी सीमाओं के बावजूद, कम-से-कम पूँजीवादी लोकतांत्रिक समाज में उपलब्ध है। जब तक मनुष्य स्वतंत्र नहीं होगा, उसका शोषण कभी ख़त्म नहीं होगा।

वि.ना. : आपने साम्यवादी व्यवस्था की विसंगतियों पर पिछले कुछ वर्षों में काफ़ी लिखा है। लेकिन पूँजीवादी व्यवस्था के अन्तर्विरोधों को आपने कैसे भुला दिया था, उन्हें कम करके आँका?

नि.व. : मैं चूँकि चेकोस्लोवाकिया में बहुत वर्षों रहा हूँ, इसलिए मैंने एक समाजवादी व्यवस्था के भीतर अमानवीय तत्त्वों का प्रादुर्भाव होते देखा। उसके सम्बन्ध में मैंने अनेक लेख लिखे, जो स्वाभाविक था। क्योंकि मैंने वहाँ अनेक वर्ष बिताए थे। इससे यह निष्कर्ष निकलता है कि हम उन्हीं चीज़ों के बारे में अन्तरंगता और प्रामाणिकता के साथ लिखते हैं जिनका बोध या ज्ञान हमें बहुत निकट से व्यक्तिगत रूप में मिला होता है। इससे यह निष्कर्ष निकालना कि मैंने पूँजीवादी व्यवस्था की विसंगतियों को नहीं समझा या उनके बारे में उतना नहीं लिखा, जितना समाजवादी देशों के बारे में, तो यह एक ग़लत, निराधार धारणा होगी। मैंने हमेशा यह समझा है कि आज के युग में कोई भी सामाजिक व्यवस्था, वह चाहे समाजवादी हो या पूँजीवादी, यदि उसमें राज्यसत्ता का प्रभुत्व है, तकनीकी और औद्योगिक संस्कृति का दबाव है, वहाँ हमेशा व्यक्ति की गरिमा पर ठेस पहुँचती रहेगी, स्वतंत्रता का दायरा बराबर सिकुड़ता जाएगा। आज के युग की विडम्बना यही है कि साम्यवादी और पूँजीवादी देश, दोनों ही भयानक अमानवीय मूल्यों को जन्म दे रहे हैं। इसलिए मेरे लिए असम्भव है कि मैं दोनों में से किसी एक को दूसरे की अपेक्षा बेहतर समझें। एक भारतीय लेखक होने के नाते मैं यह सोचना चाहूँगा कि हमारे देश की व्यवस्था का विकास बिलकुल अनूठी और अलग दिशा में हो सकता है जो सोवियत संघ और अमेरिका से बिलकुल भिन्न होगी।

वि.ना. : कृष्णा सोबती ने 'हम हशमत' में लिखा है : 'हमारे दोस्त शाम भले कंसर्ट पर जाओ, बीथोवन सुनो; रविशंकर, अली अकबर खाँ—मगर जो तुम्हारी गली में थूथनी उठाए सूअर घूम रहे हैं, उन्हें भी तो देखो। कुछ ग़ौर करो। तुम्हारी लाजवाब कलम से कोई यथार्थ तो उभरे...' मुझे सोबती जी की यह बात मौज़ूँ लगती है, क्योंकि अपने समकालीन यथार्थ से टकराए बिना कोई महान कृति लिखी भी कैसे जा सकती है? हालाँकि यह भी कह सकते हैं कि समकालीन यथार्थ से ही कोई कृति महान नहीं बनती।

नि.व. : मुश्किल तब होती है जब हम यथार्थ को सूअरों तक सीमित कर देते हैं। आर्वेल ने अपने 'एनीमल फ़ार्म' में जानवरों को लेकर अधिनायकवादी सत्ता पर व्यंग्य किया था। सूअरों के माध्यम से उन्होंने मनुष्य की विसंगतियों को देखा था। कृष्णा जी का 'बादलों के घेरे' एक दूसरा यथार्थ दिखाता है—क्या वह गली में घूमते हुए सूअरों के यथार्थ से कम मूल्यवान है? यथार्थ की किसी एक परिभाषा पर आग्रह करना समूचे यथार्थ की विराट सम्भावनाओं को संकुचित कर देना है।

एक लेखक के लिए यह बहुत ज़रूरी है कि वह यथार्थ के पीछे जो सत्य है, ऊपर से दिखने वाले भ्रमों के पीछे जो यथार्थ है, उसकी परतों को खोल सके। तब आप देखेंगे कि कहानी जिस यथार्थ को उद्घाटित करती है, वह न तो आकाश में बहते बादलों का यथार्थ है, न गली में घूमते सूअरों का, बल्कि एक ऐसा सत्य है जो दोनों को अपने में समेटकर भी अपनी अलग सत्ता क़ायम रखता है।

वि.ना. : एक ओर आप राष्ट्रीय-अन्तरराष्ट्रीय स्तर पर होने वाले दमन, अत्याचार के ख़िलाफ़ लिखते-बोलते रहे हैं, दूसरी ओर आपकी रचनाओं की दुनिया इन सबको छूती ही नहीं।

नि.व. : मुझे लगता है कि एक नागरिक होने के नाते एक लेखक की जो परेशानियाँ हैं और एक लेखक के जो अपने निजी सरोकार हैं, इन दोनों में एक गहरा सम्बन्ध ज़रूर रहता है। लेकिन इस सम्बन्ध को जोड़ने वाले सूत्र ऐसे हो सकते हैं जिनकी तलाश कर पाना ही किसी ख़ास कहानी या कविता का लक्ष्य हो। मैंने इमरजेंसी में यह किया और यह नहीं किया, जैसा कि आपने पहला प्रश्न पूछा था और दूसरी तरफ़ यह कि मैं इस तरह की कहानियाँ लिखता हूँ, इस तरह की नहीं, इन दोनों का उत्तर एक ही है। अपने समय में अपने को परिभाषित करने की लालसा राजनीतिक सन्दर्भ में एक रूप ग्रहण करती है, कहानी के सृजन में दूसरा रूप ग्रहण करती है। उनके रूपों में अलगाव हो सकता है, विरोध नहीं। इसीलिए एक राजनीतिक लेखक न होने के बावजूद, मैं समझता हूँ कि मेरी मूल प्रेरणा, जो मुझे राजनीति में एक पक्ष का समर्थन करने को बाध्य करती है और साहित्य में कुछ दूसरे आग्रहों को अभिव्यक्त करती है, वह मूल प्रेरणा अपने में एक और अखंड है। ऐसे भी लेखक हैं जो अपने भीतर के अनेक अन्तर्विरोधों से जूझते रहते हैं और कभी-कभी अपने से जूझना ही उनके नागरिक दायित्व और उनके सृजनकार्य को एक अनोखा पीड़ायुक्त, लेकिन सर्वथा मौलिक आयाम देता है। कभी-कभी ऐसा भी होता है कि लेखक राजनीति के क्षेत्र में कोई ऐसा सिद्धान्त अपनाए जिससे वह प्रतिगामी कहलाए। लेकिन कभी-कभी यही तथाकथित प्रतिगामी तत्त्व उसके सृजन में एक अद्‌भुत शक्ति लिये आता है। हम एक तरफ़ उससे नाराज़ होते हैं, दूसरी तरफ़ उसके प्रति कृतज्ञ महसूस करते हैं, लेकिन उसके भीतर इन दोनों का अलगाव असम्भव है। रिल्के ने एक बार कहा था कि अगर मैं अपने भीतर दबे शैतान को निकाल दूँगा तो उसके साथ मेरे देवदूत भी चले जाएँगे।

वि.ना. : आपको हिन्दी के लेखकों के बारे में उत्साह से बातें करते हुए नहीं पाया। क्या हिन्दी लेखन की इतनी लम्बी परम्परा में किसी ने आपको प्रभावित नहीं किया?

नि.व. : मुझे नहीं लगता कि प्रभाव ढूँढ़ना मेरे लिए आसान होगा, किन्तु मैं यह अवश्य कह सकता हूँ कि एक पाठक के रूप में अनेक हिन्दी लेखकों की कृतियों से प्रभावित हुआ हूँ। लेकिन उनका लेखन मेरे लेखन से बहुत भिन्न है। उदाहरण के तौर पर रेणु, जिनका संसार, जिनका परिवेश, उपन्यास लिखने का ढंग बहुत भिन्न रहा है। इसके बावजूद मैं उनके लेखन को उत्कृष्ट मानता हूँ। एक दूसरे ढंग से जैनेन्द्र व अज्ञेय के गद्य ने मुझे बहुत प्रभावित किया है। अपने समकालीन लेखकों में मुझे जाने-पहचाने गद्य लेखकों के अलावा उन अनेक लेखकों की कृतियाँ बहुत पसन्द आई हैं जो कथाकार के रूप में उपेक्षित रहे हैं। जैसे श्रीकान्त वर्मा, रघुवीर सहाय या कुँवर नारायण की कहानियाँ।

मैं समझता हूँ ये ऐसे लेखक हैं जिन्होंने 'नई कहानी' के आन्दोलन से हटकर बिलकुल नया स्वर हिन्दी गद्य को दिया है। ध्यान से देखें तो इन लेखकों ने जो कहानियाँ लिखीं, ये कहीं अधिक सार्थक ढंग से 'नई' कही जा सकती हैं—उन कहानीकारों की अपेक्षा, जिन्होंने 'नई कहानी' आन्दोलन शुरू किया था। यह दुर्भाग्य है कि पाठक इन लेखकों की कहानियों से अधिक परिचित नहीं हैं।

मैंने उन सब लेखकों के बारे में उत्साह से लिखा है और बातचीत की है जिन्हें मैं पसन्द करता हूँ वे चाहे हिन्दी के हों या विदेशी हों। यह अवश्य है कि पश्चिम में उपन्यास की एक लम्बी परम्परा रही है। इसके परिणामस्वरूप रूस, अमेरिका, फ्रांस या जर्मनी के लेखकों के अनेक उपन्यास मेरे जीने की यात्रा में जितने सहायक सिद्ध हुए हैं, उतने शायद भारतीय उपन्यास नहीं। लेकिन ज़रूरी नहीं कि कोई लेखक केवल उपन्यास के माध्यम से या कविता के माध्यम से प्रेरणा ले सके। रामकृष्ण परमहंस के जीवन-चरित को पढ़ते हुए या महात्मा गांधी की आत्मकथा या डॉ. राममनोहर लोहिया के लेखों को पढ़ते हुए उतनी ही प्रेरणा मुझे मिलती है जितनी विदेशी लेखकों को पढ़ते हुए।

ज़रूरी नहीं कि किसी संस्कृति की प्रमुख अभिव्यक्ति उसके साहित्य में ही हो। यह एक ऐतिहासिक संयोग ही कहा जाएगा कि समकालीन भारतीय संस्कृति अपनी अभिव्यक्ति साहित्य में न खोजकर अन्यत्र खोजती है।

निर्वासित की वापसी

रत्नधर झा की बातचीत

रत्नधर झा : आपकी पीढ़ी के लेखकों ने एक बार यह माना था कि साहित्य अकादेमी पुरस्कार स्वीकार करना अपने को बेचना है। एक पुरस्कृत लेखक होने के नाते आप क्या सोचते हैं?

निर्मल वर्मा : एक लेखक के निजी सृजनरत जीवन और राज्य की सार्वजनिक संस्थाओं के बीच हमेशा एक अन्तराल रहता है। किसी सम्मान या पुरस्कार से यह अन्तराल, यह दूरी कम नहीं होती...बराबर बनी रहती है। भारत में स्थिति इसलिए भी विकट हो जाती है क्योंकि इन संस्थाओं पर निरन्तर साहित्यिक गुटों और राजनीतिक दलों का दबाव छाया रहता है। कुछ वर्ष पहले तक साहित्य अकादेमी की अकर्मण्यता और समकालीन लेखन के प्रति उदासीनता सबकी आँखों में खटकती थी। मुझे ख़ुशी है कि अब काफ़ी हद तक उसने उससे मुक्ति पा ली है। वह अपनी ज़िम्मेदारियों के प्रति अपेक्षाकृत अधिक सजग जान पड़ती है।

जहाँ तक लेखक का प्रश्न है, मुझे लगता है कि कोई भी सम्मान उसके लिए गहरी दुविधा और संकोच का कारण बन जाता है। बाहर की दुनिया के प्रति सशंकित और उस दुनिया के प्रति अनिश्चित, जो उसकी कहानियों, उपन्यासों में जन्म लेती है, एक लेखक कभी भी आश्वस्त नहीं हो पाता कि किसी संस्था द्वारा जो उसे सम्मान मिला है, वह कहीं किसी ग़लतफ़हमी पर तो आधारित नहीं है? कभी-कभी मुझे ये सारे सम्मान और पुरस्कार असामयिक जान पड़ते हैं...या तो वे समय से पहले आकर नवोदित लेखक की नाज़ुक गुणवत्ता को कुंठित कर देते हैं—या बहुत देर से आते हैं—जब लेखक अपने पागल पापमय रास्तों पर चलने का इतना आदी हो चुका होता है कि पुरस्कार मिलने न मिलने से उसका कुछ बनता-बिगड़ता नहीं। ग्रैहम ग्रीन के शब्दों में : 'सफलता एक लेखक के लिए हमेशा एक स्थगित होती हुई असफलता है।'

र.झ. : आप चेख़ॅव-शैली की परम्परा में अपनी कहानियों को रखना पसन्द करेंगे?

नि.व. : चेख़ॅव मेरे बहुत निकट के प्रिय लेखक हैं—शायद इसलिए कि वह जीवन की अराजकता के बीच भी उसकी अर्थवत्ता ढूँढ़ लेते हैं और इस प्रक्रिया में ही कहानी की रूपमयता, उसका फ़ॉर्म भी गढ़ते जाते हैं। कहानी के नैतिक सरोकार कहीं अलग से नहीं बल्कि उसके रूपाकार की रेखाओं के बीच ही आलोकित होते हैं। वह पहले लेखक थे—जॉयस और वर्जीनिया वुल्फ़ से भी पहले—जिन्होंने ऊपर से कोई पैटर्न थोपे बिना जीवन के प्रवाह को कहानी में अपनी फ़ॉर्म तलाशने की छूट दी थी। धुँधला आकाश, एक-दूसरे में सिमटे घर, बारिश में सीटी बजाता हुआ एक आदमी—आख़िर इनके बीच क्या समानता है? अद्भुत बात यह है कि चेख़ॅव अपनी कथ्यात्मक लय में इन्हीं असम्बद्ध चीज़ों के बीच जीवन की गूढ़ रहस्यमयता उजागर कर देते हैं। मुझे ऐसा लगता है कि आज के हिन्दुस्तान और उन्नीसवीं शताब्दी के रूस में एक अजीब-सी समानता थी—आत्मसंघर्ष का खुला विस्तार—आशा, दु:ख, पीड़ा, उम्मीद से भरा हुआ—जिसे क्रान्ति के बाद रूस ने खो दिया, किन्तु जो सौभाग्यवश भारतीय लेखकों को आज भी उपलब्ध है। शायद यही कारण है कि मैं चेख़ॅव और अन्य रूसी लेखकों के प्रति इतना आकर्षित होता हूँ।

र.झ. : क्या कोई ऐसी 'थीम' है जो एक टेक की तरह आपकी कहानियों में 'परिन्दे' से लेकर 'कव्वे और काला पानी' तक सतत क़ायम रहती है?

नि.व. : इस प्रश्न का उत्तर देना उतना ही कठिन होगा, जितना यह बताना कि विगत जीवन में मेरे भीतर कैसे व कौन-से परिवर्तन हुए हैं? पहले कैसा था, अब कैसा हूँ? जब मैं पीछे मुड़कर देखता हूँ—यथासम्भव तटस्थ होकर तो लगता है कि मेरी आरम्भिक कहानियों की दुनिया शायद बहुत कुछ अस्पष्ट-सी थी। वह इतनी नाज़ुक थी कि उसमें जीवन के कठोर-कटु सत्य नहीं समा पाते थे। मैं उन घावों पर चाक़ू लगाने से डरता था, जो भीतर ही भीतर सड़ते रहते हैं। मैं ख़ून-मवाद निकालते हुए झिझकता था। व्यक्तियों के बीच फैला अन्तराल मुझे इतना आक्रान्त करता था कि मैं उस सीधे-से सत्य को नहीं देख पाता था कि यह अन्तराल और कुछ नहीं—उसकी बीहड़ प्रतिछाया है, जो मनुष्य और ईश्वर के बीच फैला है—आप उस 'ईश्वर' का कोई भी अर्थ लगा लें। किन्तु इससे यह निर्णय निकालना शायद ठीक न होगा कि मेरी आरम्भिक कहानियाँ मेरे आज के लेखन से बिलकुल अलग हैं। सच तो यह है कि जो मैं आज लिख रहा हूँ, वह मेरे युवा जीवन की चिन्ताओं का ही विवर्धन (enlargement) है। किन्तु जैसा आप जानते हैं कि जब हम किसी फ़ोटो या प्रिंट को एक सीमा के बाद विवर्धित (enlarge) करते हैं, तो उसमें अजीब तरह के धब्बे और धारियाँ दिखाई देने लगती हैं, जिन्हें हम नंगी आँख से आरम्भिक, छोटे प्रिंट में नहीं देख पाते...लेकिन उनका अस्तित्व वहाँ मौजूद रहता है।

र.झ. : आप पर जो विदेशीपन का आरोप लगाया जाता रहा है, उस सम्बन्ध में कुछ कहना चाहेंगे?

नि.व. : क्या यह आरोप कुछ अनुचित नहीं है, विशेष कर इसलिए कि वह प्राय: हिन्दी के उन आलोचकों द्वारा लगाया जाता है, जिनकी दुर्भाग्यवश पश्चिमी साहित्य में रुचि या ज्ञान नहीं के बराबर है, जिसके आधार पर वह किसी तरह का तुलनात्मक विवेचन कर सकें? जहाँ से प्रभाव आता है, वहाँ की कुछ तो जानकारी होनी चाहिए। क्या आज हम शुद्ध 'जातीय' साहित्य की बात कर सकते हैं, जबकि लेखक अपने को समूचे विश्व-साहित्य के प्रभावों से घिरा हुआ पाता है? मैं समझता हूँ, हमें 'प्रभावों की चिन्ता' से ज़्यादा संत्रस्त नहीं होना चाहिए...एक सीमा के बाद वे लेखक और आलोचक, दोनों के लिए ही एक अर्थहीन बहस की दलदल बन जाते हैं। अतियथार्थवाद (सुर्रियलिज़्म) का जन्म फ्रांस में हुआ था, क्या इससे लैटिन अमेरिकी कवियों और उपन्यासकारों की 'सुर्रियलिस्ट' (अतियथार्थवादी) रचनाएँ कम महत्त्वपूर्ण, कम मूल्यवान हो जाती हैं?

र.झ. : आपके कथा-साहित्य में एक तरह की संक्रमण-क्रिया मौजूद रहती है, लेकिन अपने आलोचनात्मक निबन्धों में आप प्रगति, विकास, इतिहास और विचारधाराओं के कट्टर विरोधी जान पड़ते हैं। भारत-प्रेमी आलोचक और यूरोप-प्रेमी कहानीकार—क्या इनके बीच विरोधाभास नहीं है?

नि.व. : सिर्फ़ आभास, विरोध नहीं। हम समय को बीतता देख सकें, इसके लिए हमें एक स्थिर बिन्दु पर टिके रहना होगा, जो हमारे अस्तित्व का स्थिर केन्द्र भी है। मेरे लिए यह स्मृति है, जिसके बिना जीवन मरुस्थल है और कला मृत है। रामकृष्ण परमहंस कहा करते थे, "नदियाँ बहती हैं, क्योंकि हिमालय अटल रहते हैं।" यह सत्य कला पर भी लागू होता है। मेरा विरोध प्रगतिशील विचारधाराओं से इसलिए नहीं है कि वे इतिहास से आक्रान्त हैं, बल्कि इसलिए है कि वे इतिहास से इतना प्रेम नहीं करतीं कि उसे समय के पाटों के बीच निर्बाध होकर बहने दें। अपने को उस पर आरोपित न करें। इतिहास अत्याचारी नहीं है—ये आइडियोलॉजिस्ट हैं, जो इतिहास के साथ अत्याचार करते हैं, ताकि उसे अपने स्वार्थों के अनुकूल तोड़-मरोड़ सकें और समूची दुनिया को एक विराट कारागृह में बदल सकें, जहाँ समूची मानवता और उसका काल-बोध बन्दी होकर रह सके। हमारे समय में सिर्फ़ कला है जो उसे मुक्त करवा सकती है...कम-से-कम मैं ऐसा ही सोचता हूँ।

र.झ. : क्या आप ऐसा नहीं सोचते कि साहित्य की कोमल विधा धीरे-धीरे टेलीविज़न और पीत पत्रकारिता के कर्णभेदी कोलाहल के नीचे दब जाएगी?

नि.व. : नहीं, क्यों? आप कहानी-उपन्यास लिखने की कला को इतना नाज़ुक और कोमल क्यों समझते हैं? यदि साहित्य की महान् कृतियों ने सत्य के भयावह और आत्मभेदी पिशाचों को न सृजित किया होता, तो उनसे मुँह छिपाने के लिए लोग टी.वी. और रोमांचकारी पत्रिकाओं की शरण में क्यों जाते? सौभाग्यवश आप सत्य से पूरी तरह नहीं बच सकते। इसलिए उन सब सम्मोहक व्यसनों के बावजूद जो आधुनिक सभ्यता हमें देती है, मनुष्य बार-बार होमर, व्यास, शेक्सपियर और दोस्तोएव्स्की की ओर लौटता है। साहित्य हमारी आत्मा की एक विराट 'ब्लू फ़िल्म' है; एक बार उसे देखने के बाद हम अपने समय के समस्त अश्लील प्रलोभनों से छुटकारा पा लेंगे। ट्रेन के पहियों के नीचे अपने को फेंक देने से पहले अन्ना कैरेनिना का हृदयभेदी एकालाप कुछ ही पंक्तियों में जीवन के जिस विराट रहस्य को उद्घाटित करता है, क्या दुनिया के सारे जासूसी उपन्यास और अपराध-भरी सनसनीखेज़ कहानियाँ करने की क्षमता रखती हैं? हमारे युग के समस्त सम्मोहनों के बीच मनुष्य का सत्य पाने का व्यसन सबसे पुरातन है और जब तक वह बाक़ी है, साहित्य जीवित रहेगा।

['संडे मेल' : 20 मार्च, 1986]

अंग्रेज़ी से अनूदित

मोहभंग अपने से होता है, किसी पार्टी या विचारधारा से नहीं

कन्हैयालाल नन्दन की बातचीत

कन्हैयालाल नन्दन : हिन्दी साहित्य में गुटबाज़ी के शोर-शराबे ख़ूब सुनने में आते रहते हैं, जिससे रचनात्मक लेखन के सही मूल्यांकन में बाधा आती है। इन स्थितियों के बारे में आप क्या सोचते हैं और लेखकीय संसार से ऐसी गुटबाज़ी को समाप्त करने के लिए क्या किया जाना चाहिए?

निर्मल वर्मा : दुनिया और समाज में बहुत-सी शक्तियाँ सक्रिय होती हैं—यह आश्चर्य की बात होगी, यदि उनकी छाया साहित्यिक क्षेत्र पर न पड़े। यदि हमारे समाज में समानधर्मी लोग एक सम्प्रदाय, एक दल, एक समूह के सदस्य हो सकते हैं तो उन्हें साहित्यिक जगत में वर्जित या निन्दनीय क्यों माना जाए? कुछ देशों में तो कलाकारों के इन संघों या गुटों ने क्रान्तिकारी काम किया था। उदाहरणत: फ्रांस में सुर्रियलिस्ट (अतियथार्थवादी) कलाकारों का समूह, जिनके नेता ब्रेतों ने पूरा एक सुर्रियलिस्ट मेनिफ़ेस्टो प्रसारित किया था, जो सम्भवत: कला के क्षेत्र में उतना ही मूर्तिभंजक था, जितना राजनीतिक दर्शन के क्षेत्र में कार्ल मार्क्स का कम्यूनिस्ट मेनिफ़ेस्टो।

ज़रूरी नहीं कि एक समूह या गुट के सदस्य लेखक अपने विश्वासों में सहमति रखते हुए एक ही तरह की रचना करें। ऑक्टावियो पाज़ और एलुआ, दोनों ही अतियथार्थवादी (सुर्रियलिस्ट) कवि थे, किन्तु एक-दूसरे से कितना भिन्न। स्वयं हमारे साहित्य में क्या शमशेर की कविता की तुलना त्रिलोचन की कविता से की जा सकती है? यद्यपि दोनों अपनी तरह से प्रगतिशील विचारधारा में विश्वास रखते हैं। हमें गुटबाज़ी को गुटों से और गुटों को उनके सदस्यों के रचनाकर्म से अलग करके देखने की शिक्षा प्राप्त करनी चाहिए। तब हम बहुत हद तक उस आत्मरोधक संकीर्णता से छुटकारा पा सकेंगे, जिसकी ओर आपने संकेत किया है।

क.न. : किसी लेखक का अपना जीवन, उसके विषय-चयन और पात्रों की बनावट में महत्त्वपूर्ण भूमिका अदा करता है। इसे आप कहाँ तक सही मानते हैं और आपके लेखन में इस बात की कितनी भूमिका रहती है?

नि.व. : कलाकार का व्यक्तिगत जीवन और उसकी कलाकृति की विषयवस्तु, उनके बीच उतना ही विराट अन्तर (या समानता) है, जितना कैमरे की आँख और चित्रांकित ऑब्जेक्ट के बीच। आप कैमरे की अन्दरूनी मशीन की जाँच-पड़ताल करने पर यह तो कह सकते हैं कि इससे किस तरह की तसवीर आएगी, किन्तु तसवीर की विषय-वस्तु का कैमरे की यंत्रदक्षता से कोई सम्बन्ध नहीं। कैमरे के बिलकुल विपरीत एक लेखक अपने अन्दरूनी संसार में जिस भयानक रूप से अराजक और विशृंखलित होता है, उतना शायद कोई दूसरा सांसारिक व्यक्ति नहीं। इसीलिए अपनी रचना की रूपगत अवस्था में वह उस अराजकता से मुक्ति पा लेना चाहता है। शायद इसी अर्थ में काफ़्का ने कहा था : 'कवि के सबसे मधुर गीत उसके नरक की निम्नतम गहराइयों से उत्पन्न होते हैं।'

क.न. : उम्र के साठवें अनुभवशील सोपान पर पहुँचकर आप मानव सम्बन्धों में आए अन्तर को किस रूप में देखते हैं?

नि.व. : नहीं, मुझे नहीं लगता कि मानव इतिहास के पिछले साठ हज़ार वर्षों में मनुष्यों के बीच कोई मूलगामी अन्तर आया है। सम्बन्धों को संचालित करने वाली भावनाएँ—प्रेम, घृणा, मृत्युबोध, ईर्ष्या, सेक्स—एक जैसी रही हैं। सार्त्र कहते थे : 'मानव प्रकृति जैसी कोई चीज़ नहीं, सिर्फ़ इतिहास मनुष्य को बनाता है।' अपने साठ वर्षों के जीवन में मैंने यह कथन बिलकुल ग़लत और भ्रामक सिद्ध होते देखा है—सत्य इससे बिलकुल उलटा है : मानव प्रकृति शाश्वत है, इतिहास बार-बार उसे तोड़कर अपने चौखटे में जड़ना चाहता है और वह हमेशा मौक़ा पाकर उससे मुक्ति पाकर अपने मौलिक रूप में लौट आती है।

क.न. : किसी लेखक की रचनाशीलता में नारी की भूमिका को कथाकार जैनेन्द्र कुमार ने बहुत अहमियत दी। नारी के इस प्रेयसी रूप के बारे में आप क्या सोचते हैं?

नि.व. : क्या नारी का एकमात्र रूप प्रेयसी है और कुछ नहीं? यदि विश्व उपन्यास में अन्ना कैरेनिना को हम सम्पूर्ण नारी चरित्र मानते हैं तो इसीलिए कि वह माँ, बहन, पत्नी और प्रेमिका की संश्लिष्ट भूमिकाओं को एक साथ अपने में वहन करने की अद्‌भुत क्षमता रखती थी। यदि हमारे हिन्दी उपन्यासों में नारी चरित्र इतने इकहरे और भावुक हैं तो इसका कारण यह है कि हमारे कथाकार नारी समस्या से कुछ ज़्यादा ही संत्रस्त जान पड़ते हैं। जब कोई दुकानदार अंडे बेचने की बजाय आपसे अंडों की समस्या के बारे में बहस करने लगे तो समझ लीजिए कि उसके अंडों में कहीं ज़रूर कोई ख़राबी होगी।

क.न. : आजकल ऐसा अक्सर कहा जाता है कि लेखक समुदाय समाज में होने वाली विभिन्न घटनाओं से अपने को असम्पृक्त रखना चाहता है। ऐसा कैसे सम्भव है, जबकि लेखकीय सरोकार समाज से गहरे जुड़े हुए होते हैं? क्या लेखक के इसी असम्पृक्त रहने की प्रवृत्ति ने समाज को उससे दूर कर दिया है? और कहीं इसी का परिणाम तो नहीं कि समाज में लिखे हुए शब्द और किताबों से दूरी बढ़ती जा रही है। पुस्तकों के कम पढ़े जाने का आपकी दृष्टि में क्या कारण है और उसे कैसे दूर किया जाना चाहिए? पाठक और साहित्य-प्रेमी तैयार न कर पाने के ज़िम्मेदार कौन-कौन हैं? उसमें साहित्यकार को आप कितना ज़िम्मेदार मानते हैं?

नि.व. : हिन्दी लेखक की त्रासदी यह नहीं कि वह समाज के सरोकारों से अपने को असम्पृक्त रखना चाहता है, जैसा आप मानते हैं। मुझे तो सत्य इसके बिलकुल विपरीत जान पड़ता है।

अधिकांश लेखक लेखन के अलावा अन्य सरोकारों से इतना अधिक आक्रान्त जान पड़ते हैं कि वह केवल अपनी कविता-कहानी-उपन्यास के द्वारा समाज में एक विशिष्ट भूमिका अदा कर सकते हैं, इससे उनका विश्वास लगभग ख़त्म हो गया है। यदि हिन्दी पाठक आज के लेखक से इतना हताश है तो शायद इसलिए कि जिस भूख और तृष्णा को लेकर वह एक साहित्यिक कृति के पास जाता है, वहाँ उसे रोटी की बजाय पत्थर मिलते हैं। विडम्बना यह है कि पत्थर उसे ऐसी कृतियों से मिलते हैं, जो मनुष्य को रोटी दिलाने का सबसे ऊँचे स्वर में दावा करती हैं। यदि स्वयं लेखक का साहित्य की अस्मिता में विश्वास नहीं तो पाठक उसकी कृति की प्रामाणिकता में कैसे विश्वास कर सकेगा?

क.न. : आप और आपकी वय के अनेक लोग शुरुआत के दिनों में क्रान्ति के लिए कम्यूनिस्ट पार्टी के साथ काम करते रहे, आपका स्वयं का झुकाव इस दिशा में बहुत गहरा रहा है। बांद में आपके भ्रमभंग होने के क्या कारण थे? बहुत-से लोग ऐसे भ्रमभंग का शिकार हुए, लेकिन आज की मौजूदा पार्टी लाइन को नकारते रहने के बावजूद वे स्वयं को सच्चा मार्क्सवादी कहने का लोभ संवरण नहीं कर पाते, ऐसा क्यों?

नि.व. : असली मोहभंग अपने से होता है, किसी पार्टी या विचारधारा से नहीं। अन्य भारतीय नागरिकों की तरह मैं भी एक अर्से तक मानसिक ग़ुलामी के कीचड़ में रहा हूँ। पश्चिमी आधुनिकता के प्रति आकर्षण हो या मार्क्सवाद जैसे क्रान्तिकारी दर्शन के पीछे सम्मोहन, यह अपने समाज के प्रति घोर अज्ञान से उत्पन्न होते हैं। यह भयानक अज्ञान मानसिक ग़ुलामी का ही लक्षण है कि हम अपने देश की हज़ारों वर्ष पुरानी परम्परा की धरोहर को इतनी आसानी से भुलाकर नक़ली देवताओं के आगे माथा झुकाने लगते हैं। फिर वह देवता राजीव गांधी के कम्प्यूटर के रूप में

या नम्बूदरीपाद के मार्क्स के रूप में प्रस्तुत हो, इससे कोई अन्तर नहीं पड़ता। दोनों ही हमारी मानसिक दासता के दो पहलू हैं...।

पाँच वर्ष पहले रूस से लौटने पर मैंने सोवियत-यात्रा के बारे में एक संस्मरण लिखा था, तब मुझ पर यह आरोप लगा था कि मैंने जो कुछ लिखा था, वह कोरी कल्पना की उपज था...। मैं उत्सुक हूँ यह जानने के लिए कि ये आलोचक आज गोर्बाचोब की कल्पनाशीलता के बारे में क्या सोचेंगे, जो कुछ वह आज रूस की भयानक स्थिति के बारे में कह रहे हैं? वह तो शायद उन्हें 'परी कथा' से भी अधिक काल्पनिक जान पड़ेगा। दरअसल हमारे वामपंथी आलोचकों, लेखकों को न कभी सोवियत जनता की यातनाओं के प्रति कोई सहानुभूति थी, न अपने समाज की विषमताओं के बारे में कोई समझ है। उन पर ग्राम्ची का यह कथन बहुत सटीक ढंग से लागू होता है, जो कभी उन्होंने अपने देश के बुद्धिजीवियों के बारे में कहा था : 'एक मज़दूर महसूस करता है, किन्तु समझता नहीं; बुद्धिजीवी न महसूस करता है, न समझता है, वह सिर्फ़ 'जानता' है।'

क.न. : आज के जनवादी लेखन से आपकी विमुखता का क्या कारण है?

नि.व. : मैं किसी प्रकार के लेखन से विमुख या विरुद्ध अपने को नहीं पाता—न ही किसी रचना को रचना के अतिरिक्त देख पाता हूँ। रेणु के उपन्यास और कहानियाँ मुझे समकालीन हिन्दी साहित्य में अद्वितीय जान पड़ते हैं—उनमें वे सब गुण हैं, लोकसंगीत और बोलियों की अद्‌भुत छटा, ग्रामीण लैंडस्केप के अविस्मरणीय चित्र, भारतीय मनीषा का विचित्र और बहुरंगी इंद्रजाल—जो अपनी प्राणवत्ता, लोक-प्रेम से अर्जित करता है, प्रगतिशील या जनवादी आग्रहों से नहीं।

क्या यह महज़ संयोग था कि हिन्दी के दो महान शीर्षस्थ लेखक—रेणु और मुक्तिबोध—दोनों हीं अपने जीवनकाल में 'शहरी मार्क्सवादियों' की निन्दा और तिरस्कार का शिकार बने रहे?

क.न. : आपके लेखन के बारे में प्रख्यात मार्क्सवादी आलोचक नामवर सिंह ने हाल के दिनों में अचानक अपनी राय बदल दी। इस सन्दर्भ में कभी आपने विश्लेषण किया है कि उन्होंने ऐसा क्यों किया? रचनाशीलता में आप समालोचना और समीक्षा के महत्त्व को किस रूप में आँकते हैं और आज की समीक्षा और समीक्षकों की दृष्टि क्या है?

नि.व. : यह प्रश्न तो आपको डॉ. नामवर सिंह से पूछना चाहिए, मुझसे नहीं। जहाँ तक मेरा प्रश्न है, मुझे लगता है कि एक अच्छे लेखक को अपनी कृति के मूल्यांकन के लिए किसी आलोचक का मुँह नहीं जोहना पड़ता, वह अपना सबसे कठोर और निर्मम आलोचक होता है या उसे होना चाहिए।

हर रचनाकार अपनी रचना-प्रक्रिया में कुछ छोड़ता है, कुछ चुनता है, अनुभवों के विशाल प्रदेश में उन केन्द्रीय बिम्बों और बिन्दुओं को रेखांकित करता है, जो हमारे जीने, देखने, मरने के निर्णायक क्षणों को आलोकित करते हैं और अन्ततः वह कसौटी निर्मित करता है, जहाँ उसकी रचना स्वयं अपने मूल्यों के आधार पर अपने को आँक सके...। एक लेखक अपनी आत्मालोचना के जिस बीहड़ जंगल से गुज़रकर अपनी रचना का सत्य खोजता है, शायद एक पेशेवर आलोचक उसकी कल्पना भी नहीं कर सकता।

क.न. : कई लोग आपके बारे में यह भी कहते पाए जाते हैं कि निर्मल वर्मा एक नितान्त आत्मकेन्द्रित रचनाकार हैं। हो सकता है कि इस आशय के कुछ वाक्य आप तक भी पहुँचे हों। आपका इस बारे में क्या ख़याल है?

नि.व. : मुझे इस बात का दुःख नहीं कि लोग मुझे आत्मकेन्द्रित कहते हैं, दुःख इस बात का है कि मैं पर्याप्त रूप से आत्मकेन्द्रित नहीं हूँ...। जिस दिन मैं अपने भीतर इतना साहस और स्वार्थहीनता जुटा पाऊँगा कि सिर्फ़ अपने आत्म को केन्द्र में रखकर रचना कर सकूँ, तभी मैं सच्चे अर्थों में आत्मकेन्द्रित होने का गौरव हासिल कर पाऊँगा।

क.न. : राजनीति एक गन्दा खेल है, लेकिन इस गन्दे खेल को बदलने के लिए जब तक देश का बुद्धिजीवी वर्ग नहीं जुड़ेगा, तब तक उसके बदलाव की उम्मीद करना भी व्यर्थ होगा। राजनीति की कौन-सी सीमा-रेखा है, जहाँ तक लेखक का जाना आप अनिवार्य मानते हैं? राजनीतिक विचारधारा से जुड़कर चलना आपकी दृष्टि में अनिवार्य है भी या नहीं?

नि.व. : यदि राजनीति गन्दा खेल हो सकती है तो क्या साहित्य गन्दी राजनीति नहीं हो सकता। सोवियत संघ और चेकोस्लोवाकिया जैसे देशों में एक लम्बे अर्से से साहित्य संस्थाएँ बीभत्स राजनीतिक खेल में संलग्न रही हैं, जबकि सोल्ज़ेनित्सिन, पास्तरनाक, वास्लाव हावेल (चेक लेखक, जो अब जेल में हैं) जैसे साहित्यकार साहित्य की गन्दी राजनीति में एक शुद्ध राजनीतिक हस्तक्षेप करने का जोखिम उठाते रहे हैं। जयप्रकाश जी की राजनीति मुझे रामविलास शर्मा के साहित्य से कहीं अधिक नैतिक, गरिमापूर्ण और सृजनात्मक जान पड़ती रही है। हमें राजनीति और साहित्य के बीच इस तरह के सरलीकृत और भ्रामक विभाजन से बचना चाहिए।

क.न. : लेखकीय स्वतंत्रता और लेखकीय उत्तरदायित्व का समानुपात आप किस रूप में जोड़ते हैं? सलमान रुश्दी की किताब और उसके साथ उठे बवालों ने एक लेखक को अनेक सवालों के घेरे में खड़ा कर दिया है। मान लीजिए कि आप सलमान रुश्दी की स्थिति में होते तो क्या करते?

नि.व. : यदि लेखक स्वाधीन नहीं है तो उसके उत्तरदायित्व की सार्थकता कहाँ है? इस अर्थ में एक पराधीन लेखक सबसे अधिक सुखी व्यक्ति होता है, क्योंकि हमने उसे जवाबदेही के जोखिम से ही मुक्त कर दिया। येट्स की एक प्रसिद्ध पंक्ति है : 'स्वप्नों में हमारी ज़िम्मेदारियाँ शुरू होती हैं।' उन स्वप्नों में सबसे अधिक, जिनसे कविता और कहानी का जन्म होता है। इसीलिए एक लेखक के दुःस्वप्न, वे धर्म, सम्प्रदाय और राजनीतिक निजाम हैं, जो उसके स्वप्नों में हस्तक्षेप करके उसे अपनी स्वतंत्रता और ज़िम्मेदारी, दोनों से वंचित कर देते हैं।

सलमान रुश्दी आज एक ऐसे ही दुःस्वप्न से गुज़र रहे हैं। विडम्बना यह है कि यह वही लेखक हैं, जो एक लम्बे अर्से से उन लोकतांत्रिक व्यवस्थाओं का विरोध करते आए थे जो आज उन्हें सुरक्षा प्रदान कर रही हैं। एक भारतीय नागरिक होने के नाते मुझे इस बात पर गहरी शर्म महसूस होती है कि भारत सरकार न केवल भारत में जन्मे लेखक की पुस्तक पर पाबन्दी लगाती है, बल्कि मृत्युदंड की बर्बर धमकी का विरोध करने से भी डरती है और यह हो रहा है ऐसे वर्ष और देश में, जहाँ जवाहरलाल नेहरू की जन्म-शताब्दी मनाई जा रही है।

क.न. : हमारे लेखकों के पास कलम के अलावा अन्य सामाजिक, राजनीतिक और आर्थिक मसलों की ओर ध्यान देने की फ़ुरसत क्यों नहीं होती है? इसे आप इच्छा की कमी मानते हैं या लेखकीय अनिवार्यता?

नि.व. : यह एक लेखक की रुचि और रुझान पर निर्भर करता है कि वह किन स्रोतों से अपनी कल्पनाशीलता को सींचता है। ऐसे लेखक हैं, जिन्हें जासूसी उपन्यास उतनी ही गहराई से उद्वेलित करते हैं, जितने कुछ दूसरे लेखकों को दर्शन या धर्म के आध्यात्मिक ग्रंथ। कुछ लेखक अकादमिक अर्थ में अनपढ़ हो सकते हैं, लेकिन दुनिया की किताब के सबसे चौकन्ने और संवेदनशील अध्येता। हमसे एक नदी, एक वृक्ष, एक पहाड़ क्या कहता है, यदि उसे सुनने की फ़ुरसत हमारे पास नहीं है तो राजनीतिक, आर्थिक मसलों के बारे में हम चाहे कितनी जानकारी क्यों न बटोर लें, उससे अच्छी कविता या जीवन्त उपन्यास का जन्म नहीं होता। मनोविज्ञान की पुस्तकें पढ़कर मानसिक बीमारियों का चिकित्सक बना जा सकता है, दोस्तोएव्स्की के उपन्यास नहीं लिखे जा सकते।

क.न. : हर व्यक्ति की अपनी कुछ निजी रुचि की किताबें और लेखक होते हैं। आपके सन्दर्भ में किन-किन का नाम लिया जा सकता है?

नि.व. : मुझे जंगल और जानवरों की कहानियाँ पढ़ना विशेष रूप से अच्छा लगता है। अख़बारों में बाल पृष्ठ को मैं सबसे पहले पढ़ता हूँ। आज भी परी-कथाओं का पहला वाक्य 'बहुत दिन पहले की बात है' पढ़ते ही मुझे जिस प्रकार की उत्तेजित जिज्ञासा होती है, वह किसी भी बड़े उपन्यास के पहले वाक्य को पढ़कर नहीं होती।

इनके अलावा भारत में 18वीं-19वीं शताब्दी में जो अंग्रेज़ सिपाही, अफ़सर या दूर-दराज़ क़स्बों में मजिस्ट्रेट या मिशनरी रहते थे, उनके या उनकी पत्नियों के संस्मरण पढ़ना अच्छा लगता है। प्रसिद्ध लेखकों की डायरी या पत्रों से कहीं अधिक किसी अज्ञात पोस्ट मास्टर या ज़िले के अध्यापक की आत्म-जीवनी (यदि वह किसी लाइब्रेरी या सेकेंड हैंड किताबों की दुकान में मिल जाए) पढ़ने का गहरा सम्मोहन है। इसीलिए अर्सा पहले मैंने श्री नीरद चौधरी की 'ऑटोबायोग्राफ़ी ऑफ़ एन अननोन इंडियन' इतने शौक़ से पढ़ी थी, जबकि वह सचमुच एक अज्ञात लेखक थे।

क.न. : आपने लेखन को ही क्यों चुना? लेखन को न चुना होता तो आप क्या बनना चाहते थे?

नि.व. : बचपन में मैं नौसेना के किसी समुद्री जहाज़ का कप्तान बनने का स्वप्न देखता था। कुछ बड़ा होने पर मुझे अपनी सीमाएँ पता चलीं और मैं किसी सुदूर गाँव में स्कूली टीचर बनने की रोमांटिक आकांक्षा पालने लगा, जो शायद चेख़ॅव और रवीन्द्रनाथ ठाकुर की कहानियाँ पढ़कर उत्पन्न हुई थी। प्राग में पुरानी किताबों की दुकानों में नौकरी करने का कई बार विचार आता था और लन्दन में भयानक बेरोज़गारी के दिनों में मैंने लाइब्रेरियन या लाइब्रेरी असिस्टेंट बनने के अनेक निष्फल प्रयास किये थे। लेखक बनने का गौरवपूर्ण स्वप्न मैंने कभी नहीं देखा, हालाँकि कहानियाँ पिछले कई वर्षों से लिखता आ रहा हूँ...।

इस सन्दर्भ में मुझे इलियट का एक संस्मरण याद आता है। जब युवा कवि स्पेंडर इलियट से पहली बार मिलने गए तो उन्होंने सिर्फ़ कुछ कविताएँ प्रकाशित की थीं।

बातों ही बातों में इलियट ने पूछा, 'आने वाले वर्षों में आप कौन-सा प्रोफ़ेशन चुनना चाहेंगे?' स्पेंडर ने बहुत गर्व से कहा, 'मैं कवि बनना चाहता हूँ।' बाद में इलियट ने अपने किसी दूसरे मित्र से हँसते हुए कहा, 'मैं स्पेंडर से मिला था, वह कवि बनना चाहता है। उसने यह नहीं कहा कि वह कविताएँ लिखना चाहता है।'

क.न. : अपने जीवन की कोई ऐसी घटना, जो संवेदना के स्तर पर आपको अविस्मरणीय लगती है?

नि.व. : कुछ व्यक्ति, कुछ किताबें, रेल की यात्राएँ, प्राग का पतझड़, गुज़रे हुए मित्र, देखे हुए चित्र, कुछ एंटोन्योनी, बर्गमान और तारकोवस्की की फ़िल्में, पुराने सुने हुए रिकॉर्ड, मल्लिकार्जुन मंसूर को कभी किसी भी समय गाते हुए देखना, प्रूस्त का उपन्यास, चेख़ॅव की कुछ कहानियाँ, गर्मी की लम्बी दोपहरें, दिल्ली शहर, अपना कमरा और वे सब घटनाएँ और अनुभव, जो अविस्मरणीय होने के बावजूद या शायद उसके कारण किसी भी इंटरव्यू में नहीं कहे जा सकते, उनका कोई अन्त है?

['नवभारत टाइम्स' : 2 अप्रैल, 1989]

निर्मल वर्मा के कथा-देश में

अशोक वाजपेयी, मदन सोनी, ध्रुव शुक्ल और
उदयन वाजपेयी की बातचीत

अशोक वाजपेयी : निर्मल जी, सबसे पहले तो हम यह जानना चाहेंगे कि आपको अपनी पहली रचना की याद कितनी है और कैसे है? हो सकता है, आपके बचपन की किसी याद से वह जुड़ी हो?

निर्मल वर्मा : शुरू में तो स्कूल के दिनों में मैंने कुछ कहानियाँ लिखी थीं, कुछ कहानियों से प्रेरित होकर उनकी नक़ल में। लेकिन व्यवस्थित रूप से जो पहली कहानी मैं लिख पाया, वह तब जब मैं सेंट स्टीफ़ेंस कॉलेज में था। वहाँ से हिन्दी की एक पत्रिका प्रकाशित होती थी। मेरे भाई रामकुमार को पता था कि मैं लिखता हूँ और उनके कहने पर इस पत्रिका में प्रकाशित करने के लिए मैंने पहली कहानी लिखी। दुर्भाग्य यह रहा कि इसके दो-तीन वर्षों बाद ही उस पत्रिका की सम्पादिका की मृत्यु हो गई। फिर दूसरी बार जब मैंने कहानी भेजी तो उसके छपने के बाद उस पत्रिका का प्रकाशन ही समाप्त हो गया। मुझे लगा कि मेरा दुर्भाग्य मेरा पीछा कर रहा है...। इसके बाद पहली कहानी जो किसी अच्छी पत्रिका में प्रकाशित हुई वह कहानी थी जो भैरवप्रसाद गुप्त इलाहाबाद से निकालते थे। 'कल्पना' में '54-'55 में बद्रीविशाल पित्ती ने मेरी दूसरी कहानी प्रकाशित की।

मदन सोनी : जिस आरम्भिक कहानी का ज़िक्र आप कर रहे हैं, उसके लेखन के समय आपकी क्या उम्र रही होगी?

नि.व. : तब मैंने एम.ए. पास किया था। यह 1952 या 1953 की बात होगी।

ध्रुव शुक्ल : उस समय आप किन लेखकों को पढ़ते थे जिनकी कहानियों से प्रभावित होकर आपने लिखना शुरू किया?

नि.व. : उन दिनों मुझे चेख़ॅव की कहानियाँ और तुर्गनेव के उपन्यास बहुत सुन्दर लगते थे। फिर मैंने जब अज्ञेय का 'शेखर : एक जीवनी' पढ़ा तो मैं उससे बहुत प्रभावित हुआ—उसकी शैली से और जिस आत्मपरक भाव से वह लिखा गया था, उससे। मेरे लिए वह एक अनूठी पुस्तक पढ़ने का एक अनूठा अनुभव था। तो मेरे लिखने की शुरुआत इन्हीं कुछ लेखकों के प्रभाव तले चलती रही।

अ.वा. : उस समय हिन्दी कहानी का जो परिवेश था, जिस तरह की कहानियाँ लिखी जा रही थीं, आप उनसे अवगत थे?

नि.व. : यह '50-'51-'52 का वह समय था जब हिन्दी कहानी में काफ़ी दिलचस्प परिवर्तन हो रहे थे। एक तरफ़ यशपाल या उपेन्द्रनाथ 'अश्क' का समय थोड़ा-बहुत गुज़रने लगा था। उनकी जो तथ्यपरक और ठोस कहानियाँ थीं, वे मुझे या मेरी पीढ़ी के लोगों को ज़्यादा उत्प्रेरित नहीं कर पाती थीं, लेकिन दूसरी ओर उन्हीं वर्षों में हम देखते हैं कि मोहन राकेश की कहानियाँ धीरे-धीरे आना शुरू हो गई थीं। अमरकान्त ने अपनी आरम्भिक कहानियाँ उन्हीं वर्षों में लिखना शुरू किया था। कमलेश्वर की कुछ कहानियाँ सामने आई थीं। लेकिन इन सबसे, कहानी के शिल्प और उसकी कथात्मकता के माध्यम से भारतीय जीवन के बहुत-से ऐसे आयामों के बारे में पता चला जो कि पिछले कहानीकारों से मुझे इतने रागात्मक रूप में और इतनी 'इंटेंसिटी' के साथ प्राप्त नहीं हुआ था।

अ.वा. : वह समय ऐसा भी था जब हिन्दी कविता में भी एक गहरी और व्यापक उथल-पुथल मची हुई थी। 'नई कविता' आन्दोलन का एक तरह से सूत्रपात हो चुका था और 'दूसरा सप्तक' भी तभी निकला था। एक पूरी नई संवेदना, एक बिलकुल नया तेवर कविता में आ रहा था। क्या इस बात का भी कोई असर आपकी या उस समय की कहानी में था?

नि.व. : यह एक महत्त्वपूर्ण पक्ष है और इसका उत्तर मैं केवल वैयक्तिक स्तर पर ही दे सकता हूँ। मुझे बहुत अजीब लगता है कि मेरी पीढ़ी के कहानीकार उस समय कविता में होने वाले परिवर्तनों के प्रति बहुत उत्सुक दिखाई नहीं देते थे। जबकि मेरा सम्बन्ध उस समय के कुछ कवियों, बल्कि कथाकारों से अधिक कवियों, श्री नरेश मेहता, मनोहर श्याम जोशी (जो उन दिनों कविताएँ लिखते थे), रघुवीर सहाय आदि से था। उनसे मिलकर विचारों का जो आदान-प्रदान होता था, उसका स्तर कहीं ज़्यादा गहरा और आत्मीय था, बजाय उन कथाकारों के साथ बातचीत के जो मेरे समय में सक्रिय थे। 'तार सप्तक', 'दूसरा सप्तक' और उसके बाद की कविताएँ मेरे लिए उतनी ही निकट की साहित्यिक अनुभवों की सम्पदा थीं जितनी कि उस समय के कहानीकारों की कहानियाँ।

अ.वा. : इससे मुझे आपसे हुई अपनी पहली मुलाक़ात याद आ रही है। मैं 1958 में पहली बार दिल्ली गया था। उन्हीं दिनों 'कल्पना' में, शायद जनवरी-फ़रवरी के दोनों अंकों में, मेरी कुछ कविताएँ छपी थीं। उस समय रामकुमार जी की एक प्रदर्शनी दिल्ली की 'शिल्पी-चक्र दीर्घा' में लगी थी। श्रीकान्त जी और श्री नरेश मेहता मुझे उस प्रदर्शनी के उद्घाटन में ले गए। मनोहर श्याम जोशी और मोहन राकेश आदि उस पीढ़ी के बहुत से लेखक वहाँ उपस्थित थे। आप भी थे। तो ख़ैर, मुलाक़ात तो सब लेखकों से हुई लेकिन आपसे हुई मुलाक़ात इसलिए याद रह गई क्योंकि आपने मुझसे कहा कि अगर आप एक-दो दिन पहले आते तो बड़ा अच्छा होता क्योंकि हम लोग क़रीब एक घंटे तक आपकी कविताओं पर बात कर रहे थे। मैं सागर जैसे क़स्बे से गया था और मेरी कविताओं पर कोई घंटे-भर बात करे, यह मेरे लिए वैसे भी पसीना लाने वाली बात थी और दूसरी तरफ़ यह कि आप उन बहुत थोड़े-से कहानीकारों में से थे, शायद उस समय के एकमात्र, जो कविता के बारे में पढ़ते भी थे, सोचते भी थे और कविता से प्रतिकृत भी होते थे।

नि.व. : शायद इसका कारण यह था कि शुरू से ही यूरोपियन कवियों की कविताओं से मेरा गहरा लगाव था और उसके समानान्तर बांग्ला कविता या हिन्दी कविता में जो कुछ लिखा जाता था या अनुवाद में आता था, वह हमेशा मेरे लिए उतना ही गहरी दिलचस्पी का विषय होता था जितना कि कोई गद्य साहित्य या कथा साहित्य। मैंने कभी भी अपने रसास्वादन की प्रक्रिया में इन दोनों विधाओं को बहुत अधिक अलग करके नहीं देखा।

म.सो. : फ़ॉकनर ने शायद कहीं लिखा है कि हर लेखक शुरू में कविताएँ लिखने की कोशिश करता है। जब उसमें असफल होता है तो कहानियाँ लिखता है। उसमें असफ़ल होने पर शायद उपन्यास...। इसके अलावा कवियों से आपके सम्पर्क और कविता के बारे में विचार आदि में आपकी दिलचस्पी के चलते भी यह जिज्ञासा है कि क्या आपने बचपन में कभी कविता लिखने की कोशिश की थी?

नि.व. : हाँ। लेकिन यह कुछ उसी तरह की चीज़ है कि आप अपने बचपन में, अपने एकान्त में निजी तौर पर बहुत-सी ऐसी चीज़ें करते हैं जिनके बारे में आप दूसरों को कभी नहीं बताना चाहते, हालाँकि उन चीज़ों से आपका बहुत गहरा सम्बन्ध होता है। कविता लिखने से मेरा इसी स्तर का सम्बन्ध रहा है। अजीब बात यह है कि मैं अंग्रेज़ी में कविताएँ लिखा करता था (पूरी दो कॉपियाँ मैंने भरी थीं) और जो बेहद निकट के दोस्त हुआ करते थे, उन्हें मैं पढ़कर सुनाया करता था। लेकिन मुझे सचमुच ही पूरा विश्वास हुआ करता था कि यह मेरा ही स्वांतः सुखाय लेखन है।

लेकिन फ़ॉकनर की जो बात आपने कही है, उसमें मुझे एक गहरा सत्य प्रतीत होता है। शुरू में जब हम लिखना शुरू करते हैं तो यह बहुत ही स्वाभाविक है कि हमारी संवेदनाएँ और अनुभव इतने अन्तर्गुम्फित और जटिल होते हैं कि हमें सहज ही यह लगता है कि वे केवल काव्य विधा की सघनता में ही अभिव्यक्ति पा सकते हैं। जिसे हम (नैरेटिव) अनुभव की श्रृंखला कहते हैं, वह इतना व्यापक होता है कि हम सोच भी नहीं पाते कि जो हमारे बहुत ही सघन और निजी अनुभव हैं, उनके लिए किसी कहानी या उपन्यास का परिवेश ही बहुत ज़रूरी है। वे एक ऐसा आत्मीय मुहावरा माँगते हैं जिसके अनुरूप, केवल कविता ही जान पड़ती है। लेकिन लिखते हुए धीरे-धीरे हमें पता चलता है कि उसकी और भी माँगें हैं। हमें यह भी पता चलता है कि कविता की अपनी माँगें हैं, उसकी अपनी एक विशिष्ट मर्यादा है। हम उन्हें पूरा नहीं कर पाते। शायद हममें इतनी प्रतिभा भी नहीं होती कि हम उस एक साहित्यिक रचना के स्तर पर, मात्र अपने सुख के लिए नहीं बल्कि एक रचनात्मक उपलब्धि के तौर पर, स्वीकार कर पाएँ। उस समय तक हमारा आलोचनात्मक विवेक भी इतना प्रखर नहीं हुआ होता है कि हमें मालूम हो सके कि यह कविता नहीं है या अच्छी कविता नहीं है। शुरुआत शायद इन विवशताओं से होती है। बाद में जो चीज़ हम कविता में नहीं कर पाते, वह गद्य में थोड़ी-बहुत सम्भव होती दिखाई देती है।

ध्रु.शु. : जिस तरह आप कवियों के सम्पर्क में रहे और उससे प्रभावित हुए उसी तरह चित्रकारों से भी आपके सम्बन्ध रहे हैं (रामकुमार जी तो आपके बड़े भाई ही हैं), इसी के साथ आपकी कहानियों में भी एक तरह की चित्रमयता है। क्या आप अपनी कहानियों और चित्रकला के बीच कोई अन्तस्सम्बन्ध अनुभव करते हैं?

नि.व. : इसे कहना बहुत मुश्किल है। मैं कोई ऐसा दावा तो नहीं कर सकता कि चित्रकला के बारे में मेरी कोई उल्लेखनीय आलोचनात्मक समझ रही है लेकिन चित्रों को देखने का शौक़ और एक लम्बी प्रक्रिया में चित्र के सम्पर्क में अपने से अच्छे और बुरे के भेद की जो समझ हममें पैदा होती है, वह हमेशा मेरे साथ रही है। यह शायद इसलिए कि जब रामकुमार पेरिस में थे तो वे मुझे बराबर बड़े कलाकारों की किताबें, उनके कैटलॉग्स भेजते रहते थे। मैं उन्हें पढ़ता और देखता था। भले ही पारिवारिक संयोग से लेकिन इसी के चलते मेरा एक आत्मीय सम्बन्ध चित्रकला से बना। यह एक दिलचस्प प्रक्रिया होती है कि आप चित्रों में जो कुछ देखते हैं, थोड़ी-सी आदत और अभ्यास के बाद, प्रकृति का साम्य उसके साथ देखने लगते हैं। यह शायद कला का सबसे बड़ा वरदान है जो एक बोनस के रूप में वह हमें देती है कि हम दुनिया को ज़्यादा चौकन्नी और संवेदनशील दृष्टि से देखने लगते हैं। पहाड़ फिर वैसे ही नहीं लगते,

जैसे वे हैं बल्कि वे अपने साथ वह छाया भी ले आते हैं जो हमने कहीं किसी लैंडस्केप में देखी थी। मैं एक उदाहरण दूँ, लगभग पाँच-छह वर्ष पहले मैंने इटैलियन सुर्रियलिस्ट पेंटर किरिको की एक पेंटिंग एक किताब में देखी थी। किरिको मेरे बहुत प्रिय चित्रकार भी हैं। उस पेंटिंग में एक लड़की पहिया घुमाती हुई दो सुनसान गलियों के बीच में चली जा रही है, गलियों के दोनों तरफ़ मकान हैं। इस पेंटिंग को मैं भूल गया था लेकिन अपना नया उपन्यास ('रात का रिपोर्टर') लिखते हुए वह चित्र मेरे दिमाग़ में जिस तरह से उभर आया, वह मुझे एक तरह का चमत्कारिक रहस्योद्घाटन लगा। अन्त:अनुशासनीयता की बात मुझे बहुत बनावटी लगती है लेकिन चित्रकला, संगीत और साहित्य की संवेदनाएँ अगर अनायास रूप से हमारे संवेदन तत्त्वों को परिष्कृत करती हैं तो यह अपने में अद्भुत चीज़ होती है।

अ.वा. : आपने कहा कि कुछ यूरोपियन कवियों में आपकी गहरी दिलचस्पी थी जिनके समतुल्य कविता हिन्दी या बांग्ला में लिखी जा रही थी। वे कौन-से कवि हैं?

नि.व. : उन वर्षों में मुझे रिल्के की कविताओं ने बहुत प्रभावित किया और केवल कविताएँ ही नहीं बल्कि उनके गाने भी। उन्होंने जो चिट्ठियाँ लिखी हैं, वे, मैं समझता हूँ, कला के बारे में सबसे सुन्दर और गहरी जानकारी देने वाली हैं। इलियट भी उन दिनों मेरे बहुत निकट रहे। एक समय था जब 'इलियट के फोर क्वाट्रेट्स' मुझे उतनी ही शान्ति देते थे और शायद आज भी देते हैं, जितनी शान्ति मुझे सुबह 'भगवद्गीता' पढ़ते हुए मिलती है। इन कविताओं से मुझे बहुत गहरा स्थिर आलोक मिलता था। बाद में जब मैं रूसी कवियों के सम्पर्क में आया तो मुझे सबसे अधिक बोरिस पास्तरनाक, अन्ना आख़्मातोवा और बाद के वर्षों में मेरीना स्वेताएवा की कविताएँ बहुत ज़्यादा पसन्द आईं। फ्रांस के सुर्रियलिस्ट कवि, विशेष रूप से पॉल एलुआ की कविताएँ मुझे आकर्षित करती रहीं। लोर्का पर तो बहुत पहले मैंने एक लेख भी लिखा था। मुझे उनकी कविताएँ और नाटक, दोनों ही अपनी संवेदना के बहुत क़रीब जान पड़ते हैं, शायद इसलिए कि उनका स्पेनिश परिवेश, उनका मायावी मुहावरा हिन्दुस्तान से बहुत मिलता-जुलता था। ये कुछ कवि हैं जो मुझे अभी याद आ रहे हैं।

अ.वा. : मुझे याद आता है कि आपने आइसलैंड के किसी कवि की कविताओं के अनुवाद भी किये थे?

नि.व. : सिर्फ़ एक-दो कविताएँ—स्टाइनर की, जो आधुनिक आइसलैंड कविता के असाधारण कवि थे।

उदयन वाजपेयी : आम तौर पर घरों या स्कूल में तो ऐसा वातावरण रहता नहीं है कि विदेशी या यूरोपीय कवियों को पढ़ा जा सके। आपके परिवेश में ऐसी कौन-सी सम्भावनाएँ थीं जिन्होंने आपको पढ़ने का वातावरण दिया? दूसरे शब्दों में, आपके पढ़ने की शुरुआत कैसे हुई?

नि.व. : जब कभी मैं इसके बारे में ध्यान से सोचता हूँ तो मुझे लगता है कि हमारे दादा ने सबसे पहले किताबों के प्रति मेरी आसक्ति को जगाया होगा। वे मुझे 'कल्याण' पत्रिका पढ़ने को कहते थे, जो हर महीने आती थी। एक तरह से वे मुझे रिश्वत देते थे कि अगर तुम एक पेज पढ़ोगे तो मैं तुम्हें एक चवन्नी दूँगा। चवन्नी के लालच में मैं एक पेज पढ़ जाता। लेकिन पढ़ते-पढ़ते कभी-कभी मैं उसमें इतना लिप्त हो जाता कि मुझे याद ही नहीं रहता था कि मेरे चार आने का काम समाप्त हो गया है और मैं एक के बाद दूसरा और तीसरा पेज भी पढ़ता जाता। उन दिनों 'कल्याण' में कहानियाँ भी आती थीं। दादा स्वयं बहुत कम पढ़े-लिखे थे (कॉलेज की डिग्री के हिसाब से) लेकिन किताबों के प्रति उनका अगाध स्नेह था। इसके बाद जिन्होंने मुझे बहुत प्रेरित किया और जो अब जीवित नहीं हैं, वे मेरी बड़ी बहन थीं। उन्होंने पहली बार मुझे बहुत-सी चीज़ों के बारे में बताया—पुस्तकों के बारे में, लेखकों के बारे में। वे आठवीं कक्षा में थीं और मैं तीसरी कक्षा में। वह बहुत मेधावी छात्रा थीं। हर साल पुरस्कार में उन्हें जो पुस्तकें मिलती थीं, उन पर सबसे पहले मैं क़ब्ज़ा जमा लेता था। वे पत्रिकाएँ भी मँगवाती थीं—'वीणा', 'सरस्वती', 'माधुरी'। उन सारी पत्रिकाओं की हमारे घर के लोग बहुत उत्सुकता से प्रतीक्षा किया करते थे।

ध्रु.शु. : बचपन के आपके पढ़ने के संस्कारों की बात से एक जिज्ञासा मन में आती है कि हिन्दी में लेखकों ने बच्चों के लिए अलग से कहानियाँ लिखी हैं, लेकिन आपने शायद बच्चों के लिए कभी कहानियाँ नहीं लिखीं...।

नि.व. : *(हँसते हुए)* बच्चों के लिए तो नहीं लेकिन बच्चों के बारे में ज़रूर लिखी हैं।

म.सो. : हाँ, आपकी कहानियों में बच्चे बहुत हैं, जैसे काया है, छोटू है, मुन्नू है, आदि। सिर्फ़ बच्चे ही नहीं बल्कि बूढ़े भी उन कहानियों में अक्सर हैं। इस सबसे और कुछ अन्य कारणों से भी ऐसा लगता है कि आपकी कहानियों में वय की संवेदना एक विशिष्ट संवेदना के रूप में है जिसे अगर हम केन्द्रीय न भी कहें तो कम-से-कम बहुत मुखर तो कह ही सकते हैं। यूँ तो हिन्दी में वय को लेकर अनेक कहानियाँ लिखी गई हैं, लेकिन आपकी कहानियों-उपन्यासों में उम्र का 'ऑब्सेशन' निर्णायक महत्त्व का लगता है। इसके बारे में आप क्या कहना चाहेंगे?

नि.व. : मुझे ऐसा लगता है कि उम्र एक पात्र के व्यवहार का सबसे प्रत्यक्ष, सबसे ठोस लेकिन अदृश्य लक्षण है। हम जब एक पात्र को चुनते हैं तो उसकी उम्र की अवहेलना कैसे कर सकते हैं? चुनने के पीछे हमारा क्या तर्क है? जब हम उसे चुनते हैं तो उसके व्यक्तित्व को गढ़ने में उसकी उम्र सबसे ज़्यादा निर्धारक महत्त्व की होती है।

बच्चों ने मुझे अपने प्रति आकर्षित किया है। मुझे हमेशा यह लगा है कि हमारी, अर्थात् जिन्हें हम वयस्क कहते हैं, उनकी—एक सर्वसत्तावादी प्रवृत्ति बचपन पर एक अवधारणा के रूप में और बच्चों पर विशेष रूप में छाई रहती है। इस पर बहुत कम लोगों ने ध्यान दिया। हम बचपन को बड़े होने की एक सीढ़ी मात्र मानते हैं। मैं ऐसा नहीं समझता, बच्चे ऐसा नहीं समझते। बच्चे यह नहीं सोचते कि मैं जो समय बिता रहा हूँ, वह इसलिए कि मैं बड़ा हो जाऊँ। बचपन का समय बड़े होने का मात्र माध्यम नहीं है, बड़ा होना बच्चे की लालसा अवश्य है, किन्तु बचपन का समय अपने में 'एब्सोल्यूट' है। छह बरस का बच्चा जो जीवन जी रहा है, उसमें उसके अनुभव सम्पूर्ण हैं, अन्तिम हैं। वे अपनी सच्चाई में उसी तरह परिपक्व हैं जितने तथाकथित वयस्क व्यक्ति के होते हैं। इसलिए पहले तो हमें इस ग़लतफ़हमी से छुटकारा पाना होगा कि बचपन किसी ख़ास जगह जाने के लिए एक सीढ़ी है। यह वही समाजशास्त्रीय दृष्टि है जिसके चलते हम सोचते हैं कि एक परम्परागत समाज, विकसित समाज तक आने के लिए एक सीढ़ी है। मानो उसका अपना कोई सच न हो! मानो यह नियति हो कि अमुक ऊँचाई तक पहुँचने के लिए मनुष्य ने यह विकास-यात्रा की। इसे मैं समाजविज्ञान के स्तर पर भी और मनोविज्ञान के स्तर पर भी एक भ्रान्तिपूर्ण अवधारणा मानता हूँ।

बचपन में काल का बोध वैसा नहीं होता, जैसा कि वह वयस्क व्यक्ति को होता है। बचपन में आने वाला कल बच्चे को किसी तरह की कोई सांत्वना नहीं देता। टॉमस मान की एक कहानी है जहाँ एक बच्ची रोती है क्योंकि वह बड़े आदमियों के साथ नाच नहीं सकती। उसके माता-पिता उसे समझाते हैं लेकिन उसके आँसू नहीं रुकते क्योंकि उस बच्ची को लगता है कि 'मैं इस व्यक्ति के साथ कभी भी नाच नहीं सकूँगी।' समय उसके दुःख को सोख नहीं सकता। उसका दुःख अपने में सम्पूर्ण है। बचपन की हर अनुभूति किसी आने वाले क्षण की सांत्वना को प्राप्त नहीं करती। इसीलिए बच्चा जब रोता है तो पूरे दुःख से रोता है, कोई भी उसे दिलासा नहीं दे सकता।

अगर यह बात है तो मेरे लिए, एक लेखक के लिए, इसे समझना कितनी बड़ी ज़रूरत है, विशेष कर इसलिए कि मैं एक ऐसे देश में हूँ जहाँ मैंने कालबोध की इस अवधारणा को न केवल सहा है बल्कि जो अब भी मुझमें मौजूद है, जिसे वयस्कता का बोध अभी तक नष्ट नहीं कर पाया, बशर्ते कि मुझमें इतनी क्षमता

और धैर्य हो कि मैं उसे अपनी कहानियों में पुनर्जाग्रत करने की चेष्टा करूँ। हम अपनी कहानियों में, उनके श्रेष्ठतम क्षणों में, उसे पुनर्जीवित करने में सफल हो पाते हैं। जिसे हम अतीत कहते हैं लेकिन जो अभी मरा नहीं है बल्कि हमारे भीतर जीवित है। मैंने यहाँ सिर्फ़ बचपन की बात कही है, बुढ़ापे पर भी वह भिन्न रूप में लागू हो सकती है। मुझे वयस्कता की सर्वसत्तावादी अभिव्यक्ति, चाहे वह बुढ़ापे पर हो या बचपन पर, क्रूर और आततायी जान पड़ती है।

ध्रु.शु. : कोई बच्चा जब रोता है तो एक लेखक की दृष्टि उसके रोने को दर्ज कर लेती है, यानी आप यह कह रहे हैं कि एक तरह का यथार्थ लेखक की दृष्टि में कुछ समय के लिए डूब जाता है क्योंकि हो सकता है कि वह बच्चा कहानी का पात्र बहुत समय के बाद बने। यह सवाल मैं इसलिए पूछ रहा हूँ क्योंकि आपकी कहानी में स्मृति का तत्त्व प्रबल है। क्या मैं यह कह सकता हूँ कि दरअसल जो मूल कथा है, वह तो हर बार डूब जाती है लेकिन जो कथा लिखी जाती है, वह उस डूबी हुई कथा की स्मृति ही है?

नि.व. : तुमने बहुत सुन्दर बात कही है। इसी को अगर मैं दूसरे शब्दों में कहूँ तो ऐसे कहा जा सकता है कि जब हम लिखना शुरू करते हैं तो उसकी थीम पहले से ही चल रही होती है। हम किसी चीज़ को 'डिस्कवर' करके नहीं लिखते। जब कभी लेखकों को आविष्कारक या इन्वेंटर कहा जाता है तो वह मुझे बहुत ग़लत जान पड़ता है। कोई चीज़ 'डिस्कवर' नहीं होती। हम कोई नई चीज़ नहीं लाते हैं। चीज़ें हो चुकी हैं, लिखी जा चुकी हैं, भले वे शब्दों में न पढ़ी जा सकें। वे बराबर हैं। लेखक केवल इतना ही करता है कि जो कुछ एक अराजकता में बहता है, जैसा कि मैंने अपने एक लेख में भी लिखा था—अगर वे अराजक अनुभव उसकी स्मृति के दरवाज़े से गुज़र जाते हैं तो वे एक तरह का पैटर्न, एक तरह की व्यवस्था पा जाते हैं। जब एक तरह की व्यवस्था उसे मिल जाती है तो पहली बार उसे पता चलता है कि यह जो चीज़ पहले से ही मूल है, उसकी एक छाया वह अपनी कहानियों में ले आया है। यहाँ रामकृष्ण परमहंस की एक बात याद आती है—एक बार जब किसी ने उनसे पूछा कि क्या आपने ईश्वर को देखा है तो उन्होंने कहा कि 'मैंने ईश्वर को तो नहीं देखा लेकिन एक स्वप्न देखा था। उस स्वप्न में मुझे एक झील दिखाई दी। झील काई से ढकी हुई थी। फिर मैंने देखा कि हवा का एक झोंका आया और काई धीरे-धीरे एक ओर सरकती गई और मुझे बिलकुल नीला पानी दिखाई दिया। तब मैंने सोचा कि नीला पानी यथार्थ है। जब हवा का झोंका दोबारा आया तो काई फिर झील पर आ गई और तब मैंने सोचा कि यह माया है।' लेकिन, उन्होंने इसके बाद कहा कि 'न यह माया उस यथार्थ के बिना रह सकती है और न यह यथार्थ उस माया के बिना रह सकता है।'

पश्चिम ने हमेशा यह कोशिश की है कि सतह को हटाकर उसके अन्दर के सत्य को पा लिया जाए। यह सबसे ज़्यादा विनाशकारी है क्योंकि सतह के बिना सब गहराइयाँ सूख जाती हैं। यही बात पश्चिम के विज्ञान और दर्शन में है जहाँ जिज्ञासा का रूप यह है कि सतह कुछ नहीं है और इसीलिए सतह के छिलके को उतारकर हम अन्दरूनी कोई सत्य पा लेंगे। जब आप गहराई से सतह का सम्बन्ध तोड़ देते हैं तो वह गहराई भी अपने सत्य को छिपा लेती है। मैं समझता हूँ कि एक कथाकार जो कि भ्रम और यथार्थ के बीच काम करता है, यह उसके लिए सबसे मूल्यवान अन्तर्दृष्टि है। मैं सिर्फ़ इस अर्थ में इसे एक धार्मिक अन्तर्दृष्टि के रूप में स्वीकार करता हूँ। मैं मानता हूँ कि एक संन्यासी की तरह एक लेखक भी बराबर उस भ्रम और यथार्थ के बीच की लीला को, माया और यथार्थ के 'इंटरप्ले' को बुनता है, सोचता है, लिखता है।

म.सो. : आपने धर्म की बात कही तो इस सिलसिले में मेरी एक जिज्ञासा है कि आपके अपने बचपन के वातावरण की जिसमें आपके परिवार का, आपके समाज का वातावरण शामिल है, ऐसी कौन-सी स्मृतियाँ हैं जिनसे आपकी धार्मिक दीक्षाओं का सम्बन्ध है? इस प्रश्न में हमारी दिलचस्पी दो वजहों से है; पहली यह कि आपकी कहानियों में एक तरह का आध्यात्मिक मुबहम हमें महसूस होता है। आपकी कहानियों की जो प्लास्टिक सरफेस है, उस स्तर पर दो पात्रों के बीच, या पात्रों और स्थितियों के बीच में ऐसे तनाव दिखाई देते हैं कि अक्सर हमें यह लगता रहता है कि उस सतह के नीचे कोई दूसरे ही तनाव सक्रिय हैं। इस अन्तर्निहित तनाव को न तो आप कभी उसके तीखेपन में उभारते हैं, न उसे बहुत मूर्त करते हैं। मुझे लगता है कि यही इन कहानियों की आध्यात्मिकता है। क्या इसका सम्बन्ध आपकी धार्मिक संवेदना से है? इस प्रश्न में दिलचस्पी की दूसरी वजह यह है कि पिछले कुछ वर्षों में आपने अपने आख्यानेतर गद्य में 'हिन्दू' और 'हिन्दुत्व' जैसी धारणाओं और उनसे जुड़े हुए प्रश्नों का बार-बार सामना करने की कोशिश की है, जिससे लगता है कि आप कोई गहरी आध्यात्मिक उद्विग्नता महसूस कर रहे हैं...?

नि.व. : आपके प्रश्न पर हम दो हिस्सों में बात कर सकते हैं : पहले उसके बारे में, जिसका सम्बन्ध बचपन की मेरी धार्मिक शिक्षाओं से है। धर्म से मेरा सम्बन्ध वैसा ही रहा, जैसा किसी भी हिन्दू परिवार में लोगों का होता है। उसके प्रभाव बहुत परोक्ष रूप से हम पर पड़ते हैं, लेकिन हम कभी सजग रूप से उनके बारे में नहीं सोचते। मेरे साथ भी कुछ ऐसा ही हुआ। हमारे परिवार के साथ एक दिक़्क़त यह रही कि वह एक तरह से उन्मूलित परिवार रहा। चूँकि, हमारे पिता अंग्रेज़ों के ज़माने में सरकारी अफ़सर थे तो उन्हें शिमला और दिल्ली में रहना पड़ता था। हम अपने परिवार की पूरी धार्मिक पीठिका से अलग हो गए थे—पिता के परिवार से भी और

माँ के परिवार से भी। उन्मूलन का यह भाव मेरे परिवार में बराबर बना रहता था, जैसा कि थोड़ी-बहुत वह 'लाल टीन की छत' में आया है। लेकिन इसकी क्षतिपूर्ति हमेशा एक अलग ढंग से होती रहती थी क्योंकि शिमला जैसे शहर में उस समय कई साधु-संन्यासी आते रहते थे और वे अक्सर हमारे घर आकर भी रहते थे। हम बच्चों के लिए वह एक गहरा और बड़ा चमत्कार होता था—विशेष कर तब जब वे नाचते हुए गाते थे और दूसरे अनुष्ठान किया करते थे। वे दृश्य आज भी मेरी आँखों के सामने जीवित हैं। इसके अलावा मैंने अपनी जिन बहन का ज़िक्र किया था, देवी काली के प्रति उनकी गहरी आस्था मुझ जैसे बच्चे के लिए हमेशा गहरे कौतूहल का विषय हुआ करती थी। काली मन्दिर शिमला में बहुत ऊँचाई पर था लेकिन हम हर शाम वहाँ जाते थे। उस मन्दिर का वातावरण शान्त था। सर्दियों की शामों में बिलकुल उजाड़। हम उसकी चौड़ी परिक्रमा में चोर-चोर या छुपा-छुपाई खेला करते थे और हमारी बहन वहाँ बैठी रहती थीं। यह हमारी हर शाम का नियम बन गया था। फिर माँ और पिता के साथ तीर्थयात्राओं पर ऋषिकेश, बनारस जाना—यह भी साथ-साथ चलता रहा। इन सबने मेरे भीतर की कई चीज़ों को जगाया। मैंने जाना कि किस तरह साधना में एक व्यक्ति अपने को बिलकुल भूल जाता है। इसे हम 'सेंस ऑफ़ टोटल ऑब्लिवियन' कह सकते हैं। अपने को भूलने की यह शक्ति, इतनी अधिक एकाग्र निष्ठा, एक अदृश्य शक्ति के साथ एकीकृत हो जाना, यह मेरे लिए थोड़ा भयंकर और थोड़ा डराने वाला भी था, लेकिन हमेशा ही गहरी उत्सुकता जगाने वाला अनुभव रहा।

यह एक तरह की अनुभव राशि है जो हमेशा हमारे साथ रहती है। आपका दूसरा प्रश्न बहुत ही उचित (प्रिसाइज़) है। मेरी कथा में जिस अदृश्य क़िस्म के तनाव की बात आपने कही है, वह मुझे बिलकुल सही और सटीक जान पड़ती है। अगर इसे मैं दो शब्दों में कहूँ तो मुझे यह लगता है कि मनुष्य होना अपने में ही एक तनाव की स्थिति में जीना है। यह तनाव किसी ख़ास सामाजिक परिस्थिति या केवल व्यक्तियों के बीच में किसी अलगाव या ग़लतफ़हमी के कारण नहीं होता। मनुष्य का मनुष्य के रूप में जीना ही एक सतत तनाव में जीने की प्रक्रिया है। मैंने अपने निबन्धों में थोड़ा-बहुत लिखा भी है कि इस तरह का तनाव एक पशु अपने पशुवत् जीवन में महसूस नहीं करता क्योंकि वह अपने जीवन में बिलकुल नियमवत् आत्मनिष्ठ है। शायद देवता या एंजिल (देवदूत) इस तनाव को महसूस नहीं करते हैं क्योंकि उनकी भी एक सम्पूर्णता उनमें है। जिस क्षण प्रकृति से अलग होकर मनुष्य को मनुष्य होने का आत्मबोध हुआ, तब से यह सोचना कि वह एक सन्तुष्ट सुखी व्यक्ति है, मैं समझता हूँ कि झूठ है। अलगाव और अकेलेपन का यह भाव दुनिया के पशु-पक्षी, वनस्पति, दूसरे शब्दों में प्रकृति का कोई भी भाग, महसूस नहीं कर सकता जिस तरह से मनुष्य करता है।

लेकिन यह तो हुई अन्तर्निहित सतह की बात। कथा की ऊपरी सतह पर, उसके परिवेश में तनावों का जो नेटवर्क या पात्रों के जटिल सम्बन्धों की जो समस्याएँ कभी-कभी कहानी में उठती हैं, उनके बारे में बताने की कोशिश करता हूँ। मैं सोचता हूँ कि अगर मनुष्य का पहला पतन (फॉल) यह हुआ कि वह प्रकृति से अलग हुआ तो उसका दूसरा पतन तब हुआ जब वह 'मनुष्य' से 'व्यक्ति' में बदला। यह अलगाव की दूसरी सीढ़ी थी—मनुष्य जाति से ही अपने को विलगित रूप में पाना—एक अकेले जीवन के आत्मचेतन के रूप में। जिन्हें हम परम्परागत समाज कहते हैं, वहाँ पर व्यक्ति का यह तनाव उस अनुपात में नहीं होता जितना कि औद्योगिक समाजों में जहाँ व्यक्ति सचमुच उन सन्दर्भों से और उन पारिवारिक सम्बन्धों से अलग हो गया है जो एक समय में उसे एक तरह का संरक्षण देते थे। परिवार में जीने वाला आधुनिक हिन्दू व्यक्ति उस अर्थ में व्यक्ति नहीं है जितना कि माँ-बाप से अलग अकेला वह व्यक्ति जो अपने बलबूते पर, अपनी क्षमताओं से जीने वाला एक पश्चिमी व्यक्ति। क्योंकि मेरी कहानियों के पात्र अक्सर शहरी जीवन से आते हैं इसलिए यह अपने में एक दिलचस्प विषय हो सकता है कि इस व्यक्तित्व का बोझ या इसकी यातना को वे अपने सम्बन्धों में किस तरह से वहन कर पाते हैं और मैं उन्हें किस तरह से अभिव्यक्त कर पाया हूँ।

इसमें मैं सिर्फ़ एक बात और जोड़ना चाहूँगा जो भारतीय परिवेश का एक अद्‌भुत और विलक्षण पहलू है कि कहानियों में मेरी यह हमेशा इच्छा रही है कि व्यक्ति बराबर अपने इस अहं की प्रताड़ना से मुक्ति पाकर अपने को उस 'शेष' से जोड़ सके जहाँ दूसरा व्यक्ति शामिल है। इसकी चेष्टा हमेशा रहनी चाहिए, इसकी कामना हमेशा रहनी चाहिए। यह कामना क्योंकि फलीभूत नहीं होती, तो उसकी वेदना भी बराबर बनी रहती है, चलती रहती है। इस लिहाज से मुझे धर्मों में केवल दो ही धर्म अपने में सम्पूर्ण रूप से सत्य और प्रामाणिक जान पड़ते हैं—एक है औपनिषदिक सनातन धर्म, जहाँ यह माना गया है कि सृष्टि की पृथकता, चीज़ों की पृथकता एक ऐसे सत्य में समाहित हो सकती है जो अखंडित है। और दूसरा, इसके बिलकुल उलटे छोर पर बौद्ध धर्म है। जहाँ आत्म को भी भ्रम मान लिया गया है, यानी हम अपनी वेदना से छुटकारा तब पा सकते हैं जब अपने आत्म को भी भ्रम मान लें और उसके परे चले जाएँ। दूसरी ओर वह औपनिषदिक धर्म है जहाँ हम दुनिया को ही आत्म का अंश मान लें और अपने अहं का अतिक्रमण कर सकें। अपने अहं का अतिक्रमण करने से हमें शायद उसी सम्पूर्णता का बोध होगा जितना अपने अहं का निषेध करके उसे शून्य में समाहित करने में होगा। बाक़ी सारी दृष्टियाँ मुझे इन दो चरम सत्यों के बीच की दृष्टियाँ जान पड़ती हैं।

आत्म के जिस संकट को सॉल बैलो जैसे लेखकों ने क्राइसिस ऑफ़ 'सेल्फ़' माना है—उसका जितना ऐतिहासिक विकास पश्चिम में हुआ है, एक पारम्परिक

समाज में उसका संकट नहीं महसूस होता। ज़रा कल्पना कीजिए कि आत्म के बोध से कलपता हुआ दोस्तोएव्स्की का 'आउटसाइडर' धीरे-धीरे किस तरह से कामू के 'आउटसाइडर' में आकर परिणति पाता है। अंडरग्राउंड जो 'सेल्फ़' में दबा रहता था—अब वह 'आउटसाइडर' बन गया है। 'आउटसाइडर' वह व्यक्ति है जिसने आत्म के उन सब बोझों से छुटकारा पा लिया है, जिनसे कि दोस्तोएव्स्की डरते रहते थे। लेकिन वह उस आत्म को भी प्राप्त नहीं कर पाया जिसकी बात मैं कर रहा हूँ। उसने अपने-आपको एक औसत व्यक्ति से 'फ्रेम' में परिणत कर लिया। यह उस आत्म से छुटकारा पाने का तीसरा रास्ता था जिसे मार्क्स एक 'मास सोसायटी' का 'इंडिविज़ुअल (व्यक्ति)' कहते थे—एक ऐसा 'मास सोसायटी (विस्तृत समाज)', जहाँ व्यक्ति अपने को भीड़ में मिलाकर अपने आत्म के बोझ से छुटकारा पा लेता है। यह 'कम्प्रोमाइज़्ड सेल्फ़' है जहाँ हम टेलीविज़न देखते हुए या भीड़ में अपने को भुला देने की कोशिश करते हैं।

म.सो. : क्या हम यह कह सकते हैं कि जिस पतन (फॉल) की बात आप मार्क्स के हवाले से कर रहे हैं, वह एक तरह का तीसरा पतन है जिसमें व्यक्ति ख़ुद व्यक्ति से च्युत होता है? क्या आपको इसकी तार्किक परिणति के तौर पर किसी ऐसे अगले पतन की गुंजाइश दिखती है जिसकी हम कल्पना कर सकें? या आपको किसी तरह के उत्थान या पुनर्गठन (रिकंस्ट्रक्शन) गुंजाइश दिखाई देती है? अगर हाँ, तो यह पुनर्गठन आपकी दृष्टि में, एक कथाकार के रूप में, आपके स्वप्न में, कथा के स्तर पर किस तरह का रूप लेता है? मैं आपको स्मरण दिलाऊँ कि आपने एक 'पारम्परिक सेल्फ़' से लेकर इस 'कम्प्रोमाइज़्ड सेल्फ़' तक का विश्लेषण करते हुए उसके समानान्तर उपन्यास के रूप-परिवर्तन पर विस्तार से लिखा है। मेरा प्रश्न आपकी उसी चिन्तन-शृंखला की अगली कड़ी की अपेक्षा करता है।

नि.व. : भविष्य का उपन्यास कैसा हो, आपका प्रश्न यह है। मैं समझता हूँ कि भविष्य इसी प्रश्न में निहित है। आने वाले वर्षों में हम जिस उपन्यास की तलाश कर सकते हैं या जिस उपन्यास की प्रतीक्षा कर सकते हैं, उसमें न तो रेणु और प्रेमचन्द जैसा वह सहज क़िस्म का किसान हमें मिल सकेगा क्योंकि वह सभ्यता ही नष्ट हो गई है, और न ही हमें अज्ञेय के शेखर जैसा उतना आत्मसजग बुद्धिजीवी ही दिखाई देगा क्योंकि उस बुद्धि के बोझ और वेदना से भी हम छुटकारा पाने की कोशिश कर रहे हैं। आज जब समाज की, तथाकथित धर्म की, या क्रान्ति की बात की जाती है तो मेरे विचार में ये सब उपाय हैं कि किस तरह से हम अपने आत्म के अन्तर्विरोधों से मुक्ति पाकर अपने को किसी विराट जनसमुदाय या आदर्श के प्रति अर्पित कर दें, ताकि हम अपने भीतर के आत्म के इस आवास से, इसके अन्तर्विरोधों से इसकी ज़िम्मेदारियों से मुक्ति पा लें। एक परम्परागत समाज के

सामने क्या विकल्प हैं ताकि हम इन दोनों अभिशापों से मुक्ति पा सकें? मैं समझता हूँ कि आज यह हमारे समाजशास्त्रियों, दार्शनिकों और सबसे ज़्यादा उन लोगों के सामने स्पष्ट है, जो समाज में 'फ़ंक्शनल पॉलिटीशियंस' के रूप में काम करते हैं। यह प्रश्न हमें सीधा-सीधा राजनीतिक परिवर्तनों की तरफ़ ले आता है क्योंकि हमारे समाज में क्या होगा, किस तरह के व्यक्ति की अवधारणा होगी, यह बहुत कुछ इस पर निर्भर करता है कि आज हम किस तरह के विकल्पों को चुन पाते हैं।

अ.वा. : इसमें एक प्रश्न यह उठता है कि ज़्यादातर जिन समाजों में उपभोक्तावाद ने नये संकट पैदा किये, जैसे कि पश्चिम के समाजों में, वे सब उन्नत समाज थे और उपभोक्तावाद उनकी उन्नति का ही एक चरण था। हमारे साथ मुश्किल यह है कि हम एक समुन्नत समाज नहीं हैं। वैसा बनने की होड़ में लगे हुए हैं लेकिन बहरहाल हम बहुत हद तक एक परम्पराजीवी समाज ही हैं और समुन्नति की ओर बेतहाशा भाग रहे समाज भी। हमारे यहाँ यह उपभोक्तावाद एक तरह की अनैतिहासिक परिणति है जो अभी भी हमारे यत्न की परिणति यद्यपि नहीं है, लेकिन हम पर लद गई है। इससे जो एक और संकट आ रहा है, क्या वह संकट पश्चिम में आए व्यक्ति के संकट से बिलकुल...?

नि.व. : यह मानना मुझे ठीक नहीं लगता कि यह एक ऐसा अभिशाप हमारे ऊपर आया है जिसकी हमने कोई मानसिक तैयारी नहीं की थी। क्योंकि चालीस वर्ष पहले, स्वतंत्रता के बाद, अगर हमने पश्चिम की नक़ल में एक बड़े पैमाने पर औद्योगिकीकरण करने का संकल्प उठाया और उसी में अपनी मुक्ति और प्रगति का रास्ता ढूँढ़ा तो उपभोक्तावाद उसी के अनिवार्य परिणाम के रूप में हमारी संस्कृति पर आना ही था। यह कहना कि हमें टेलीविज़न नहीं चाहिए लेकिन हम औद्योगिक प्रगति के रास्ते पर चल रहे हैं, अपने को धोखा देना होगा। इसलिए जिस चक्र में हम फँसे हैं, जब तक हम उससे मुक्ति नहीं पाते तब तक हमें उन सब अभिशापों का सामना करना होगा, चाहे वह व्यवसायीकरण हो या चाहे मीडिया संस्कृति हो, जिससे हम कभी-कभी इतना परेशान लगते हैं। मुझे नहीं लगता कि हम इस रास्ते को अपनाकर उसके सारे परिणामों से छुटकारा पा सकते हैं।

अ.वा. : नहीं, मेरा आशय यह नहीं था। फ़िलहाल, अगर हम यह मान लें कि हमने जो रास्ता अपनाया, उस रास्ते का यह अनिवार्य प्रतिफल है तो यह ठीक है। यानी हमारे सामने ये सारी चीज़ें एक साथ हैं। भारतीय समाज की दूसरे समाजों से जो स्थिति थोड़ी भिन्न है, वह बुनियादी तौर पर यह है कि बाक़ी समाजों में शायद इतिहास की ऐसी श्रेणियाँ हैं कि 'यह हो चुका', अब 'यह हो रहा है' और 'इसके आगे यह होगा'। हमारी स्थिति शायद यह है कि जो हो चुका है, वह भी होता रहता है।

वह कहीं-न-कहीं हमारी स्मृति में जीवित है, वह एक सक्रिय उपस्थिति है। वह सिर्फ़ एक दस्तावेज़ नहीं है जिसे हमने कहीं रखा हुआ है। एक संग्रहालय नहीं है जहाँ जाकर हम उसे कभी-कभार देख लेंगे बल्कि वह हमारी सारी जीवन-पद्धति में हमारी विचार-सरणियों में अन्तर्भूत है। इस वजह से हमारी, यानी भारतीय समाज की जो विशेष स्थिति है, क्या उसमें इस समस्या से कोई विशेष संकट है?

नि.व. : प्रश्न यह है कि क्या यह विशेष स्थिति आने वाले वर्षों में क़ायम रह सकेगी, अगर हम अपनी स्मृति के समर्थ स्रोतों को उतनी ही नृशंसता के साथ नष्ट करते रहे, जैसा कि आज हम कर रहे हैं? जातीय स्मृति का सम्बन्ध हमेशा प्राकृतिक परिवेश, संस्कारों और उन सब चीज़ों से होता है जिन्हें हम सतही, मर्त्य और भौगोलिक मानते हैं। अगर हम उन संरक्षण स्थलों को नष्ट करते हैं जहाँ पर हमारा अतीत या स्मृति जीवित होती है तो मुझे आने वाले वर्षों में कोई आशा नहीं दिखती कि हमारे समाज की वह 'विशिष्टता' क़ायम रह सकेगी, जिसकी ओर आपने संकेत किया है। हमारी दुनिया का इतिहास उन संस्कृतियों से अटा पड़ा है जो मृत हैं, जो ज़मीन के नीचे धँस गई हैं, जिनको हम याद भी नहीं कर पाते कि वे कभी थीं। अगर हम आदिवासियों के जंगलों को नष्ट करते हैं और उनकी कलाकृतियों को अपने संग्रहालयों में लगा लेते हैं तो यह आज उनकी स्मृति के लिए ठीक है लेकिन आने वाले समय में उनकी जीवन-पद्धति में ऐसा कभी सम्भव हो पाएगा कि वे इस तरह की कलाकृतियों का सृजन कर सकें—मुझे यह आशा नहीं है। मैं सिंगरौली गया था। वहाँ मैंने देखा कि किस तरह से गाँव के गाँव उजड़ गए हैं। जो लोग बंबई या कलकत्ता की चालों में काम करते हैं, एक या दो पीढ़ियों के बाद उनके बच्चों को याद भी नहीं रहता कि उनके पुरखों का कौन-सा गाँव था, उनकी प्रकृति का क्या परिवेश था, उनकी स्मृति के स्थल क्या थे जिनकी चर्चा आप कर रहे हैं।

अ.वा. : अगर हम मान लें कि स्थिति इतनी विकट, इतनी संकटापन्न है जितनी आपने कहा (और ज़ाहिर है कि वह है भी) तो ऐसी स्थिति में फिर भी स्मृति को बनाए रखने का काम साहित्य किसी हद तक तो कर सकता है, जिस हद तक वह उसके वश में है...।

नि.व. : एक नॉस्टेल्जिया के रूप में या एक ठोस परिवेश या शक्ति के रूप में?

अ.वा. : नॉस्टेल्जिया तो एक अपेक्षाकृत भावुक-सी प्रतिक्रिया है इसलिए अगर हम उसे छोड़ दें, तो जिस दूसरे अर्थ में आपने कहा, अर्थात् किसी अधिक गहरे, अधिक स्थायी अर्थ में? एक ऐसा समाज जो अपने स्मृति-चिह्नों को नष्ट करता जान पड़ता है, उस समाज में उसका साहित्य उसके स्मृति-चिह्नों को क्या किसी हद तक बचाकर रख पाएगा?

म.सो. : जैसा कि साक्ष्य के तौर पर हम पूर्व-आधुनिक साहित्य के बारे में कह सकते हैं कि उसने हमें हमारी प्राचीन स्मृतियों से जोड़ा; साहित्य ने भी और अनेक दूसरे कला माध्यमों ने भी। बहुत सारी ऐसी सम्पदा है जिससे आधुनिक युग में हम वंचित हैं, हालाँकि उसकी स्मृतियाँ उन कला स्थापत्यों में बची हुई हैं।

अ.वा. : शायद इसलिए क्योंकि ऐसे साहित्य के लिए समवर्ती एक भौगोलिक वास्तविक परिवेश था जिसमें वे सारी चीज़ें थीं, इसीलिए साहित्य बच गया है, वे चीज़ें भले ही अब न रही हों।

नि.व. : लेकिन मैं यह पूछता हूँ कि क्या एक साहित्यकार की यह चिन्ता होनी चाहिए या एक लेखक के नाते मेरी यह भूमिका जायज़ हो सकती है कि हम सोचें कि जो हो रहा है, वह तो होगा ही, और प्रतीक्षा करें कि आने वाले साहित्य में कोई लेखक उसकी स्मृति पुनरुज्जीवित करेगा?

अ.वा. : देखिए, हम अपने परिवेश का जिस तरह से संहार कर रहे हैं, उसके प्रति सजगता हमारे आज के कितने साहित्य में है? हम यह छोड़ दें कि बाद में क्या होगा, तो मैं यह कह रहा हूँ कि उसके प्रति एक सजगता—एक बौद्धिक सजगता भी और सृजनात्मक स्तर पर इससे बरताव की कोशिश हमारे कितने साहित्य में है। बल्कि जो थोड़े-बहुत लोग ऐसा करने की कोशिश करते हैं, उनके प्रति एक अनुदार वातावरण है। आज हवा यह है कि फूल, पत्ती, बच्चों पर कविता लिखना एक तरह का पाप है जिसके लिए आपको सज़ा दी जानी चाहिए। यह एक फूहड़-सा उदाहरण है लेकिन इससे इसके पीछे की मानसिकता तो प्रकट होती ही है। जिस संहार के प्रति आप इतनी सजगता व्यक्त कर रहे हैं, उसके प्रति हमारे समूचे साहित्य और समाज में कितनी सजगता आज है?

नि.व. : लेकिन तुम इससे क्या निष्कर्ष निकालते हो? अगर सजगता का एक बिन्दु किसी भी व्यक्ति या व्यक्तियों के समूह में है तो मेरे लिए वह अपने में पर्याप्त है। उसे हम संख्या के रूप में विभाजित करके न देखें बल्कि इस रूप में देखें कि क्या एक साहित्यकार अपने समूचे सृजन में उस चिन्ता को एक लेखक के तौर पर, एक भारतीय नागरिक के तौर पर बीसवीं शताब्दी में रहने वाले एक व्यक्ति के तौर पर, किस स्तर पर अभिव्यक्त कर पाता है और किन दूसरे माध्यमों को अपना पाता है? मुझे लगता है कि भारतीय लेखक को कविता या कहानी लिखने के अलावा, इन चिन्ताओं को व्यक्त करने के लिए अन्य तरीक़ों का सहारा लेना चाहिए, लेना होगा। एक लेखक कभी यह नहीं सोचता कि साहित्य का क्या भविष्य है। अगर वह ऐसा सोचता है तो वह एक समाजशास्त्री अवश्य हो सकता है लेकिन उसे साहित्यकार मैं नहीं मान सकता। हर लेखक अपने वर्तमान के संकट और मनुष्य की स्थिति को अपनी चिन्ताओं से जोड़कर एक पूरा संसार रचता है।

म.सो. : अगर इसको निरा 'गिमिक' न माना जाए तो यह पूछा जा सकता है। एक लेखक की चिन्ता 'साहित्य के भविष्य' के बारे में न भी हो, लेकिन क्या उसकी चिन्ता 'भविष्य के साहित्य' को लेकर नहीं हो सकती? क्योंकि जिस वक़्त वह भविष्य के साहित्य के बारे में सोच रहा होगा, वह अपने सन्दर्भ-बिन्दु के तौर पर उस समय वर्तमान में होगा, जैसा कि आपका एक बुनियादी आग्रह है कि उसको अपने वर्तमान के प्रति अधिक प्रतिबद्ध होना चाहिए। क्या आपको मेरा यह प्रश्न विचारणीय लगता है?

नि.व. : जब हम भविष्य की चिन्ता करते हैं तो उसके अपने में ही बहुत गहरे अर्थ निकलते हैं। मुझे नहीं लगता कि भविष्य एक अमूर्त काल कोटि के रूप में कभी किसी व्यक्ति के लिए कोई अर्थ रखता है जिसके वर्तमान में अतीत और भविष्य, दोनों ही समाहित हैं। यह पश्चिमी काल-बोध का ही एक लक्षण है कि हमने समय को भविष्य और अतीत जैसी कोटियों के रूप में देखने की कोशिश की। व्यक्ति अपने जीवन के भविष्य के बारे में सोचते हैं कि कल क्या होगा या मेरे परिवार का क्या होगा लेकिन एक प्रजाति के भविष्य के बारे में सोचना या उसकी संस्कृति के भविष्य के बारे में विचार करना बड़ा अजीब और असंगत जान पड़ता है क्योंकि वे सब सरोकार, वे सब चिन्ताएँ आज के जीवित मनुष्य के वर्तमान में मौजूद हैं।

म.सो. : मैं अपने सवाल को थोड़ा-सा स्पष्ट करूँ। स्पष्ट मैं उसे इसलिए करना चाहता हूँ कि शायद आप उसमें कोई गुंजाइश निकालना पसन्द करें। हमारी चिन्ता भविष्य के साहित्य की चिन्ता होगी तो वह भविष्य की चिन्ता उतनी नहीं जितनी स्वयं साहित्य की चिन्ता होगी। चूँकि 'भविष्य' दोनों में जुड़ा हुआ है इसलिए क्या साहित्य का भविष्य और भविष्य का साहित्य एक ही चीज़ हो सकती है या इनमें कोई फ़र्क़ आपको लगता है?

नि.व. : आप इसको थोड़ा-सा और स्पष्ट करें। क्योंकि मैं आपके प्रश्न को ठीक से पकड़ नहीं पाया।

म.सो. : जिस तरह मैं जिस वक़्त वर्तमान में जीता हूँ, उस वक़्त चूँकि मेरी कालचेतना में मुझे अपना काल समग्र रूप में दिखता है, इसीलिए मुझे अपने भविष्य के संकेत उसमें दिखाई देते हैं, उसी तरह जब मैं एक किताब पढ़ता हूँ तो, जैसा मुहावरा है, 'पूत के लच्छन पालने में ही दिख जाते हैं'। अगर आज की कविता या आज का साहित्य पढ़ते हुए मुझे उसमें ऐसे लक्षण दिखते हैं जो कि आने वाले समय में अपनी सम्भावनाओं के कोई संकेत हमारे मन में छोड़ते हैं तो उन संकेतों के आधार पर किसी तरह का सिद्धान्तीकरण करना या भविष्य-चिन्तन करना, एक लेखक की चिन्ता के तौर पर क्या आपको विचारणीय लगता है? भविष्य के साहित्य से मेरा आशय यह है।

नि.व. : अभी जो एक किताब तुमने मुझे दी थी, जो उत्तर-आधुनिकता (पोस्ट मॉर्डिनिज़्म) के बारे में है। उसमें उत्तर-आधुनिकता कितनी दिशाएँ ले सकती है, इसके बारे में तो ज़रूर है लेकिन कौन-सी दिशा अन्तिम रूप से, ऐतिहासिक रूप से 'लेजिटिमेट' बन पाएगी, इसके बारे में उसका कोई उत्तर नहीं है। इस अर्थ में तो यह एक 'लेजिटिमेट' चिन्ता अवश्य ही है क्योंकि वे संकेत भी वर्तमान में ही उपलब्ध हैं। यह एक मनुष्य के चिन्तन की स्वाभाविक लय है कि वह उन संकेतों से उसकी अनिवार्य या सम्भाव्य दिशाओं के बारे में सोचता है। लेकिन इतिहास की, समय की और मनुष्य के संकल्प की मिस्ट्री (रहस्य) ऐसी है कि कौन-सा मोड़ इन संकेतों के बावजूद लिया जा सकेगा या कौन-सा अप्रत्याशित मोड़ हमारे भविष्य को निर्धारित करेगा, इसके बारे में कोई निश्चित दिशा हमें मालूम नहीं हो सकती। यह अपने में एक खेल हो सकता है, अनुमान हो सकता है। इससे अधिक कुछ भी नहीं। क्या काफ़्का को मालूम था कि भविष्य का साहित्य बहुत हद तक काफ़्काई साहित्य होगा? भविष्य में होने वाली घटनाएँ काफ़्का अपने लेखन में जी रहे थे जबकि दूसरों के लिए वह भविष्य घटा भी नहीं था। एक महान लेखक भविष्य में होने वाली घटनाओं को अपने 'वर्तमान' में उसी तरह सूँघ लेता है—जैसे कुछ जानवर आने वाली आँधी को सूँघ लेते हैं, जबकि दूसरों के लिए आकाश बिलकुल साफ़ होता है।

उ.वा. : आंप काफ़ी दिनों चेकोस्लोवाकिया में रहे हैं—उन दिनों में, जब वहाँ लेखन में कई तरह के प्रयोग हो रहे थे और अनेक नई कृतियाँ भी सामने आ रही थीं। उन दिनों के लेखकों और कृतियों से अपने सम्पर्क के बारे में कुछ बताइए।

नि.व. : 1959 में पहली बार मेरा प्राग जाना हुआ था। उन दिनों के बारे में मैंने लिखा है, इसलिए मैं उसके विस्तार में न जाकर केवल इतना ही कहना चाहूँगा कि यह वह समय था जब चेकोस्लोवाकिया में सेंसरशिप, पुस्तकों पर पाबन्दियाँ और हर तरह का दमन अपनी चरम सीमा पर था। जिसे हम 'स्टालिनिस्टिक टेरर' का समय कहते हैं, वह उस समय बहुत ही भयंकर रूप से मौजूद था। मैं वहाँ पर ओरिएंटल इंस्टिट्यूट की ओर से आमंत्रित किया गया था ताकि मैं चेक भाषा सीखूँ और समकालीन चेक लेखकों की रचनाओं को पढ़ूँ, उनका चयन करूँ और हिन्दी में उनका अनुवाद करूँ। स्वाभाविक रूप से मेरा उन दिनों बहुत-से चेक लेखकों से मिलना हुआ था। एक भारतीय होने के नाते मेरा यह भी सौभाग्य रहा कि मुझ पर सरकार या सेंसरशिप की उतनी कड़ी दृष्टि नहीं थी जितनी कि यूरोपीय या अमेरिकी लोगों पर थी, क्योंकि हिन्दुस्तान का सम्बन्ध पूर्वी देशों से मैत्रीपूर्ण रहा था। इसलिए मेरे प्रति उनका बरताव काफ़ी अच्छा था।

'61-'62 के दौरान ही जब मैंने चेक भाषा का अध्ययन समाप्त किया और प्राग की चार्ल्स यूनिवर्सिटी में चेक साहित्य के लेक्चर्स में शामिल हुआ तब मैंने पहली बार पाया कि जिसे हम एक अधिनायकवादी व्यवस्था के भीतर सेंसरशिप का अस्तित्व कहते हैं, वह कितना कमज़ोर और ढीला है। ऊपरी तौर पर तो ज़ाहिर है और स्वाभाविक भी है कि अनेक लेखकों की किताबें नहीं छपती थीं, उनकी रचनाएँ सरकारी पत्रिकाओं में नहीं छपती थीं लेकिन ज्यों-ज्यों मेरे आत्मीय और निजी रिश्ते अनेक लेखकों से बनते गए, मैंने पाया कि इन बुरे वर्षों में भी वे बराबर रचनाशील रहे हैं। इसका सबूत मुझे तब मिला जब उनके कमरों में बैठकर, उनकी कहानियाँ या कविताएँ मैंने सुनीं या जब उन्होंने मुझे उन लेखकों के बारे में बताया जिन्होंने बहुत अच्छे उपन्यास लिखे थे लेकिन जो छपे नहीं थे बल्कि मित्रों के बीच़, लेखकों के बीच 'सर्कुलेट' होते रहते थे।

'64 या '65 तक आते-आते, यद्यपि व्यवस्था वही थी लेकिन वह कड़ा और कठोर अनुशासन ढीला पड़ने लगा था। हालाँकि सेंसरशिप तब भी थी लेकिन प्रकाशन के क्षेत्र में एक तरह की जागरूकता पैदा हो गई थी—लेखक संघ में भी और संस्कृति मंत्रालय में भी। इन दिनों इन क़ानूनों के भीतर ही, अनेक ऐसे उपन्यासकारों की रचनाएँ, कवियों की कविताएँ आईं जिन्हें मैं पहले पढ़ चुका था लेकिन जो पहले प्रकाशित नहीं हुई थीं—मिलान कुन्देरा, स्वारोवस्की, इवान क्लीमा, वास्लाव हावेल। इनके उपन्यास और नाटक और कहानियाँ उन्हीं दिनों सिलसिलेवार ढंग से बराबर प्रकाशित होने लगे थे। मिलान कुन्देरा का 'जोक', स्वारोवस्की का 'कावर्ड्स' और वास्लाव हावेल का बहुत ही सुन्दर नाटक 'द गार्डन पार्टी'। यह नाटक उन दिनों वहाँ खेला गया और उसने वहाँ के सांस्कृतिक वातावरण में एक तरह की गहरी उथल-पुथल पैदा कर दी थी। मैं अपने-आपको वहाँ एक लेखक के रूप में नहीं ले गया था, न इस रूप में मैं वहाँ किसी को अपना परिचय ही देता था। वे सब मेरे मित्र थे और इतना ही समझते थे कि चेक साहित्य में मेरी दिलचस्पी है और मैं उसमें से कुछ चुनने और हिन्दी में उसका अनुवाद करने के लिए आया हूँ। यह अच्छा भी था क्योंकि इसके चलते हमारी दोस्तियाँ और हमारे रिश्ते एक दूसरे स्तर पर बन गए थे।

जब हम किसी देश के साहित्य के बारे में सोचते हैं तो हमें यह लगता है कि उसे किसी 'यूनिफॉर्म' कसौटी पर परखा जा सकता है लेकिन वस्तुत: ऐसा होता नहीं है, चाहे वह देश कितना ही छोटा क्यों न हो। सत्ता के प्रति विरोध की अभिव्यक्तियाँ भी बहुत अलग-अलग तरह की होती हैं। पश्चिम में सोवियत, पोलिश या चेक साहित्य के बारे में यह बहुत सरलीकृत अवधारणा है कि वह एक तरह का डिसिडेंट, 'एंटी-ऑफ़िशियल', 'एंटी-एस्टिब्लिशमेंट लिट्रेचर' है। व्यापक रूप से यह सही है लेकिन हर किताब का अपना एक विशिष्ट संसार होता है जिसमें विरोध या

असन्तोष का एक अंश आता है और वह अंश भी उस लेखक के वैयक्तिक स्तर पर ही अभिव्यक्त होता है। मैं आपको इसका एक उदाहरण दूँ: वास्लाव हावेल का 'द नाटक गार्डन पार्टी' एक ऐसा नाटक है जिसे हम 'एब्सर्ड' नाटक की परम्परा में बैकेट या आइनेस्को की परम्परा में कह सकते हैं। लेकिन यह एक बहुत ही सामान्यीकृत और भ्रामक कोटि है क्योंकि हावेल के नाटक किसी 'मेटाफ़िज़िकल' या अस्तित्ववादी अर्थ में 'एब्स्ट्रैक्ट' नहीं है, जैसे कि बैकेट के नाटक होते हैं। वे एक ठोस चेक राजनीति का सन्दर्भ लिये हुए हैं जहाँ नौकरशाही का भ्रष्टाचार अपनी चरम सीमा पर है, जहाँ सत्य की अभिव्यक्ति के लिए गुंजाइश नहीं है, जहाँ झूठ का 'कल्ट' अपनी युक्तियों के द्वारा मनुष्य के जीवन पर कलुषित प्रभाव डालता है। जब मैं वह नाटक देखने गया तो उसके प्रतीकों, संकेतों को मैं उतना नहीं समझ पाता था जितना कि चेक दर्शक समझ लेते थे, क्योंकि वे परोक्ष रूप से उनकी सामाजिक अनुगूँजों को समझ लेते थे। वास्लाव हावेल ने एक ख़ास समाज की परिस्थितियों की विसंगतियों के बीच में होने वाली 'एब्सडिटी' को अभिव्यक्त किया है जो यूरोप के किसी दूसरे नाटक में मौजूद नहीं है।

यह एक सबसे ज़्यादा दुःखदायी चीज़ है कि जब हम किसी देश में सेंसरशिप लागू करते हैं, या पाबन्दी लगाते हैं तो उस देश को यह मौक़ा नहीं मिल पाता कि उसके लेखक अपने साहित्य की परम्परा को बाक़ी देशों के साहित्य की परम्परा से जोड़ सकें। यह मिलान कुन्देरा का भी 'पॉइंट' था। पन्द्रह वर्ष तक उनकी परम्परा बिलकुल कटी रही लेकिन जब यह एक तरह का ढिलाव आया तो फिर परम्परा के कटे हुए सूत्र दोबारा से मिलने लगे। मैंने वास्लाव हावेल का नाम लिया लेकिन बिलकुल दूसरी दिशा में मिलान कुन्देरा है जहाँ 'पॉलिटिक्स (राजनीति)' और 'इरॉटिसिज़्म (अनिश्चितता)' का एक बड़ा विचित्र-सा सम्बन्ध है जिसे हम यूरोप के किसी और लेखक में नहीं देखते या इवान क्लीमा जिन्होंने मनुष्य के जीवन की उदासी और अवसाद को व्यक्त किया है—उस उदासी और अवसाद को, जो तब उसके जीवन में आता है जब उसे अपनी नियति को चुनने का अवसर नहीं मिल पाता। क्लीमा की कृतियों में यह अवसाद सार्वजनिक संकेतों में नहीं है, जैसा कि मिलान कुन्देरा या वास्लाव हावेल की कृतियों में होता है बल्कि बहुत ही आत्मीय रिश्तों में अभिव्यक्त होकर आता है। यह इसका एक सबूत है कि किस तरह अलग-अलग लेखकों में इस एक सामान्य राक्षसी परिस्थिति के ख़िलाफ़ उन्हें रचनात्मक स्तर पर अभिव्यक्ति मिलती है। मेरे लिए यह एक बहुत ही दिलचस्प अनुभव रहा।

म.सो. : मैंने इनमें से मिलान कुन्देरा को ही पढ़ा है और उनके बारे में आपने जो संकेत किया, वह मुझे भी उल्लेखनीय लगता है कि वे राजनीतिक परिस्थिति को,

अपने लगभग हर उपन्यास में, एक तरह की 'इरॉटिक परिस्थिति' से हमेशा जोड़कर देखते हैं, उसे 'जक्स्टापोज़' करते हैं या परस्पर प्रतीकित करते हैं। इस तरह की सन्निधि ('जक्स्टापोज़िशन') की क्या कोई सामाजिक-राजनीतिक या भिन्न कोई रूढ़ि चेक संस्कृति में है या फिर यह मिलान कुन्देरा की ही अपनी ही एक युक्ति है कि उन्होंने यौन को उसी अर्थ में एक राजनीतिक प्रश्न बनाने की कोशिश की जिस अर्थ में 1984 के लेखक जॉर्ज आर्वेल ने की थी जहाँ उस जकड़ी हुई व्यवस्था में उपन्यास के दो पात्र—एक लड़का और एक लड़की शहर से दूर एक सुनसान में प्रेम करते हैं और उनमें से एक का उच्छ्वास होता है कि 'उसने महसूस किया कि उसने एक राजनीतिक कर्म किया है?'

नि.व. : एक तो यह बात सोचने की है कि सेक्स मनुष्य का सबसे अधिक निजी कर्म होते हुए भी केवल एकाकी कर्म नहीं है। वह हमेशा हमें दूसरे के साथ जोड़ता है। राज्य एक-दूसरे के साथ जुड़ते हुए सम्बन्धों पर सबसे ज़्यादा अंकुश लगाता है। राज्य की विडम्बना यह है कि जहाँ एक ओर वह दावा करता है कि मनुष्य के वैयक्तिक जीवन के स्तर पर वह किसी तरह का हस्तक्षेप नहीं करेगा, वहीं वह दो लोगों के बीच बनने वाले सम्बन्धों में हस्तक्षेप के माध्यम से मनुष्य की इस सबसे वैयक्तिक गतिविधि में हस्तक्षेप करता है। मिलान कुन्देरा ने इसी बात को एक 'ट्विस्ट' दिया है कि जिस कर्म को सरकार ने हस्तक्षेप का विषय नहीं बनाया है, उसी कर्म को एक व्यक्ति, जैसा कि 'जोक' में होता है, राजनीतिक बदला लेने का, या अपने ऊपर हुए अन्याय का प्रतिशोध लेने का साधन बना सकता है। आपको याद होगा कि 'जोक' में जिस व्यक्ति पर पार्टी ने आरोप लगाकर उसे पार्टी से निकाल दिया था, वही व्यक्ति पार्टी के उस व्यक्ति की पत्नी के साथ सोता है और सोचता है कि उस आदमी ने मेरे साथ जो अन्याय किया था, उस अन्याय का बदला मैं इस आदमी की पत्नी के साथ सोकर ले रहा हूँ। 'इटिक' तत्त्वों की जो सामाजिक परिणतियाँ होती हैं, मैं उसका सिर्फ़ एक उदाहरण दे रहा हूँ लेकिन चेक समाज में इसके अनेक उदाहरण देखे जा सकते हैं कि किन-किन स्तरों पर, किन-किन मनोभावों को लेकर स्वतंत्रता और सेंसरशिप के बीच के झिलमिले को एक रचनाकार सेक्स के परिप्रेक्ष्य में रखता है। कुन्देरा पहले ऐसे लेखक हैं जिन्होंने सेक्स को एक 'पॉलिटिकल इडियम' के रूप में, 'एक पॉलिटिकल मेटाफ़र' के रूप में इस्तेमाल किया।

उ.वा. : आपके अपने लेखन पर थोड़ा-सा लौटें। चेकोस्लोवाकिया में आपने अनेक पुस्तकों के अनुवाद किये और आप लम्बे समय तक वहाँ के साहित्य और लेखकों के सम्पर्क में रहे। आप अपने रचनाकर्म पर इस लेखकीय पर्यावरण का, या कहें, कि 'प्राग स्प्रिंग' का कोई प्रभाव महसूस करते हैं? मेरे दिमाग़ में इसका

एक समान बिन्दु यह है कि चाहे आप इवान क्लीमा की कहानियाँ लें या मिलान कुन्देरा के अधिकतर उपन्यास या स्वारोवस्की के उपन्यास, उनमें लेखक एक पात्र की तरह अधिकतर कृतियों में पहचाना जा सकता है। क्लीमा की एक कहानी में तो जब एक स्त्री पात्र नैरेटर से पूछती है कि आपका नाम क्या है तो नैरेटर जवाब देता है कि इवान क्लीमा। मुझे ऐसा लगा कि इस चेक साहित्य में लेखक अपने को एक 'कल्पनाशील फिक्टीशियस' पात्र के रूप में प्रवेश कराता है जो कि संयोग से आपकी उस दौर की और उसके बाद की कहानियों में, बल्कि काफ़ी ताज़ा और हमारी पसन्दीदा कहानी 'एक दिन का मेहमान' में भी यह चीज़ दिखाई देती है। मुझे लगता है कि इसके पहले तक हिन्दी साहित्य में, चाहे आप रेणु की, चाहे प्रेमचन्द जी की कहानियाँ लें, वहाँ लेखक को इतना ज़्यादा 'फ़िक्शनलाइज़्ड' कर दिया गया है कि वह पहचान से परे चला जाता है, जबकि आपकी कहानियों में उनके कई 'नैरेटर्स' को लेखक की तरह पहचाना जा सकता है।

नि.व. : मुझे आपकी यह बात थोड़ा आश्चर्य में डालती है क्योंकि मैंने सजग रूप से कभी भी अपनी कहानियों में अपने को न तो एक लेखक के रूप में और न ही एक पात्र के रूप में इस्तेमाल करने का प्रयत्न किया लेकिन मैं यह अवश्य सोचता रहा हूँ कि जिस तरह मनुष्य अपने जीवन में भी एक 'फ़िक्शन' जीता है—वह हमेशा आपका यथार्थ नहीं जीता—वैसे ही एक 'फ़िक्शन' भी अपने यथार्थ को पकड़ने की कोशिश करता है। यह आपको थोड़ा 'पैराडॉक्सिकल' लगे या पहेली जैसा लगे लेकिन जिस तरह हम यथार्थ जीवन में कभी-कभी काल्पनिक क्षणों को बड़ी सघनता से जीते हैं, वैसे ही 'फ़िक्शन' में, जहाँ पर हम अपने उस यथार्थ को चरितार्थ करते हैं। हम उस यथार्थ को जीते हैं जिसे हम अपने जीवन में नहीं जी पाते। यह जीवन और लेखन के बीच में यथार्थ का स्थानान्तरित होना जीने की प्रक्रिया में यह अपने में बड़ा दिलचस्प वार्तालाप, अपने और अपने 'फ़िक्शनल आई' के बीच होता रहता है और इसी नाते मेरे कुछ अंश मेरी कहानियों में ज़रूर आए हो सकते हैं लेकिन जैसा कि मैंने कहा, यह मेरा उद्देश्य कभी नहीं रहा।

म.सो. : उदयन के इस प्रश्न से शायद मेरे उस प्रश्न को एक परिप्रेक्ष्य मिल सके जिसे मैं अपनी पिछली बैठक में पूछना चाहता रहा हूँ। आप पश्चिम के सघन सम्पर्क में रहे हैं और पश्चिम में आत्मकथात्मक लेखन की जो एक लम्बी परम्परा रही है, उसके आप अत्यन्त एकाग्र पाठक रहे हैं। इससे मेरे मन में दो सवाल आते हैं : पहला यह कि आपको इसका क्या कारण लगता है कि हिन्दी में आत्मकथात्मक लेखन का उल्लेखनीय अभाव है और दूसरा प्रश्न यह कि स्वयं आपने आत्मकथा लिखने का कोई विचार कभी बनाया है या उपक्रम किया है या आपकी योजनाओं में इस तरह का कोई लेखन शामिल है?

नि.व. : जब आप आत्मकथात्मक लेखन की बात करते हैं तो उसमें दो तरह की चीज़ें आती हैं : एक तो 'ऑटोबायोग्राफ़िकल फ़िक्शन' भी हो सकता है और दूसरी सीधी-सीधी आत्मकथाएँ हो सकती हैं। आपका संकेत किस तरह के लेखन में है?

म.सो. : मुख्यतः मेरा मतलब आत्मकथाओं से ही है।

नि.व. : जितना मैंने पढ़ा है और उसमें कुछ आत्मकथाएँ भी शामिल हैं, उसे देखते हुए जहाँ तक मेरा ज्ञान और मेरी पढ़ाई जाती है, मुझे नहीं लगता कि किसी भी लेखक या कवि ने बीसवीं शताब्दी में या उन्नीसवीं शताब्दी में अपनी कोई आत्मकथा लिखी हो। स्टीफ़न ज्वायग की आत्मकथा 'द वर्ल्ड ऑफ़ येस्टरडे' शायद एकमात्र अपवाद हो। किन्तु वह भी अपने लेखक के बारे में उतनी नहीं, जितनी दो युद्धों के बीच यूरोपीय समाज के बारे में है। क्या आप मुझे कोई ऐसा उदाहरण दे सकते हैं कि किसी लेखक या किसी कवि ने आत्मकथा लिखी हो—एक ऐसे लेखक ने, जो राजनीतिक नेता या किसी तरह का समाज-सुधारक न रहा हो; जिसका सीधा-सीधा सामाजिक या राजनीतिक स्थितियों से सम्बन्ध न हो, बल्कि जो केवल अपनी रचनाओं में अपने जीवन के अनुभवों को या अपने जीवन और समाज के बीच के सम्बन्धों को उद्घाटित करता रहा हो और उसने अलग से कोई आत्मकथा लिखी हो? बशर्ते कि हम उसके पत्रों या उसकी डायरियों को आत्मकथा न मानें क्योंकि काफ़्का के ऐसे पत्र हैं, रिल्के के भी पत्र हैं, या आंद्रे जीद के 'जर्नल्स'—जिनको हम एक तरह की 'समानान्तर आत्मकथा' कह सकते हैं। उन्होंने सीधे-सीधे कोई आत्मकथा नहीं लिखी फिर भी हम उनके जीवन में होने वाले समूचे घटनाक्रम को जान सकते हैं। मरने से पहले ऑडेन ने मित्रों से कहा था कि न केवल आत्मकथा लिखने का सवाल नहीं उठता बल्कि मैं यह भी चाहूँगा कि कोई मेरी जीवनी भी कभी न लिखे, क्योंकि वह भी मेरे जीवन की विकृति होगी। उन्होंने अपने किसी भी मित्र को यह अनुमति नहीं दी थी कि जो चिट्ठियाँ उन्होंने लिखी हैं, उनका इस्तेमाल उनकी जीवनी लिखने में किया जाए।

मैं आपको एक दूसरा उदाहरण देता हूँ जो शायद इस प्रश्न पर अतिरिक्त रोशनी डाल सके। जब टी.एस. इलियट से किसी ने कहा कि 'वेस्टलैंड' कविता हमारे पश्चिमी समाज के अवसान या उसके पतन की सबसे सूक्ष्म संवेदनात्मक अभिव्यक्ति है तो एलियट हँसने लगे। उन्होंने कहा कि 'जब मैं 'वेस्टलैंड' लिख रहा था तो मेरे दिमाग़ में न इस तरह का कोई सरोकार था, न मैं पश्चिमी सभ्यता के बारे में सोच रहा था। मैं अपने जीवन के एक बहुत ही वैयक्तिक संकट के दौर से गुज़र रहा था।' जब मैंने इलियट की जीवनी पढ़ी तो उसमें यह वह समय था जब उनकी पहली पत्नी के साथ उनके सम्बन्धों के भीतर बहुत वेदना के क्षण आए थे। वे अपना घर छोड़कर स्विट्जरलैंड गए और वहाँ पर उन्होंने इस कविता की रचना की।

वह कविता जो आज साहित्य के इतिहास में एक संस्कृति का रूपक मानी जाती है, वह कितनी आत्मवेदना से, कितनी वैयक्तिक वेदना से उत्पन्न हुई—यह इसका एक दिलचस्प उदाहरण है। एक लिहाज़ से हम यह तो कह सकते हैं कि आत्मकथात्मक लेखन पश्चिम में बहुत ही परिष्कृत रूप में हुआ है जिसका अभाव, हम भारतीय साहित्य में देखते हैं लेकिन जहाँ तक जीवनियों का सवाल है, हम गांधी जी की जीवनी का हवाला दे सकते हैं। नेहरू जी ने भी अपनी जीवनी लिखी है। आत्मकथा, अगर मैं ग़लती पर नहीं हूँ तो सत्रहवीं-अठारहवीं शताब्दी में रेनासाँ काल के मूर्तिकार सैलिनी ने लिखी है। रूसो की आत्मकथा तो सबसे ज़्यादा प्रसिद्ध ही है, लेकिन ये सब उस मायने में लेखक नहीं हैं जिसकी चर्चा आप कर रहे हैं। इनमें से कोई दार्शनिक था, तो कोई कला-समीक्षक।

जहाँ तक मेरा प्रश्न है, मुझे यह लगता है कि अब तक मैं जो लिखता आ रहा हूँ, उसमें मेरा आत्म-जीवन ही सबसे अधिक रूपान्तरित होकर आता रहा है। यह मेरे लिए बहुत ही ऊबा देने वाली बात होगी कि अब मैं अपनी जीवनी लिखूँ, अपने उस जीवन के बारे में लिखूँ जिसकी काल्पनिक और जीवन्त सम्भावनाओं को उनके चरम तक ले जाने की कोशिश मैंने अपने कथा साहित्य में की है, भले ही उसमें मैं कितना ही असफल क्यों न रहा होऊँ। मेरी कथा सम्पदा का स्रोत मेरे अब तक गुज़र चुके जीवन का अनुभव ही तो है। अगर मैं एक समाजकर्मी होता, तो शायद इसकी ज़रूरत महसूस करता। क्योंकि तब मुझे लगता कि समाज में काम करते हुए जो कुछ भी मैंने अपने अनुभवों से सीखा है, जो भी ग़लतियाँ मैंने की हैं, अपने देश के बारे में मेरी जो आशाएँ या भ्रम थे उनका जो हश्र हुआ है—इस सबका आत्मविश्लेषण मैं करूँ। यह मैंने बहुत हद तक अपने निबन्धों में किया है, क्योंकि वे मेरे राजनीतिक और सामाजिक अनुभवों की यात्रा का ब्योरा रहे हैं।

म.सो. : दूसरे शब्दों में यह कि कहानियाँ, उपन्यास और निबन्ध लिखकर आपने अपने जीवन को 'फ़िक्शन के यथार्थ' में जिस तरह रूपान्तरित किया है, अब आप जीवनी लिखकर उस यथार्थ को फिर से 'फ़िक्शन' बनाने का काम नहीं करना चाहते?

नि.व. : हाँ, इसे ऐसे भी कहा जा सकता है और यह मुझे उचित भी लगता है। चेख़व कहा करते थे कि जो कहानी आप लिख रहे हैं, वह बतानी नहीं चाहिए क्योंकि फिर वह कहानी ऐसा महसूस करती है कि उसके साथ विश्वासघात कर दिया गया है। वैसे ही अगर मैं अपनी जीवनी लिखूँगा तो यह उन अनुभवों के साथ विश्वासघात होगा जिन्हें किसी समय मैंने 'फ़िक्शन' में रूपान्तरित करने की कोशिश की थी या जिन्हें रूपान्तरित करने की मैं अब भी आशा करता हूँ।

म.सो. : क्या इसके लिए एक चीज़ और नहीं है कि जब आप कहानी या उपन्यास लिख रहे होते हैं तब आप उस समय से अपने को बहुत निकट और जुड़ा हुआ पाते हैं जिस समय में आप उसे लिख रहे होते हैं। इसका यह अर्थ नहीं कि आपके दिमाग़ में अतीत नहीं रहता बल्कि जैसे कि अभी एक दिन हम बात कर रहे थे कि लिखते समय अतीत तो हमारी चेतना का एक अखंडित अंश ही होता है लेकिन आत्मकथा लिखना एक तरह से अपने को अपने समय से बाहर खड़ा करके अपने को एक 'क्रॉनोलॉजिकल' समय में स्थित करके देखने की कोशिश है, इसीलिए एक लेखक के मन में इस चीत के प्रति एक सहज संकोच हो, यह शायद ठीक ही है।

नि.व. : हाँ, लेकिन जिसे हम इतिहास कहते हैं, वह 'फ़िक्शन' में बीता हुआ जीवन है। जिस समय में कोई घटना घटती है, वह समय मेरे व्यक्तिगत जीवन का इतिहास है। उस इतिहास को पिघलाकर 'फ़िक्शनल' समय में ढालना, यह आकांक्षा हमेशा एक चुनौती-सी मन को कचोटती रहती है। जो चीज़ हो चुकी है, वही चीज़ आप दोबारा कुरेदना और पुनर्जीवित करना चाहते हैं क्योंकि उसमें आप मर चुके होते हैं और आपको अपनी उस मृत्यु की सम्पूर्णता पर सन्तोष कभी नहीं होता। आप अपनी कथा में उस मृत्यु को बार-बार जीना चाहते हैं। जितना भी लेखन या सृजन है, वह अपने जीवन में हुई मृत्युओं की श्रृंखलाओं को कविताओं या कहानियों के जीवित क्षणों में रूपायित करने की कोशिश है।

ध्रु.शु. : एक समाज-सुधारक या जिनका उल्लेख आपने किया, महात्मा गांधी जब अपनी आत्मकथा लिखते हैं, ख़ास कर सत्य के साथ अपने प्रयोगों के बारे में लिखते हैं तो वे एक राजनीतिक यथार्थ से एक तरह से प्रतिकृत होकर उससे अपनी आत्मकथा को जोड़ते हैं। अगर हम लेखक का एक शुद्ध यथार्थ मान लें तो उसे हम एक भाषागत यथार्थ कह सकते हैं। वह एक भाषागत यथार्थ में ही जीता है और अपने जीवन में वह जितनी भाषा का प्रयोग कर चुका होता है, कृतियों के साथ मिलकर उतनी भाषा उसके आत्म का हिस्सा भी बन जाती है। तो क्या उस भाषायी यथार्थ की किसी आत्मकथा का कोई प्रारूप नहीं हो सकता?

नि.व. : शायद इसका प्रमाण हमें उन कवियों और लेखकों में मिलता है जिन्होंने सीधे-सीधे अपनी जीवनी न लिखकर अपने लेखन की चुनौतियों या उसके भीतर से उत्पन्न समस्याओं के बारे में लिखा है। ऐसी समस्याओं को व्यक्तिगत समस्याएँ बनाकर एक सार्वजनिक साहित्यिक रचनात्मक स्तर पर उनका विश्लेषण करने की ज़रूरत होती है। मैं आपकी बात को फिर इलियट के साथ जोड़ता है जिनकी आलोचना उसी भाषा-स्मृति को दोबारा से उद्घाटित करनी है जिसे उन्होंने अपनी कविताओं में पहले से ही उपलब्ध किया है। उनकी आलोचना अगर कविताओं

पर एक तरह से 'रिफ़्लेक्शन' है तो एक अर्थ में वह एक विशेष तरह की कविता का 'जस्टीफ़िकेशन' भी है। इस लिहाज़ से एक कवि अपनी कविताओं को लेकर एक सम्पूर्ण युग में होने वाली काव्यात्मक क्रान्ति का सफल रूप से प्रतिनिधि भी बन सकता है लेकिन यह ज़रूरी नहीं है कि ऐसा हर कवि हो। येट्स ऐसे कवि नहीं थे, रिल्के भी ऐसे कवि नहीं थे।

आपके प्रश्न का एक दूसरा पहलू भी है और वह यह कि कुछ अनुभव भाषा में अपना जीवन जीते हैं, वरना तो उन अनुभवों का आपके लिए कोई अर्थ ही नहीं रहता। लेकिन भाषा में जीवित रहने वाले अनुभव और रचनात्मक भाषा में अनूदित होने वाले अनुभव, इनमें क्या अन्तर है? भाषा में जीवित रहने वाले अनुभव तो उस हर व्यक्ति के जीवन का भी इतिहास होते हैं जो कवि या लेखक नहीं है। एक लेखक ही ऐसा जीव है जो उस भाषा को, जिसे हम स्मृति में सँजोते हैं, एक ऐसी भाषा में अनूदित करने की कोशिश करता है जो स्मृति भी है और सम्प्रेषण का साधन भी।

ध्रु.शु. : कुल मिलाकर अगर आत्मकथा से सम्बन्धित इस बातचीत को हम थोड़ा सूत्रबद्ध करें तो इससे एक प्रश्न यह बन जाता है कि लेखक जो कुछ भी लिखता है, वह सब कुछ उसकी आत्मकथा का ही अंग है। मुझे लगता है कि जिस तरह से हम आत्म को पाने के लिए कई रास्ते चुनते हैं, उसी तरह एक लेखक अपने लेखन में कई विधाओं को और माध्यमों को चुनता है।

नि.व. : यह बहुत दिलचस्प प्रश्न है क्योंकि केवल यही बात एक लेखक को एक संन्यासी या समाज-सुधारक से अलग करती है। आत्मोपलब्धि की चेष्टा या संघर्ष वह हर संवेदनशील व्यक्ति करता है जो सत्य पाने के लिए व्याकुल है, लेकिन जो सत्य एक साहित्यकार या एक लेखक अपने लिखने की प्रक्रिया में प्राप्त करता है, वह सत्य उससे कहाँ अलग है जो एक संन्यासी को ईश्वर के साथ संसर्ग में प्राप्त होता है? यह प्रश्न कई बार मैंने पूछा भी है और इसके बारे में लिखा भी है। मैं यह सोचता हूँ कि एक लेखक ही ऐसा प्राणी है कि अगर उसे सत्य की प्राप्ति हो जाए तो उसका लिखना बन्द हो जाएगा क्योंकि फिर उसे अभिव्यक्त करने की ज़रूरत नहीं रहेगी। लिखने का अर्थ यह नहीं है कि सत्य मिल गया है और अब हम उसे भाषा में अनूदित कर रहे हैं। इस तरह से कविता या कहानी लिखना बड़ी ऊबा देने वाली चीज़ होगी। जो लेखक ऐसा करते हैं, उनकी रचनाएँ किसी भी दृष्टि से हमें प्रभावित नहीं करतीं। हमें वही रचनाएँ जीवन्त जान पड़ती हैं जिनमें जन्म लेने और विकसित होने की प्रक्रिया में सत्य आकार लेता हुआ प्रतीत हो। वह कभी भी सम्पूर्ण रूप से अपना आकार नहीं ले पाता। फ़ॉकनर ने कहा था कि जिस दिन मैंने उपन्यास में यह देख लिया कि मैंने वह पा लिया है जो मैं पाना चाहता था, उस दिन मैं अपनी पेंसिल तोड़ दूँगा और लिखना बन्द कर दूँगा।

एक स्वप्न, एक अपूर्व सम्पूर्णता का बोध मुझे डराता रहता है और हर उपन्यास को ख़त्म करके मुझे लगता है कि मैंने उसकी थोड़ी-सी झलक पाई है, बाक़ी मेरे हाथ से निकल गया। वह जो हाथ से निकल गया है, उसे दोबारा पाने के लिए हम दोबारा से लिखते हैं। यही वह प्रेरणा है जो हमें चलाए चलती है—एक उपन्यास से दूसरे उपन्यास की ओर, इस प्रक्रिया में सत्य उस सत्य से बिलकुल अलग है जो गांधी जी ने प्राप्त किया था, रामकृष्ण परमहंस ने जिसकी उपलब्धि की थी, या जिसे एक मिशनरी या एक क्रान्तिकारी नेता प्राप्त करता है। इस अर्थ में सत्य का जन्म और उसकी मृत्यु रचना में ही हो जाती है।

उ.वा. : आत्मकथा के बारे में थोड़ा-सा और। आपने अभी परसों कहा था कि आपको दो ही धर्म बहुत महत्त्वपूर्ण जान पड़ते हैं : पहला औपनिषदिक जहाँ आत्म सर्वव्यापी है, और दूसरा बौद्ध धर्म जहाँ आत्म एक भ्रम है या शून्य है। एक लेखक और उससे अधिक एक कहानीकार शायद आत्मकथा इसलिए भी नहीं लिख सकता क्योंकि उसका जो 'सेल्फ़' है या अपने 'सेल्फ़' का उसका जो अनुभव है, वही 'फिक्टीशियस' है। 'सेल्फ़' उसके लिए न तो शाश्वत है, न शून्यता है बल्कि इसके बीच में है। इसीलिए वह शायद कभी यह तय ही नहीं कर पाएगा कि जिस चीज़ की वह कथा लिखने बैठा है, उसका ठीक-ठीक स्वरूप क्या है। अगर वह यह निश्चित कर पाए, जैसा कि आप कह रहे हैं कि वह सत्य पा ले, तब ही आत्मकथा लिख पाना सम्भव हो सकेगा।

नि.व. : इस बात को इस तरह भी रखा जा सकता है कि जिस आत्मिक शून्यता की बात बौद्ध धर्म ने की है, उस शून्यता का अनुभव कौन-सा आत्म करता है? वह कौन है जो यह महसूस करता है कि आत्म भ्रम है? जैसा कि महर्षि रमण ने पूछा था कि प्रश्न पूछने वाला व्यक्ति कौन है? मैं कौन हूँ—यह प्रश्न कौन-सा 'मैं', कौन-सा आत्म पूछता है? हम उस 'सेल्फ़' को पाने की इच्छा रखते हैं जो कि हमारे उस आत्म से बिछुड़ गया है जो उसके बारे में प्रश्न पूछ रहा था। इसे हम 'सेप्रेशन ऑफ़ द ईगो फ्रॉम द सेल्फ़' कह सकते हैं। अहं का आत्म से विच्छेद। यह पश्चिम के व्यक्तित्व के संकट का सबसे बड़ा प्रमाण है। सॉल बैलो का एक उपन्यास है—'हरजोग' जिसकी सारी यात्रा ही यह है। इसमें हमें बार-बार इस अजीब नाटक का सामना करना पड़ता है कि मनुष्य जिस आत्म की बात करता है, उसके कितने विखंडित और विशृंखलित भागों के बीच में अपने को खेलता हुआ पाता है। वह आख़िर तक निश्चित नहीं कर पाता कि असल में उसका केन्द्रीभूत आत्म है भी या नहीं और क्योंकि उसकी सत्ता नहीं मिलती है इसलिए बौद्ध धर्म की तरफ़ आना पड़ता है कि वह है ही नहीं। जो आप आज हैं, वह कल नहीं थे। जो कल थे, परसों नहीं होंगे। जो इतना परिवर्तनशील है, उसका होना ही भ्रम है।

लेकिन औपनिषदिक दर्शन, बिलकुल दूसरी तरफ़ यह कहता है कि जो बदलता जा रहा है, वह क्या है? उस नैरन्तर्य की क्या सत्ता है? वही चीज़ बदल सकती है जिसका अस्तित्व है। मैं समझता हूँ कि बजाय इसके कि हम इसका अन्तिम उत्तर पाने की कोशिश करें, एक कथाकार को इसके व्यापक तन्तुजाल के भीतर, उसकी भूल-भुलैया में पूरी ईमानदारी के साथ अपनी टटोल और तलाश करनी चाहिए। बीसवीं शताब्दी के हर लेखक ने अपने-अपने स्तर पर ठीक इन्हीं प्रश्नों का विभिन्न स्तरों पर सामना किया है।

उ.वा. : पुनः थोड़ा विषयान्तर। आपने चेकोस्लोवाकिया की 1964 तक की स्थिति के बारे में बताया। बाद में आप बीच के समय में लन्दन चले गए थे। ठीक उन्हीं दिनों सोवियत फ़ौजें चेकोस्लोवाकिया में घुसीं। बीसवीं शताब्दी के इस भीषण अत्याचार के बारे में भी आप कुछ बताएँ?

नि.व. : मुझे समझ में नहीं आता कि मैं ऐसा क्या कह सकता हूँ जो आप लोगों को पहले से मालूम नहीं होगा। ये मेरे जीवन के सबसे महत्त्वपूर्ण वर्ष थे और मेरे लिए यह चीज़ इतिहास के प्रति विक्षोभ के अन्तिम सबूत के रूप में उपस्थित हुई। जैसा कि दुबचेक ने कहा था कि 'टू फ़ाइंड ए ह्यूमन फ़ेस'—पहली बार समाजवाद की दमनशील विचारधारा के भीतर मनुष्य की चेतना को पुनर्जीवित करने का प्रयास। मेरे लिए यह एक सबक़ था। इसलिए नहीं कि यह रिलेशन या उद्‌घाटन जैसी कोई चीज़ थी जिसके बारे में मुझे पहले से कोई शुबहा नहीं था। इतिहास की धोखाधड़ी के बारे में मेरे मन में अनेक शंकाएँ उठती रहती थीं लेकिन एक ऐतिहासिक अनुभव का एक वैयक्तिक और आत्मीय अनुभव के रूप में आना, यह मेरे लिए पहली घटना थी। इसके बारे में मैं एक बात और कहना चाहूँगा। आप सब लोगों को मालूम है कि आज बीसवीं शताब्दी के अन्त में 'पोस्ट मॉडर्निटी' आदि की बहसें हो रही हैं और इतिहास के अन्त की बात कही जा रही है लेकिन चेकोस्लोवाकिया में, मैं समझता हूँ, यह वह क्षण था जिसे हम इतिहास का अन्त कह सकते हैं। जिसे लियोतार 'एंड ऑफ़ हिस्ट्री' कहते हैं, वह चेकोस्लोवाकिया पर इस आक्रमण से शुरू हुआ। उन्नीसवीं शताब्दी की आदर्शमूलक धारणाओं का हश्र बीसवीं शताब्दी के उत्तरार्द्ध में जैसे हुआ है, वह अपने में उस समूची बहस को एक पीठिका देता है जो हैबरमास और लियोतार के बीच चली है। लेकिन दोनों ही उसकी चर्चा नहीं करते। अभी मैं वह बहस पढ़ रहा था और मैं लियोतार को उद्धृत करना चाहूँगा कि—किसको मालूम था कि समाज को बदलने के लिए मार्क्स के सिद्धान्त का हश्र स्टालिनिज़्म के गुलाग में होगा? किसने सोचा था कि हेगेल की रेशनेलिटी का अन्त आश्वित्ज़ के कन्संट्रेशन कैम्प्स में होगा? किसने कभी इसकी कल्पना की थी कि जिन्हें हम बीसवीं शताब्दी की डेमोक्रेटिक सोसायटीज़ कहते हैं,

वे हिटलर जैसे एक व्यक्ति को जन्म देगी? स्वतंत्रता, मानव-मुक्ति और 'रेशनेलिटी', 'हिस्ट्री' के साथ जुड़ी हुई इन तीनों धारणाओं का अन्त इसी बीसवीं शताब्दी के अन्त में होता है। हैबरमास इसे किस नई 'कांसेंशस' में पुनर्जीवित कर सकेंगे, इसका ये कोई उत्तर नहीं देते। वैश्विकी का पुनर्जन्म किन सिद्धान्तों पर होगा, किन पूर्वमान्यताओं पर होगा? चेकोस्लोवाकिया में, सोवियत यूनियन में, या जर्मनी में जो कुछ हुआ, इतिहास की इस पीठिका को भूलकर क्या हम किसी तरह का कोई नया स्वप्न, नया कांसेंशस आविष्कृत कर सकते हैं? अडोर्नो ने कहा था कि 'आश्वित्ज़' के बाद कविता नहीं लिखी जा सकती। इस बात को कई लोगों ने दोहराया है। आज यहाँ आने से पहले मैं सोच रहा था कि अडोर्नो को कहना चाहिए था कि 'आश्वित्ज़' के बाद इतिहास सम्भव नहीं होगा।

म.सो. : आपने कभी लियोतार को उद्धृत करते हुए इतिहास के अन्त की बात कही। अगर हम 'इतिहास के अन्त' को महज़ एक अवधारणा के स्तर पर न लें, बल्कि इस अवधारणा के पीछे निहित तथ्यों पर ग़ौर करें तो क्या आपको लगता है कि इतिहास का अन्त आख्यान की दुनिया में कोई बुनियादी परिवर्तन का कारण बनता है या बन रहा है?

नि.व. : क्या इस प्रश्न को एक अमूर्तन के स्तर पर उठाना ठीक होगा? यह प्रश्न अब तक लिखे हुए आख्या से अलग बिलकुल दूसरे आख्यान की अपेक्षा करता है। आज तक के जितने भी आख्यान हैं टॉमस मान के डॉक्टर फाउस्ट से लेकर आज तक के वे इतिहास या मिथ (जिन्हें मैं अलग करके नहीं देखता) के आख्यान हैं, उनमें बुने हुए आख्यान। लेकिन इतिहास के बाद समय का क्या हश्र होगा और मनुष्य की स्मृति के लिए क्या कोई 'स्पेस' बची रहेगी—इस बोध में रचना करना, मैं नहीं समझता कि आज तक किसी लेखक ने इसकी परिकल्पना की हो। टॉल्स्टॉय ने मृत्यु की परिकल्पना ज़रूर की थी और अपनी मृत्यु से त्रस्त होकर कहानियाँ लिखी थीं जिनमें उन्होंने मृत्यु के बाद की शून्यता के त्रास को व्यक्त किया लेकिन टॉल्स्टॉय जानते थे कि मेरी मृत्यु के बाद भी मेरे उपन्यासों को पढ़ा जाएगा, यानी उनके बाद भी जीवन और इतिहास ज़ारी रहेगा।

म.सो. : जिस लियोतार का ज़िक्र आप कर रहे थे, जिसने 'एंड ऑव हिस्ट्री' की बात की है, उसने उत्तर-औद्योगिक समाज में ज्ञान की स्थिति को समझने का यत्न किया है और इतिहास को एक महाआख्यान (ग्रैंड नैरेटिव) के रूप में समझते हुए इस नई स्थिति में आख्यानों की सम्भावित परिणतियों का परीक्षण करने की कोशिश की है। हम चाहते हैं कि आप अपने इस ताज़ा अध्ययन के बारे में कुछ कहें और बताएँ कि लियोतार की स्थापनाओं से आप किस तरह का सम्बन्ध महसूस करते हैं?

नि.व. : मैं समझता हूँ कि लियोतार नीत्शे की अवधारणाओं की अन्तिम परिणति हैं। वे मुझे हैबरमास से अधिक ईमानदार लगते हैं। 'पोस्ट मॉडर्निटी' को अराजकता में जो व्यवस्था है, वे उसका विश्लेषण करते हैं। वे उस अराजकता का समर्थन नहीं करते और न वे हैबरमास की तरह व्यक्ति के भ्रम को दोबारा से पालना चाहते हैं। वे उस उत्तर-आधुनिकता की अराजकता के बीच 'इंडस्ट्री', साहित्य, नैतिक मान्यताओं जैसी तमाम चीज़ों की वैधता के समाप्त हो जाने की प्रक्रिया पर विचार करते हैं। नीत्शे ने सुकरात के बारे में कहा था कि वे पहले व्यक्ति थे जिन्होंने 'हिस्ट्री' के 'इल्यूज़न' की शुरुआत की। लियोतार सुकरात से शुरू हुए इस 'इल्यूज़न' की परिणति इस पोस्ट मॉडर्निज़्म में मानते हैं। लियोतार नीत्शे की इस भविष्यवाणी का बहुत ही सुन्दर विश्लेषण करते हैं। इस लिहाज़ से लियोतार मुझे अपने निकट लगते हैं कि उन्होंने किसी भी तरह की ऐतिहासिक आत्म-छलनाओं को, चाहे वे अडोर्नो हों, चाहे वह फ्रैंकफुर्त स्कूल हो और चाहे उस स्कूल के नये समर्थक हैबरमास हों, लियोतार इन झूठी आकांक्षाओं को किसी भी प्रकार से कोई प्रश्रय नहीं देते।

लेकिन 'पोस्ट मॉडर्निटी' को स्वीकार या अस्वीकार करने की लियोतार की जो एम्बीग्यूटी है, वह मुझे तमाम फ्रेंच लेखकों की आत्मसन्तोष और कांप्लिसेंस की भावना से मिलती-जुलती लगती है जिससे मैं हमेशा चिढ़ता रहा हूँ। सार्त्र से लेकर लियोतार तक सभी स्थिति का गम्भीर विश्लेषण तो करते हैं लेकिन वे उस स्थिति को समूची मानव-जाति के संकट से जोड़ने का प्रयत्न कभी नहीं करते, या जो मानव-जाति की सामूहिक जड़ें हैं, वहाँ जाने का प्रयास कभी नहीं करते। शायद इसलिए क्योंकि उन्होंने अपने-आपको यूरोपीय सभ्यता तक ही सीमित कर रखा है। उनकी निगाहें कभी यूरोप के बाहर नहीं जातीं (अगर हम लेवीस्त्रॉस को छोड़ दें जो इसका अपवाद हैं) यह बात मुझे हैबरमास और लियोतार, दोनों को पढ़ते हुए विक्षुब्ध करती है।

उ.वा. : हाल में मार्केस से साक्षात्कार की एक किताब आई है, आपने पढ़ी होगी। उसमें उन्होंने अपनी रचना-प्रक्रिया के बारे में लिखा है। उनसे जब पूछा गया कि कोई भी कहानी आपके दिमाग़ में किस रूप में आती है तो उन्होंने कहा कि एक 'इमेज' के रूप में। उन्होंने 'लीफ़ स्टार्म' नाम के अपने उपन्यास का उदाहरण दिया कि वह कैसे उनके दिमाग़ में आया। उन्होंने कहा कि उन्होंने एक औरत को देखा जो एक धूल भरी गली में छाता लगाए चली जा रही है। आपके दिमाग़ में कोई कहानी या उपन्यास किस रूप में सबसे पहले आता है, प्रकट होता है? यह बात ज़रूर है कि प्रकट होने के बाद वह आपकी स्मृति और भाषा के साथ मिलकर उस कहानी या उस उपन्यास को क्या रूप देता है, यह तो शायद आपको भी पता न हो, लेकिन सबसे पहले आपको यह कब लगता है कि अब आपको यह कहानी या उपन्यास लिखना चाहिए?

नि.व. : असल में मेरे लिए यह निश्चय करना हमेशा ही बहुत मुश्किल रहा है कि कब एक अनुभव एक ऐसे बिन्दु पर पहुँच गया है जहाँ उसे किसी कहानी या उपन्यास में बुना जा सके या उसे एक ऐसे रूप में परिभाषित किया जा सके। लेकिन यह अवश्य है कि जब तक मेरे भीतर की अबूझी समस्याओं में कुछ व्यक्तियों या स्थितियों का प्रवेश अपनी ठोस मांसलता के साथ नहीं होता, तब तक वे समस्याएँ केवल एक बौद्धिक स्तर पर रहती हैं। उद्वेलित मुझे ज़रूर करती हैं, जैसे कभी-कभी, उदाहरण के तौर पर, पति-पत्नी के रिश्ते में जिस तरह से गाँठ आती है या एक तरह का मौन आता है। यह अपने में मुझे बड़ा अजीब-सा लगता है कि वर्षों बाद भी कुछ दरवाज़े हमेशा बन्द रहते हैं। लेकिन यह सिर्फ़ किसी स्त्री-पुरुष या दो व्यक्तियों के बीच की दूरी और आत्मीयता के बीच के बन्धनों, या अन्तर्द्वंद्वों तक ही सीमित रहती है। कभी ऐसा ज़रूर होता है कि मैं किसी रेस्ट हाउस, किसी ट्रेन में होता हूँ तो मेरा वास्ता सचमुच ऐसे दम्पतियों से पड़ जाता है जिनके साथ मिलकर मुझे महसूस होता है कि जो मेरी बौद्धिक और अमूर्त परेशानी थी, उसकी एक मूर्ति इन दोनों के रिश्तों, संकेतों, बातचीत के द्वारा उद्घाटित हो रही है। तब पहली बार अनुभव दबाव के उस मान पर पहुँचता है जब मुझे लगता है कि मैं इस तैयारी में हूँ कि अब इसकी कोई कथा बुनी जा सकती है।

दूसरी चीज़ जो अपने में बहुत ही रहस्यमय है, जिसकी तह में मैं अभी तक नहीं जा पाया, वह यह है कि कुछ 'विज़ुअल्स' मुझे दिखाई देते हैं, उनसे एक विचार-श्रृंखला या बिम्बों की एक श्रृंखला बनने लगती है। यह कैसे शुरू होती है और क्या इससे कहानी बन पाएगी या नहीं, उस समय उसके बारे में मैं निर्णय नहीं ले पाता। शायद कोई यह विश्वास नहीं करेगा लेकिन क्योंकि आपने यह प्रश्न किया इसलिए मैं पहली बार यह बता रहा हूँ कि 'परिन्दे' कहानी जो हॉस्टल की लड़कियों के बारे में है और जो अपने में थोड़ा प्रेम, मृत्यु, अकेलापन, पहाड़—इन सब सूत्रों को समेटती हुई चलती है, उसकी शुरुआत कैसे हुई। एक शाम मैं रानीखेत में सैर करते हुए एक सड़क से गुज़र रहा था। बहुत ही निर्जन सड़क थी। मैंने देखा कि नीचे वहाँ एक लम्बा-सा मकान है जहाँ एक रेडियो बज रहा है और कुछ लड़कियाँ हँस रही हैं। सुनकर एक क्षण के लिए मैं ठिठक गया और कुछ देर तक वहीं खड़ा रहा। उस क्षण में मुझे कुछ मालूम नहीं था कि इस अँधेरे में, पहाड़ी निर्जन स्थान में रेडियो और लड़कियों का हँसना और फिर मेरा कुछ देर के बाद आगे बढ़ जाना कोई मायने रखेगा। मैं हर शाम उसी सड़क से निकलता था और उन लड़कियों की हँसी और इस बीच मैं जो कुछ सोचता रहा था, उसके बीच एक कड़ी बनती गई और कुछ दिनों बाद क्योंकि मैं डाक बँगले में बिलकुल अकेला ठहरा हुआ था, 'परिन्दे' कहानी की शुरुआत केवल इस एक दृश्य से हुई।

वैसे ही 'कव्वे और काला पानी' के पीछे जो बाबा थे, उनके साथ कहानी का कोई रिश्ता नहीं था। एक बाबा थे और मेरे एक मित्र ने उनके दर्शन का प्रस्ताव मुझे दिया। मैं बिलकुल ख़ाली था, चला गया। वे एक मास्टर जी थे जो मुझे बहुत ऊँचे एक मन्दिर के परे एक कुटिया में ले गए। वे बंगाली बाबा थे और वर्षों से वहाँ रह रहे थे। उनके व्यक्तित्व को देखकर मैं बहुत चकित हुआ क्योंकि वे बहुत ही शालीन व्यक्ति थे और लगता नहीं था कि वे परम्परागत अर्थ में वैसे साधु थे जैसे साधु-संन्यासियों को हम देखते हैं। वे उस ढाँचे के बिलकुल बाहर थे। फिर बाबा मुझे नीचे ले गए। वहाँ उनका एक छोटा-सा कमरा था जहाँ पर उनकी कुछ किताबें रखी हुई थीं। वे कविताएँ लिखते थे। उन्होंने मुझे कविताएँ दिखाईं। उनके पास 1901-02 की कुछ पांडुलिपियाँ थीं जो वे कलकत्ते से अपने साथ लाए थे, वे दिखाईं। फिर उन्होंने मुझे खाना खिलाया। मैं उनसे दो-तीन बार मिलने गया। मेरे मन में उस समय कोई विचार नहीं था कि वे मुझे कहानी लिखने के लिए किसी तरह का सूत्र देंगे। पाँच-छह वर्षों बाद जब मैंने साधुओं-संन्यासियों के अकेलेपन के बारे में सोचना शुरू किया तो यह चरित्र एक कुंजी की तरह मुझे दिखाई दिया। मुझे लगता है कि अगर मैं उनसे न मिलता तो शायद इस कहानी को लिखने की प्रेरणा मेरे मन में कभी न आती।

म.सो. : 'लन्दन की एक रात' और 'परिन्दे' की कुछ कहानियों के बारे में यह महसूस किया गया है और कहा भी गया है कि इन कहानियों में तत्कालीन सामाजिक दबावों, बेरोज़गारी की स्थिति आदि का दबाव है। 'लन्दन की एक रात' में शायद आपके लन्दन-प्रवास के दिनों की निजी स्मृतियाँ हों भी। क्या आप इन व्याख्यानों से सहमत हैं? अपने समय के सामाजिक या परिवेशगत दबावों से आप अपनी कथा का कैसा सम्बन्ध महसूस करते हैं?

नि.व. : नहीं, ऐसा मेरे साथ कभी नहीं होता। 'लन्दन की एक रात' के बारे में आलोचकों की यह बात मुझे हमेशा आश्चर्य में डालती है कि मैंने उसमें वर्ण-भेद को, गोरे लोगों के काले लोगों पर अत्याचार को या बेरोज़गारी की समस्या को विषय बनाया है। उस कहानी को लिखते हुए मेरे ऐसे कोई आग्रह नहीं थे। एक समस्या से कभी भी कोई कहानी न तो जन्म लेती है और न अपना आकार ग्रहण करती है और न ही वह मेरा बुनियादी प्रेरणा का स्रोत है। यह अवश्य है कि जब कोई अनुभव बहुत व्यक्तिगत स्तर पर मुझे त्रस्त करता है तो उस अनुभव को मैं हमेशा ठीक समझता रहा हूँ। शायद इस मायने में मैं अपने-आपको बहुत आधुनिक लेखक नहीं मानता क्योंकि मैं ज़रूरी समझता हूँ कि अपनी वैयक्तिक और अमूर्त से अमूर्त व्यथा को जब तक मैं एक ठोस परिवेश में चरितार्थ करने की कोशिश नहीं करूँगा तब तक मुझे सन्तोष नहीं होगा। मेरे लिए यह बहुत मुश्किल है कि

मैं किसी कहानी के पात्रों की या उसके अन्तर्द्वंद्वों को अमूर्त स्थान में निर्देशित करूँ। मेरे लिए यह स्थान बहुत ज़रूरी है फिर चाहे वह स्थान लन्दन हो, प्राग हो, दिल्ली हो या नैनीताल। उस स्थान का एक बिम्ब, एक स्मृति हमेशा मौजूद रहनी चाहिए। वह मुझे बहुत संबल देती है ताकि उन चरित्रों की लीला के बारे में स्पष्ट हो सकूँ। जब तक यह नहीं होता, मैं ख़ाली पन्ने पर अपने को बहुत असुरक्षित महसूस करता हूँ। तब तक मुझे लगता है, मेरे चरित्र भी असुरक्षित हैं। ज़रूरी नहीं, मैं कहानी या उपन्यास में उस 'स्पेस' का नाम दूँ जो स्कूली एटलस में है, किन्तु अपने मानस के मानचित्र पर मैं उसे बिलकुल साफ़ देखना चाहता हूँ। इसलिए एक विशिष्ट या कह लें, भौगोलिक स्पेस का सीधा सम्बन्ध पात्रों, उनकी स्थितियों और उनके अन्तस्सम्बन्धों के साथ जुड़ा रहना चाहिए।

जब मैंने 'वे दिन' लिखना शुरू किया था तो उसका स्थान बिलकुल अलग था। मैं रोम में एक महिला से मिला था। यह मेरी पहली बार अकेलेपन और बहुत ही बेकारी के दिनों की स्थिति थी। मेरे पास पैसे भी नहीं थे और मैं बहुत ही लुटे-पिटे होटल में ठहरा हुआ था। शाम को मैं कॉफ़ी पीने गया तो वहाँ मुझे इंग्लैंड की ही एक महिला मिलीं। मेरी उनसे बातचीत होने लगी क्योंकि इटली में अंग्रेज़ी बोलने वाले कम ही मिलते हैं। उन्होंने बताया कि वे एक 'टूरिस्ट ऑफ़िस' में काम करती हैं और यहाँ पर एक 'टूरिस्ट गाइड' के तौर पर आई हुई हैं। बाद में उन्होंने मुझसे पूछा कि क्या आज शाम को मैं ख़ाली हूँ, तो मैंने कहा कि हाँ, मैं ख़ाली हूँ। लेकिन मैं गया नहीं क्योंकि मेरे पास इतने पैसे नहीं थे कि मैं उनको 'एंटरटेन' कर सकता। मेरी बहुत इच्छा थी कि मैं शाम को उनसे मिलूँ लेकिन मुझे लगा कि यह बहुत ही अजीब होगा कि मैंने कॉफ़ी भी उन्हीं के पैसों की पी थी और शाम का खाना भी उन्हीं के पैसों का खाऊँ और उनकी जगह अपने को 'एंटरटेन' करूँ। उस महिला का एक 'टूरिस्ट गाइड' के तौर पर रोम के रेस्तराँ में मुझसे मिलना, मुझे तब तक याद रहा, जब तक मैं प्राग नहीं आ गया। जब मैंने हिन्दुस्तान आकर 'वे दिन' लिखना शुरू किया तो अजीब बात यह थी कि रोम में मिली उस महिला का एक गठित रूप प्राग शहर के परिप्रेक्ष्य में मेरे भीतर जन्म लेता है। शायद आपको यह एक दिलचस्प चीज़ लगेगी कि प्राग और एक व्यक्ति का पारस्परिक सम्बन्ध पूरे मूर्त और ठोस रूप में जब तक मेरे भीतर नहीं बना, तब तक 'वे दिन' के समूचे कथानक ने अपना आकार ग्रहण नहीं किया, हालाँकि उपन्यास का रिश्ता न तो रोम से है और न ही इस महिला से।

ध्रु.शु. : अभी मैं 'लाल टीन की छत' को दोबारा से पढ़ रहा था। एक तो इसलिए कि उसका एक पहाड़ी परिवेश है और दूसरे काया के बारे में बार-बार पढ़ते हुए, उसके बारे में बार-बार जानने की कोशिश करते हुए, ख़ास कर काया और लामा

के बीच के झिलमिलों के सन्दर्भ में जहाँ बीच में वह चाँद की रोशनी का पीला धब्बा है, मुझे गौरा-पार्वती के रूपक की याद आई। जैसे लामा और काया दरअसल एक-दूसरे की प्रतिछवियाँ जैसी हैं। दोनों के बीच में वह जो धब्बा है, वह काल है। तो उपन्यास लिखते हुए, काया को रचते हुए क्या इस तरह से पार्वती की कोई मूर्ति या उस कथा की कोई स्मृति आपके मन में रही है?

नि.व. : काया ही एक ऐसा चरित्र है जो किसी एक ख़ास लड़की को लेकर नहीं रचा गया बल्कि मैं अगर यह कहूँ कि काया मेरे बचपन के सब स्मृति-अंशों का एक पुंजीभूत चरित्र है तो यह ज़्यादा सही होगा। काया मेरे लिए एक रूपकात्मक अभिव्यक्ति रही है, बचपन के उन वर्षों के बदहवास और विक्षिप्त क़िस्म के अकेलेपन की जो हम हर बरस शिमला में बिताते थे। लिखने की प्रक्रिया में, 'लाल टीन की छत' ही एक ऐसा उपन्यास है जिसको मैंने उम्र के एक ख़ास समयखंड पर फोकस करने की कोशिश की है...दो-तीन साल का बहता समय, बचपन के अन्तिम कगार से किशोरावस्था के रूखे पाट पर बहता हुआ समय जहाँ पहाड़ों के अलावा कुछ भी स्थिर नहीं है। ज़ाहिर है कि उसमें कुछ चरित्र हैं जो उपन्यास के इन पात्रों को बहुत ठोस पीठिका भी देते हैं, क्योंकि जैसा कि मैंने आपसे कहा, यह मेरी कमज़ोरी है कि जब तक कोई ठोस और साकार उपमान नहीं होते तब तक मुझे लगता है कि मैं अपनी कथा की एक निश्चित भूमि पर नहीं हूँ। इसलिए वह जो अकेली मेम, माँ, पिता या चाचा के चरित्र हैं, ये सब भोगे हुए चरित्रों से सूत्र लेकर आए हैं। लेकिन जो उसके मुख्य चरित्र हैं, जिनकी बात आपने की है—लामा और काया, ये किसी देखे हुए चरित्र की स्मृति मात्र न होकर ऐसे पात्र हैं, जिनका कोई चरित्र नहीं। 'चरित्रहीन' पात्र जो बचपन की स्मृति से उत्पन्न नहीं हुए, उस स्वप्न से उत्पन्न हुए जो हमारा बचपन है। वह शायद ऐसा पहला उपन्यास है जिसमें मैं सीधे-सीधे एक रेखा नहीं खींच सकता कि इनका सम्बन्ध इस एक ख़ास स्मृति से है।

म.सो. : चरित्रों की इस चर्चा के सिलसिले में मैं चाहूँगा कि आप उन कुछ चरित्रों के बारे में भी कुछ संकेत करें जो आपकी कहानियों में कुछ-कुछ रहस्यमय-से चरित्र हैं। यूँ हम यह भी कह सकते हैं कि उस अर्थ में तो आपके ज़्यादातर चरित्र रहस्यमय हैं जिस अर्थ में कि हर मनुष्य अपने में एक रहस्य होता है, लेकिन जिन चरित्रों की चर्चा मैं करने जा रहा हूँ, उनमें मुझे कुछ अतिरिक्त रहस्यमयता प्रतीत होती है। जब ये चरित्र कहानी में प्रकट होते हैं, यानी जब वे दूसरे चरित्रों के सम्पर्क में आते हैं तो वे अपने जीवन की सहज रहस्यमयता से इसलिए कुछ अधिक रहस्यमय रूप में प्रकट होते दिखते हैं कि जिन पात्रों के सम्पर्क या साहचर्य में वे हैं, ख़ुद वे चरित्र इन चरित्रों में एक तरह की दुरूहता, दुरारूढ़ता या अगम्यता अनुभव करते हैं।

यानी पाठक के समक्ष तो हर चरित्र रहस्यमय है, लेकिन जिन चरित्रों की मैं बात कर रहा हूँ, वे स्वयं दूसरे चरित्रों के लिए रहस्यमय हैं। अमालिया, 'लाल टीन की छत' में पहाड़ी औरत और 'एक चिथड़ा सुख' में नीली फ्रॉक वाली वह लड़की जो डेरी के बँगले में...।

नि.व. : मैंने वाक़ई इस प्रश्न पर कभी सजग रूप से सोचा नहीं था लेकिन चूँकि आपने कहा है तो अभी-अभी मेरे मन में यह विचार आ रहा है कि मुझे कभी-कभी मुख्य चरित्रों से थोड़ा हटकर जिन्हें 'हाशिये के चरित्र' कहा करते हैं, वे बहुत आकर्षक लगते हैं। इसलिए नहीं कि ये चरित्र अपने को पूरी तरह से उद्घाटित नहीं कर पाते या खुल नहीं पाते बल्कि इसलिए कि वे 'जीवन की सीमा रेखा पर खड़ी हुई आकृतियों-से' लगते हैं जो हमारे जीवन में आती हैं, हम उनसे साक्षात् करते हैं, लेकिन हममें इतना साहस नहीं होता कि उनसे पूरी तरह से परिचय प्राप्त करने का साहस जुटा पाएँ। मैंने जानवरों के प्रति भी ऐसा सम्बन्ध देखा है और मनुष्यों के प्रति भी। 'लाल टीन की छत' में जो कुतिया है, जिसकी मृत्यु होती है, उसकी याद आपको होगी। हम कभी-कभी सोचते हैं कि हर मनुष्य चूँकि 'बायोलॉजिकली' या 'एनोटॉमिकली' एक जैसा होता है, इसलिए उसमें प्रजातीय या 'स्पिसीज़' के तौर पर, एकता होती है। मैं ऐसा नहीं मानता। कुछ मुख्य धारा के चरित्र होते हैं—पढ़े-लिखे, सांस्कृतिक, आधुनिक माहौल में ढले हुए। ये हमें पहचाने हुए-से मनुष्य लगते हैं। और कुछ हाशिए के चरित्र होते हैं—तथाकथित हाशिये के। मनुष्य वे भी हैं लेकिन जिन परिभाषाओं ने बचपन से लेकर आज तक हमारे भीतर मनुष्य को परिभाषित किया है, उन परिभाषाओं के घेरे में ये चरित्र बाहर के लगते हैं। आपने देखा होगा कि कभी-कभी आदिवासियों को देखकर भी एक इस तरह का गहरा अबूझ आकर्षण और रहस्यमयता का अनुभव हमें होता है।

'लाल टीन की छत' की पहाड़िन स्त्री को उसके चाचा उसके गाँव से ले आए थे। वर्षों पहले शहर के लोग पहाड़ों पर आते थे और हज़ार-दो हज़ार रुपये देकर औरतों को ख़रीदकर ले आते थे। वे औरतें उनकी मिस्ट्रेस की तरह रहती थीं। ऐसा मैंने अपने परिवार में भी कई लोगों के साथ देखा है। उन औरतों का जीवन उस परिवार के साथ संलग्न भी रहता था और उसके बाहर भी। उस परिवार में रहने वाले बच्चों के लिए इस तरह की औरतें या इस तरह के व्यक्ति हमेशा एक अजीब कौतूहल और वेदना जगाते हैं। वेदना इसलिए जगाते हैं क्योंकि वे पूरी तरह उनके क़रीब आ नहीं पाते। ऐसे चरित्र ही अपने को पूरी तरह इन तथाकथित शिक्षित नागरिकों के सामने उद्घाटित नहीं कर पाते। तुम जिस अतिरिक्त रहस्यमयता की बात कर रहे हो, शायद उसका जवाब मेरी इस बात में कुछ मिलता हो कि हमारे समाज के हाशिए पर रहने वाले ये मनुष्य, मनुष्य की उस समाजशास्त्रीय अवधारणा के घेरे में नहीं आते जिसकी प्रतिमा हमने गढ़ रखी है।

अमालिया एक विदेशी लड़की है जिसके साथ यह हिन्दुस्तानी पहली बार सम्पर्क में आता है। पहली बार उसे एक लड़की के रूप में स्त्री का रहस्य अमालिया के माध्यम से समझ में आता है, और स्त्री से कहीं ज़्यादा विशिष्ट 'सेक्स' का रहस्य। 'सेक्स', लड़की का होना, एक विदेशी होना, इन तीनों स्तरों पर अमालिया की रहस्यमयता इस शायद कुँवारे लड़के को गहरे स्तर पर उद्वेलित करती है। जब मैं 'उद्वेलित' कहता हूँ तो हमारे जाने-पहचाने अनुभव-तत्त्व के आधार पर नहीं। हमारे अनुभव भी उद्वेलित होते हैं लेकिन यह उद्वेलन कुछ अँधेरे क़िस्म का है जिसका सम्बन्ध हमारे 'सिविलाइज़्ड', जानी-पहचानी अनुभूतियों के नीचे की अनुभूतियों, अनुभवों से है 'अंडरग्राउंड एक्सपीरियंसेज़'। कोई बेसमेंट का दरवाज़ा खोल देता है और ये अंडरग्राउंड एक्सपीरियंसेज़, जिन्हें हम दबाये रखते हैं, अचानक इन पात्रों की उपस्थिति के कारण हमारे भीतर जाग्रत होने लगते हैं। मैंने अपनी बहुत-सी रचनाओं में ऐसा नहीं किया लेकिन जब कभी मैं दूसरे लोगों के उपन्यासों में ऐसे चरित्रों को देखता हूँ तो एक साथ आकर्षित होता हूँ और आतंकित भी। ये चरित्र हमें उस स्थिति में ले जाते हैं जहाँ पशु और आदमी के बीच विभाजन रेखा बहुत धूमिल थी और जो समूची सभ्यता के दबाव के बावजूद आज भी हमारे भीतर के बेसमेंट में साँस लेती है।

म.सो. : आप ठीक कह रहे हैं। आप जब स्पष्ट कर रहे थे तब मेरे मन में यह बात आ रही थी कि पात्रों की संरचना एक तरह की वह संरचना है जिसे हम साभ्यतिक संरचना कह सकते हैं और उसी संरचना के बरअक्स और कभी-कभी विरोध में वे चरित्र हैं जिन्हें हम इस साभ्यतिक मानक के आधार पर असभ्य कहते हैं। शायद आप इस बात से सहमत होंगे कि सामान्य जीवन में जब हम लोगों से मिलते हैं तब उनकी रहस्यमयता से हम अपेक्षाकृत उतना परिचित नहीं होते जितना तब होते हैं जब वही चरित्र हमारे सामने कहानी में प्रकट होते हैं। बहुत सम्भव है कि जो प्राणी आपके दिमाग़ में रहे हों, उन्हें ही जब अपनी कहानी में आपने पाया हो तो वे स्वयं आपको बहुत अजनबी और रहस्यमय लगे हों। क्या कहानी में चरित्रों का इस तरह रहस्यीकृत अवतरण भी, इसी तर्क से, ऐसा नहीं है कि कहानी एक विशेष स्तर पर, एक अधिरचनात्मक स्तर पर, एक अपेक्षाकृत अधिक साभ्यतिक संरचना है जिसमें ज़िन्दगी से आने वाले सारे चरित्र ख़ुद-ब-ख़ुद रहस्यमय हो जाते हैं?

नि.व. : यह बात बहुत सुन्दर है क्योंकि यह वैसा ही है जैसे कि कुछ पात्रों को जिन्हें हम दिन की रोशनी में देखते हैं। अगर स्वप्न में देखें तो वे अचानक 'इमोशनली चार्ल्ड एटमॉस्फ़ियर' के साथ हमें अभिभूत करते हैं। एक चरित्र वह पात्र नहीं है जिसे हमने देखा था या जिसे हम जानते हैं, बल्कि वह है जो स्वप्न की अवस्था की एकाग्र परिस्थिति में हमारी मनोभावनात्मक दुनिया से जुड़ते हैं।

हमारी दैनिक दुनिया में ऐसा नहीं होता क्योंकि दैनिक दुनिया में कभी भी हम उसे अपने चेतन स्तर के नीचे, चेतन दुनिया के 'आइसबर्ग' के नीचे की व्यापक दुनिया में प्रवेश करने का अवसर नहीं देते। स्वप्न में चेतन और अवचेतन के दरवाज़े अचानक भड़भड़ाकर खुल जाते हैं इसलिए जब वह अपनी सम्पूर्ण अनुभूति के साथ प्रवेश करता है तो उसका 'इमोशनल चार्ज' हमारे दैनिक विज़न से अलग पड़ता है। इसी अर्थ में कथा भी एक तरह का स्वप्न है। हर कलाकृति इस अर्थ में स्वप्न है कि वह अपने बिम्बों को यथार्थ से लेती हुई भी अपने आपसी सम्बन्ध ऐसी शर्तों पर रचती है जिसका बाहरी दुनिया की शर्तों से कोई लेना-देना नहीं...स्वप्नों के बिम्ब पहचाने-से लगते हैं किन्तु यथार्थ बिलकुल अपरिचित जान पड़ता है।

यह क्या छलना है कि कलाकृति में एक परिचित चीज़ एक अजीब ढंग से असाधारणता और अजनबीयत ग्रहण कर लेती है। जिसे हम 'सुर्रियलिस्ट' कला कहते हैं, उसमें यह चीज़ विशेष ढंग से उभरकर आती है। हम कीड़ों को भी जानते हैं और हाथ को भी जानते हैं लेकिन मैंने लुई बुनुएल की एक ऐसी फ़िल्म देखी जहाँ हाथ था और हाथों पर कीड़ों का झुंड और इन दो परिचित चीज़ों का सम्बन्ध एक अलौकिक, एक ग़ैर-मानवीय अनुभव का आलोक पैदा कर रहा था। मैं समझता हूँ कि जो कलाकृति यह नहीं करती, वह कहीं-न-कहीं अपने उद्देश्य में असफल रहती है। सवाल यह नहीं है कि यह यथार्थवादी है कि ग़ैर-यथार्थवादी। मार्केस का उल्लेख शुरू में उदयन ने किया था—वे परिचित अनुभवों के संयोग का ऐसा रूप बनाते हैं कि वे अनुभव अपरिचित लगने लगते हैं। जब मैं अपरिचित कहता हूँ तो वह कम सच्चा या कम प्रामाणिक नहीं है लेकिन वह हमारी औसत सच्चाई और औचित्य से कहीं ज़्यादा गहरा औचित्य, प्रामाणिकता और अपरिहार्यता लेकर आता है।

ध्रु.शु. : किसी का ऐसा कथन भी है कि एक बड़ा लेखक समाज से उसके कुछ पात्रों को छीन लेता है। आपकी अपरिचय वाली यह बात शायद उससे...।
उ.वा. : अवस्थाओं की जो भारतीय धारणा है—स्वप्न, जागृति, सुषुप्ति और तूर्य, उसमें जो तूर्यावस्था की व्याख्या है, वह यह है कि जब मनुष्य जाग्रत अवस्था में स्वप्न का या सुषुप्ति का अनुभव करने लगता है और स्वप्न में जब जागृति का अनुभव करने लगता है तो उसे तूर्यावस्था कहते हैं। वह कोई चौथी अवस्था नहीं है बल्कि जब आप इन शेष तीनों कमरों में सहज रूप से जाने-आने लगें, वही तूर्य है। अगर मैं यह कहूँ कि भाषा लेखक के हाथ में वह चाबी है जो एक अवस्था से दूसरी अवस्था में जाने के दरवाज़े खोलती है, तो इस पर आप क्या कहेंगे?

नि.व. : मैं इससे अपने को पूरी तौर पर सहमत पाता हूँ। एक कलाकृति की प्रक्रिया को समझने का यह हमारा बहुत ही सुन्दर अनुभव हो सकता है। काफ़्का के उपन्यासों को पढ़ते हुए यही लगता है कि हम स्वप्न में एक बहुत ही कठोर,

कठिन अनिवार्य जीवन-अवस्था का अनुभव कर रहे हैं और यह ऐसी जीवन-अवस्था है जहाँ कलाकृति उस दुःस्वप्न को लाती है जो इतिहास की अनिवार्यता बन जाता है। कितनी दिलचस्प और महत्त्वपूर्ण बात है कि जिस लेखक के उपन्यासों को हम केवल 'पैरेबल्स' या 'फेबल्स' मानते आए थे, उन पात्रों की नियति लाखों लोगों को भुगतनी पड़ी।...अगर इतिहास का कलाकृति से कोई सम्बन्ध दिखाना है तो यह एक सूत्र है जहाँ पर कि हम इस सम्बन्ध में कुछ सार्थक टटोल सकते हैं।

म.सो. : आप अपनी कहानियों और उपन्यासों में जब चरित्रों को नाम देते हैं तो उसकी क्या प्रक्रिया होती है? यह समस्या शायद हर कहानीकार के सामने होती होगी कि जिस चरित्र को वह अपने रचना-लोक में जन्म दे रहा है, उसे वह क्या नाम दे। आप अपने चरित्रों का नामकरण-संस्कार किस तरह करते हैं?

नि.व. : मेरे लिए यह बहुत ही कष्टदायी चीज़ है। जब मैं लेखकों के इंटरव्यू पढ़ता हूँ तो उसमें कोई लेखक इसका यह जवाब देता है कि वह टेलीफ़ोन डायरेक्टरी में से नाम चुन लेता है। मेरे लिए यह एक 'इर्रेशनल' प्रक्रिया है। अँधेरे में किसी चीज़ को खोजने या पाने जैसी प्रक्रिया। मैं इसका कोई उत्तर इस रूप में नहीं दे सकता कि मैं कोई नाम सोचता हूँ और तब लिखता हूँ, या उस चरित्र के मुताबिक़ उसका नाम चुनता हूँ। मुझे यह हमेशा जुएबाज़ी जैसा लगता है। कभी मुझे इस तरह नाम मिल जाता है, जब मैं उसके बारे में सोच भी न रहा होऊँ, जब मैं उपन्यास के बारे में भी न सोच रहा होऊँ। शाम को टहलने गया और अचानक। तब मुझे लगता है कि जिसका नाम मैं अभी तक नहीं सोच पा रहा था, यह नाम शायद उसके लिए उपयुक्त होगा।

ध्रु.शु. : जैसा कि आपने काया के बारे में कहा कि वह आपके बचपन की स्मृतियों के एक पुंज की तरह है, एक घनीभूत रूप है तो ऐसी काया का नाम उस उपन्यास में बहुत ही सुविचारित नाम लगता है। काया जिसके चारों तरफ़ वह स्मृति की आभा...!

उ.वा. : वह आपने भले ही न सोचा हो।

नि.व. : बाद में मुझे लगा कि यह ठीक है, लेकिन जब मेरे दिमाग़ में वह नाम आया था तो उसके पीछे कोई तर्क-पद्धति, किसी तरह का कोई विचार या उस लड़की के साथ इस नाम का कोई संयोग बिठाने की कोई कोशिश नहीं थी।

उ.वा. : हालाँकि आप अगर इजाज़त दें तो काया के नाम का एक तर्क अभी मेरे दिमाग़ में आ रहा है; आपने कहा कि काया ही एकमात्र ऐसा चरित्र है जिसकी कोई काया आपके दिमाग़ में नहीं थी। मैं कहूँगा कि शायद इसलिए उस अभाव को ही आपने यह नाम दिया। एक और बात मैं इसमें कहना चाहता हूँ, आपकी कहानियों

में माँ और पिता के चरित्र जब भी आते हैं—चाहे वह 'अँधेरे में' कहानी हो या और भी अन्य कहानियाँ तो वहाँ माँ हमेशा 'माँ' कहलाती है और पिता हमेशा 'बाबू'। मेरे अपने हिसाब से, जो चरित्र आपकी कहानियों में सबसे कम 'फ़िक्शनलाइज़्ड' हुए हैं, वे माँ और पिता होते हैं। इसका क्या कारण है? क्या माँ और पिता से आपका सम्बन्ध बल्कि उस सम्बन्ध का विशिष्ट स्वरूप इसका कोई आधार है?

नि.व. : मुझे लगता है कि यह सम्बन्ध क्योंकि बचपन में आकार ग्रहण करता है, इसलिए यह न तो 'फ़िक्शन' के क्षेत्र में आता है और न 'यथार्थ' के क्षेत्र में। इसलिए मैं वह नहीं कह सकता जो कि तुमने कहा। मैं इससे थोड़ा असहमत हूँ कि वे फ़िक्शनलाइज़्ड नहीं हैं। वे उसी अर्थ में फ़िक्शनलाइज़्ड हैं कि उनमें मुझे ऐसी कई चीज़ें दिखाई पड़ती हैं जो बचपन के घटाटोप में, बचपन की कुहेलिका में दबी या छिपी रह गई थीं। वह एक ऐसा यथार्थ है जिसे मैंने केवल प्रौढ़ावस्था की तर्क-पद्धति के आधार पर नहीं रखा। मेरी कथा में उनके चरित्र अजीब तौर पर एक खोई हुई दुनिया की क्षतिपूर्ति-सी करते जान पड़ते हैं। अगर ऐसी कोई बात की जाए कि लिखते समय अपने भीतर के ख़ालीपन को भरते हुए या भरने की प्रक्रिया में मुझे कौन-से चरित्र सबसे ज़्यादा सांत्वना देते हैं, तो मैं कहूँगा कि 'माँ और बाबू के चरित्र'। यह कुछ वैसा ही है, जैसा कि एक डायरी में मैंने कभी लिखा था कि जब हम सोते हुए स्वप्न में गटागट पानी पी रहे होते हैं और अचानक नींद खुल जाती है, तब हमें पता चलता है कि हम कितने प्यासे थे। यह प्यास और पानी का सम्बन्ध कहीं माँ और पिता जैसा है।

ध्रु.शु. : आपके समूचे कथात्मक लेखन में नारी पात्रों की भूमिका प्रमुख है। पुरुष पात्र प्रायः गौण हो जाते हैं। मुझे फ़्लाबेयर की एक बात याद आती है कि लेखक अपने को कहाँ छिपाता है। आपकी कहानी और उपन्यासों के बारे में सोचते हुए मुझे लगता है कि आप अपने नारी पात्रों के पीछे छिप जाते हैं। दूसरे शब्दों में कहें तो, आपकी कहानियों में अगर लेखक का चेहरा कहीं से झाँकता है तो वह आपके नारी पात्रों के पीछे से झाँकता है। यह कैसे होता है?

नि.व. : मैं सोचता हूँ और विश्वास भी करता हूँ कि जिसे हम दर्शन में तत्त्वज्ञान कहते हैं, वैसे ही कला में अनुभव का तत्त्व मुझे बहुत कुछ नारी के माध्यम से दिखाई देता है। इसमें कहीं भी समाज-वैज्ञानिक तर्क नहीं है। एंटोन्योनी की फ़िल्मों में भी नारी का चरित्र तात्त्विक महत्त्व का है। उनकी फ़िल्मों में इटैलियन मध्यवर्गीय समाज का गहरा और संश्लिष्ट विश्लेषण नारी के माध्यम से होता है। एंटोन्योनी से किसी ने यही प्रश्न पूछा तो उन्होंने जवाब दिया कि 'द लोनलीनेस एंड दि कंट्राडिक्शंस ऑफ़ अवर सोसायटी कैन बेस्ट बी सम्डअप इन द कैरेक्टर ऑफ़ द वूमेन'। इसे पढ़ते हुए मुझे लगा कि उन्होंने मेरे क़रीब की ही कोई बात कही है।

मैं जिस चीज़ को पुरुष में थोड़ा-बहुत समझौते के घेरे में पाता हूँ, वहाँ नारी के चरित्र में वह चीज़ अपनी सीमाओं से अलग, पूरी नग्नता और सम्पूर्णता में मुझे दिखाई देती है।

म.सो. : पहाड़ी जातियाँ आस्था से प्राय: शाक्त होती हैं। अगर मतवादी दृष्टि से न भी हों तो 'प्रकृति' के सघन सान्निध्य और उसके साथ लयबद्ध होने के नाते तो होती ही हैं। आप भी पहाड़ी हैं और क्या यह महज़ संयोग है कि आप अपनी धार्मिक दीक्षाओं की शुरुआत को काली देवी के मन्दिर की अपनी बचपन की स्मृतियों से जोड़ते हैं। आपकी अनेक कहानियों में देवी के मन्दिर आते हैं, प्रकृति तो है ही। इसलिए सम्भव है कि यह प्रकृति तत्त्व ही नारी के चरित्र में रूपान्तरित होता हो। हालाँकि यह एक तरह से आपकी कहानी का डीप स्ट्रक्चर ही है कि उसमें यह प्रकृति तत्त्व...।

किन्तु यहाँ मैं आपसे एक दूसरी बात कहना चाहता हूँ : आपकी कहानी में जब दो पात्रों के बीच में संवाद चल रहा होता है तो उसे आप बीच-बीच में तोड़ते हैं—जैसा कि एक 'स्लो मूवी' के साथ होता है : कोई एक वाक्य बोलता है और फिर देर तक एक 'नैरेटिव सन्नाटा'। एक सवाल पूछा जाता है और बहुत देर तक दूसरी ओर से उसका जवाब नहीं आता। बीच में नैरेटर या तो उनमें से किसी की मन:स्थिति का बयान कर रहा होता है या अक्सर आसपास के वातावरण या पर्यावरण का। इस पर आप कुछ कहना चाहेंगे?

नि.व. : एक लेखक के रूप में मेरी एक अभिलाषा रही है कि जब दो व्यक्ति बात करें तो उसमें न तो 'बोध' आए (बोध, अर्थात् सब कुछ जान लेना) और न बातचीत का एक 'इंस्टिक्टिव' स्तर जिसमें शुद्ध भावनात्मक स्तर पर वार्तालाप होता है। दूसरे शब्दों में मैं उस प्रक्रिया को देखना चाहता हूँ जो बहुत ही सहज ढंग से (मनोवैज्ञानिक ढंग से नहीं) दो व्यक्तियों के आपसी सम्बन्ध या एक व्यक्ति के स्वयं अपने से सम्बन्ध के स्तर पर बोध और 'इंस्टिंक्ट' के बीच घटती है जो न तो बिलकुल तात्कालिक प्रतिक्रिया के रूप में प्रकट होती है और न ही लगे-बँधे उत्तर के रूप में। न तो यह जान पड़े कि दोनों बहस कर रहे हैं, किसी समस्या पर विचार कर रहे हैं—चाहे वह प्रेम हो, अपनी स्थिति हो या पारिवारिक स्थिति हो—और न यह जान पड़े कि वे एक-दूसरे के इतने निकट हैं कि उन्हें ज़्यादा कहने की ज़रूरत नहीं है। 'संसेशन' और ज्ञान के बीच के रास्ते के अनुभवों के थोड़े बने और थोड़े अधबने आकारों को मैं इस तरह विशृंखलित रूप में रखना चाहता हूँ—एक ऐसे शिल्प में, जहाँ पर संप्रेषित होते हुए भी उनका बना-बनाया रूप सामने न आ सके। यह 'स्ट्रीम ऑव कांशसनेस' भी नहीं है और 'डिस्कर्सिव' या 'रेशनल एप्रोच' भी नहीं है। यह ऐसी प्रक्रिया है जो असल में हमारे भीतर हमेशा चलती रहती है

लेकिन हम इसको कविता या कहानी में ही लाने की कोशिश करते हैं। यह उन दो पाटों के बीच की स्थिति है जिनमें से एक में हम रहते हैं, दूसरे से हमारा सम्बन्ध क़ायम होता है। लेकिन इसे किस ढंग से और किस तकनीक के ज़रिये एक कथा में पिरोया जाए, मेरे लिए यह हर कहानी में वैसे ही समस्या बनकर आती है, जैसे कि मैं पहली बार कहानी लिख रहा होऊँ। इसका कोई अन्तिम समाधान मुझे नहीं मिला। लेकिन कभी-कभी ऐसा लगता है कि इसे उपलब्ध किया जा सकता है।

उ.वा. : जैसा कि परसों मदन ने कहा था कि आपकी कहानी में 'एक और सतह का अहसास' बना रहता है, तो मुझे सहज ही यह लगता है कि मैं यह कहूँ कि आपके संवाद जैसे दिशासूचक चिह्न हैं—उस ओर जहाँ संवाद है। अर्थात् वे संवाद, संवाद न होकर उस ओर इशारा करते हैं जहाँ संवाद हैं, जैसे कि आपकी कहानी उस ओर इशारा करती है, जहाँ कहानी है। वह सिर्फ़ आपको वहाँ अकेला, बग़ैर कहानीकार के, बग़ैर शब्दों के, बग़ैर संवाद के, छोड़ आना चाहती है जहाँ कहानी है या जहाँ संवाद है।

म.सो. : और इस अर्थ में आपकी कथा या कहें कि आपकी कथाओं की सफलता इस बात में है कि वे हमेशा एक अन्तर्निहित कथा का विन्यास करने की कोशिश में, या उसको उजागर करने की कोशिश में लिखी जाती हैं और ऐसा करते हुए वे अदृश्य हो जाती हैं, जैसा कि उस दिशासूचक चिह्न के साथ भी होता है कि वह हमें दिशा बताकर ख़ुद अदृश्य हो जाता है। इस अर्थ में आपकी कहानियाँ अदृश्य होती हुई कहानियाँ हैं—पाठक को उस दिशा में छोड़ती हुई जहाँ कहानी की सम्भावना है।

['पूर्वग्रह' : अंक 97, मार्च-अप्रैल, 1990]

साहित्य के धर्मक्षेत्र में राजनीति का कुरुक्षेत्र

संजीव ठाकुर की बातचीत

संजीव ठाकुर : आपके कहानीकार के जन्म की क्या कहानी है?

निर्मल वर्मा : बचपन से ही पढ़ने का शौक़ था। कॉलेज में इतिहास का विद्यार्थी था। फिर भी, अंग्रेज़ी और हिन्दी का साहित्य ख़ूब पढ़ता था। 1950 के आसपास दिल्ली का वातावरण भी बहुत उत्साहवर्द्धक था। हमारी एक संस्था भी थी। नियमित गोष्ठियाँ होती थीं, जिनमें हम अपनी कहानियाँ, कविताएँ पढ़ते थे, बहसें करते थे। इसी अध्ययन के सिलसिले और उत्साहवर्द्धक वातावरण ने मुझे कहानीकार बनाया।

सं.ठा. : जैसा कि आपने कहा, उस समय का साहित्यिक वातावरण अच्छा था। इस समय का कैसा है, यह नहीं पूछूँगा। आप यह बताइए—तब के और अब के लेखन में अन्तर क्या आया है?

नि.व. : तब हमारे लेखन को कोई लालच नहीं बाँध पाता था। हम अपने भीतर के संसार को, समस्या, स्मृति, चिन्ता को कितने व्यवस्थित और सुन्दर ढंग से व्यक्त कर पाते हैं, इसकी ललक रहती थी। कोई प्रतियोगिता की भावना नहीं थी। लिखते वक़्त हम यह नहीं सोचते थे कि जो लिख रहे हैं, वह आगे कहाँ तक जाएगा... और अब तो लेखक कहानी लिखते समय ही उसके अमर होने का गणित बिठा लेते हैं? (कहकर निर्मल जी मुस्करा देते हैं)

सं.ठा. : क्या कारण है अपने साहित्य को अभिजात वर्ग की कहानियों से सजाने का?...क्या परम्परा में चली आ रही कथा-परिपाटी-ज़मींदार, किसान, वर्ग-संघर्ष, शोषण जैसी समस्याओं ने आपको अपनी और खींचने का प्रयास नहीं किया?

नि.व. : मेरी अनुभूति का क्षेत्र वह नहीं रहा। जिसका जन्म, पालन-पोषण गाँव में हुआ, वह गाँव की कहानियाँ लिखेगा। मैं मूलत: एक शहरी वातावरण में रहा।

—अनुभूति में ज़िन्दगी प्रवेश करे, तभी कोई लिख सकता है। मेरी अनुभूति में गाँव की ज़िन्दगी नहीं है।

यह नहीं कि ग्रामीण परिवेश से आप्लावित कथाएँ मुझे आकर्षित नहीं करती, बेहद करती हैं। प्रेमचन्द की अनेक कहानियाँ पढ़ते हुए आज भी मन बहुत उद्वेलित हो जाता है। रेणु के उपन्यास मुझे बेहद पसन्द हैं, लेकिन वह मेरा संसार नहीं है। एक लेखक के लिए कौन-सा परिवेश चुनना वांछनीय है, यह लेखक के स्वयं अपने अनुभूति-जगत पर निर्भर करता है।

सं.ठा. : शहर में बैठकर भी तो लोग गाँव की कहानियाँ लिखते हैं?

नि.व. : इसमें कोई बुराई नहीं—यदि लेखक का स्मृति-संसार कोई गाँव है, जिसे छोड़कर वह महानगर में आया है। बरसों रहने के बाद भी शहर अजनबी लग सकता है। लेखक का संस्कार यदि गाँव की मिट्टी से सना हो तो वह बार-बार गाँव की तरफ़ लौटना चाहता है और यह सिर्फ़ नॉस्टेल्जिया नहीं है—यह उन्मूलित मन की अपने मूल की ओर लौटने की लालसा है।

सं.ठा. : लेकिन गाँव में वे लेखक एक पल भी गुज़ार नहीं सकते? यदि नहीं तो क्या यह छलावा नहीं, ढोंग नहीं? हम लिखते कुछ और हैं, जीते कुछ और?

नि.व. : शहर में रहकर लोग सुविधाभोगी बन जाते हैं। आजीविका का साधन, बाल-बच्चों की परवरिश यहाँ अच्छी हो सकती है, लेकिन एक पीड़ा गाँव की स्मृति की भी होती है। लेखक एक तरफ़ शहर की सुविधाएँ त्याग नहीं सकता, दूसरी तरफ़ गाँव से जुड़ा भी है। इस यातनामय अन्तर्द्वंद्व को ईमानदारी से स्वीकारते हुए अगर कोई कहानी लिखे, उस द्वंद्व को उभारे तो कहानी बहुत सुन्दर बन सकती है।

सं.ठा. : यदि लेखक उस आत्मविरोध को स्वीकार नहीं करता?

नि.व. : तो कहानी स्वप्निल होगी। यथार्थ की सही पहचान नहीं होगी उससे।

सं.ठा. : यह तो कहानी की बात हुई। मैं पूछना चाहता हूँ कि क्या रचनाकार की रचना और उसकी निजी ज़िन्दगी में तारतम्य नहीं होना चाहिए?

नि.व. : तारतम्य भी होता है, अन्तर्विरोध भी। दोनों ही यथार्थ के पहलू हैं—ज़रूरी है किसी एक पहलू को नकारा जाए?

सं.ठा. : क्या आपके कहानीकार और निजी व्यक्तित्व में कभी टकराहट हुई?

नि.व. : नहीं, मैं ऐसा महसूस नहीं करता।

सं.ठा. : क्या आपका कहानीकार कभी किसी संशय या दुविधा में पड़ा? मतलब, आप सोच में पड़ गए हों कि यह बात लिखें या न लिखें?

नि.व. : हाँ, यह सोच होता है, संशय भी होता है—सच पूछें तो लिखने की प्रक्रिया लेखक के इस आत्मसंघर्ष का ही इतिहास है।

सं.ठा. : कभी लिखने के बाद आपको लगा कि आप वास्तव में जो कहना चाह रहे थे, वह तो इसमें आ ही नहीं पाया है?

नि.व. : हाँ, ऐसा होता है। लिखने के पहले एक कहानी दिमाग़ में होती है, लिखने के दौरान बिलकुल बदल जाती है। बाद में लगता है, जो हमने सोचा था, कहानी रूपान्तरित होने की प्रक्रिया में सफल नहीं हो पा रही है। कभी-कभी कायाकल्प ही हो जाता है।...भाषा और लिखने के नियम आपको अनुशासित करने लगते हैं। सोच और कहानी की माँग में टकराहट होने लगती है और पूर्व-निर्धारित सोच त्यागना पड़ता है।

सं.ठा. : 'परिन्दे' से लेकर 'कव्वे और काला पानी' तक की कथा-यात्रा में आपने अपने अन्दर क्या परिवर्तन पाया?

नि.व. : आपने दोनों किताबें पढ़ी हैं।...आप ही बताइए, क्या परिवर्तन आया है?... जो आदमी चलता है, उसे रास्ते का ज्ञान नहीं होता। वह इतने मोड़ों और पड़ावों से गुज़रता है...औरों को ही पता होता है कि हमारी यात्रा में कौन-कौन-से उतार-चढ़ाव आए हैं। मैंने अभी तक इसका लेखा-जोखा नहीं किया।

सं.ठा. : जो सरसता 'वे दिन' में है, अन्यत्र नहीं। क्यों?

नि.व. : 'वे दिन' मेरा पहला उपन्यास है। प्लॉट सीधा-सादा है, प्रेमपरक है, इसलिए वह अधिक सरस है।

सं.ठा. : आपकी कुछ कहानियाँ, जो भारतीय प्लॉट पर भी हैं, हमें विदेशी परिवेश में पहुँचा देती हैं। कनॉट प्लेस को हम अक्सर देखते हैं, लेकिन आपकी कहानी 'लवर्स' में उसे देखकर पहचान नहीं पाते। लगता है, यह अपना देश नहीं...।

नि.व. : दरअसल उस समय दिल्ली का वातावरण ही विदेशों जैसा था। कनॉट प्लेस के रेस्तराँ भी विदेशी लगते थे। अब वे कैफ़े, रेस्तराँ उजड़ गए हैं।

सं.ठा. : किसी-किसी का कहना है कि निर्मल वर्मा ने सिर्फ़ एक कहानी लिखी है—'परिन्दे'...बाक़ी कहानियाँ भी 'परिन्दे' ही हैं...!

नि.व. : अच्छा, ऐसी भी प्रतिक्रिया है!...अब इससे सुन्दर बात क्या होगी कि कोई एक ही कहानी ज़िन्दगी भर लिखता रहे!

सं.ठा. : आपकी कहानी में एक उदासी-सी घिरी रहती है। हर पात्र उदास नज़र आता है। इतनी उदासी क्यों?

नि.व. : कोई संकल्प नहीं होता कथानक में उदासी लेकर बढ़ने का। घटनाओं के भीतर, पात्रों के भीतर जो घट रहा है—क्या होगा, किस ओर जाएगा, यह चिन्ता है। व्यक्ति जो कुछ करता है, सोचता है, उसके बारे में विश्वास नहीं होता—अराजकता के घेरे के बीच उठता-बैठता है, लेकिन निष्पत्ति क्या है, इसके बारे में उदासीन है। बिलकुल बेसहारा पाते हैं हम अपने को।

जिसे आप 'उदासी' कहते हैं, वह अनेक चिन्ताओं के कोहरे से बाहर आती है—जीवन की अर्थवत्ता के सम्बन्ध में जिज्ञासा-महाशून्य का आतंक। हमारे अस्तित्व का संकट, आस्था का संकट। ऐसी अनेक स्थितियाँ हैं। मनुष्य होने के नाते मनुष्य की अनेक उदासियाँ हो सकती हैं। इस विडम्बना को चित्रित करना उदासीनता नहीं, छटपटाहट है, समस्याओं के भीतर किसी सिलसिले के साथ अन्त तक जाने का!...जो समस्याएँ दर्शनशास्त्र में, महाकाव्य में हैं, वे चिन्ताएँ साहित्य में भी हैं, सिर्फ़ उनका जीवन की स्थितियों में रूपान्तरण होता है।...यह कहना कि चिन्ता से मुक्त हूँ, ग़लत है। सुख में भी चिन्ता होती है। किनारा भी भुलावा जान पड़ता है।

सं.ठा. : ऐसी स्थिति क्या अध्यात्म से सम्बन्धित है?

नि.व. : नहीं, केवल अस्तित्वगत समस्या है। अध्यात्म, धर्म, दर्शन—ये सब उनका सामना करने के प्रयास हैं।

सं.ठा. : आप अपनी कहानियों में कोई दिशा नहीं देते, स्थिति का चित्रण मात्र कर देते हैं।...आख़िर आपका उद्‌देश्य क्या है? आदर्श क्या है?

नि.व. : हमारे समय तक आते-आते वह आदर्श धूमिल हो गया, जो पहले से चला आ रहा था, लेकिन आदर्श की कामना नष्ट नहीं होती, वह बदल भले हो जाए। अनेक प्रवृत्तियों और कमज़ोरियों वाले पात्र या लेखक को बराबर महसूस होता है कि वे अपने रिश्तों में, अपने आदर्श में छलावा कर रहे हैं। अपने को वैसे ही देख सकें, जैसे हम हैं—बिना किसी पर्दे के यह भी आदर्श है सत्य को पहचानने का। यह भी हमें शक्ति देता है, सुख भले ही न दे।

सं.ठा. : अपनी कहानियों को मंचित होते देखकर आपको कैसा लगता है?

नि.व. : मैं नाटककार तो हूँ नहीं, इसलिए अच्छा लगता है कहानियों को मंचित होते देखकर। लेकिन कभी-कभी लगता है, कुछ कहानियों का चुनाव ही ग़लत रहा मंचन के लिए।

सं.ठा. : नामवर सिंह ने आपको 'नई कहानी' का प्रमुखतम हस्ताक्षर माना है। दूसरी तरफ़ रामदरश मिश्र ('हिन्दी कहानी : अन्तरंग पहचान') 'नई कहानी' के समर्थ कहानीकारों के क्रम में आपकी चर्चा करने में भी संकोच करते हैं।

नि.व. : आप ही देखिए—दो आलोचकों की रस्साकशी में एक लेखक की क्या दुर्दशा होती है!

सं.ठा. : बाद में नामवर जी की राय आपके प्रति क्यों बदलने लगी? एक समय तो आपकी प्रशंसा करते थकते नहीं थे?

नि.व. : नामवर सिंह जी का साहित्य से सरोकार जितना कम होता गया है, साहित्य की राजनीति से उतना ही अधिक। इससे उनकी राजनीति तो विक्षत हुई ही है, साहित्य भी हताहत हुआ है। यह उनके लिए शायद नहीं, हमारे लिए एक दुर्भाग्यपूर्ण स्थिति है।...वे राजनीति के योद्धा हैं और राजनीति के कुरुक्षेत्र को साहित्य के धर्मक्षेत्र में ला रहे हैं। इससे वे साहित्य का अहित तो करते ही हैं, राजनीति का भला भी नहीं करते।

सं.ठा. : आजकल जो लिखा जा रहा है, आप पढ़ते हैं?

नि.व. : हाँ, पढ़ता हूँ। ज़्यादा समय तो नहीं मिल पाता है, लेकिन फिर भी पढ़ता हूँ। अच्छा लगता है।

सं.ठा. : कुछ-कुछ कूड़ा भी लगता होगा?

[निर्मल जी हँसने लगते हैं]

सं.ठा. : कुछ लेखकों के नाम, जिन्हें आप पसन्द करते हों...सर्टीफ़िकेट के रूप में?

नि.व. : उदय प्रकाश, उदयन वाजपेयी, सत्येन कुमार, संजीव, मंज़ूर एहतेशाम, ध्रुव शुक्ल, स्वदेश दीपक आदि...अभी तो यही नाम याद आ रहे हैं।

['नवभारत टाइम्स' : रविवार्ता (2)]
13 अक्टूबर, 1991

एकाकी लेखक की विचार-प्रक्रियाएँ

दक्षा हकी की बातचीत

दक्षा हकी : कला की ऐसे समय में क्या प्रासंगिकता है, जहाँ ग़रीबी, भुखमरी और बदहाली है? उपन्यास और कहानियों का ऐसी स्थिति में क्या प्रयोजन हो जाता है?

निर्मल वर्मा : कला कोई प्रयोजन सिद्ध नहीं करती। वह जो 'असम्प्रेषणीय' है, उसे शब्द देने का प्रयास करती है। साहित्य द्वारा हम अपने को जीवन के ऐसे अनुभवों से संयुक्त कर लेते हैं, जो सामान्य जीवन की रेल-पेल और दौड़-धूप में हाथ से फिसल जाते हैं, ओझल हो जाते हैं।

द.ह. : क्या लेखक समाज के प्रति उत्तरदायी हैं?

नि.व. : बेशक। जहाँ तक वह अपने अनुभव के प्रति ईमानदार रहता है, वहाँ वह अपना उत्तरदायित्व ही तो पूरा कर रहा होता है। यह ईमानदारी किसी भी आइडियोलॉजी के बन्धन से मुक्त होनी चाहिए ताकि वह अनुभव की सच्चाई को अपनी समग्रता में व्यक्त कर सके। अपने अनुभवों से अर्जित भावबोध से वह ऐसे 'मूल्यों' की रचना करता है, जो समाज की अन्तरचेतना को समृद्ध करते हैं।

द.ह. : क्या आपको अपनी पहली प्रकाशित रचना की याद है?

नि.व. :मेरी पहली कहानी सेंट स्टीफ़ेंस कॉलेज की पत्रिका में छपी थी, जहाँ मैं पढ़ता था। किन्तु सही अर्थों में मेरी पहली कहानी 'रिश्ते' हैदराबाद से निकलने वाली सुप्रसिद्ध पत्रिका 'कल्पना' में प्रकाशित हुई थी। उसके लिए मुझे पचास रुपये मिले थे, जो उन दिनों बड़ी रकम थी।

द.ह. : 'माया-दर्पण' कहानी कब और कैसे लिखी थी? इस कहानी पर कुमार शहानी

ने अपनी पहली फ़िल्म भी बनाई थी। वह एक ऐसी अविवाहित लड़की—तरन—के बारे में थी जो परिवार के सामन्ती अवरोधों से आक्रान्त रहती थी।

नि.व. : 'माया-दर्पण' का कथानक बहुत-से परिवारों के अनुभव-खंडों से घुला-मिला है, जहाँ लड़कियाँ दूसरों के लिए अपना सब कुछ उत्सर्ग कर देती हैं...फिर वे लोग चाहे कितने ही आत्मीय सम्बन्धी क्यों न हों! वह पिता और पुत्री के बीच अजीब यातनाग्रस्त दुविधापूर्ण सम्बन्धों की कहानी है—तरन का भावनात्मक कारागृह, जिसमें दोनों जीते हैं, और किसी को छुटकारा नहीं मिलता।

द.ह. : क्या आप उस पर बनी फ़िल्म से सन्तुष्ट थे?

नि.व. : कुछ अंश मुझे बहुत अच्छे लगे थे—हवेली का परिवेश, रंगों की अद्‌भुत परिकल्पना, पार्श्व का संगीत आदि। किन्तु फ़िल्म की गति बहुत धीमी थी, दृश्यों को दुहराने से एक तरह की उकताहट पैदा होती थी। जीवन की नीरसता दिखाने के लिए फ़िल्म को नीरस बनाना ज़रूरी नहीं है। फ़िल्म का अन्त भी मुझे कुछ आरोपित-सा जान पड़ा—एक मताग्रही 'मार्क्सवादी' अन्त—जहाँ तरन इंजीनियर के साथ सोने में ही मुक्ति का रास्ता ढूँढ़ती है। कहानी का अन्त बिलकुल भिन्न था।

द.ह. : एक अच्छी कहानी कैसे बनती है?

नि.व. : बहुत मुश्किल है इसका जवाब। कोई भी एक चीज़ कहानी को अच्छा बना सकती है—एक मन:स्थिति, भावों का प्रवाह, या सिर्फ़ भावनाओं का बवंडर। अच्छी कहानी वह होती है, जो सहसा कुछ उद्‌घाटित कर दे...हमें लगे, यह कहानी नहीं, कोई इलहाम है।

द.ह. : आप डायरी या जर्नल को किसी साहित्य विधा में रखना चाहेंगे?

नि.व. : ज़रूर—अगर डायरी लेखक आंद्रे जीद, वर्जीनिया वुल्फ़, काफ़्का या अनाइस निन जैसे लेखक हों तब डायरी एक क्लासिक ऊँचाई हासिल कर लेती है। डायरी में हमें लेखक की ऐसी आन्तरिक अनुभूतियों की परतें खुलती दिखाई देती हैं, जो शायद उनके उपन्यासों-कहानियों में नहीं आ पातीं। वर्जीनिया वुल्फ़ की डायरी से हमें उनकी आत्मशंकाओं की पीड़ा, अपने लेखन के बारे में मर्मघाती सन्देह, बताते हैं कि लिखना उनके लिए कितना घनघोर संघर्ष था। किसी ने उनकी डायरी की 'टॉर्चर चेम्बर से आती हुई चीख़ों' से तुलना की थी। डायरी ही क्यों—कभी-कभी लेखकों के पत्र भी उनकी सृजन-यात्रा के अँधेरे पक्षों और पड़ावों को अंकित करते हैं...फ़्लाबेयर और काफ़्का के पत्र इसका अप्रतिम उदाहरण हैं। वे उनके उपन्यासों से एक दूसरी ही दुनिया का परिचय देते हैं...अपने व्यक्तिगत उन्मादों, वासनाओं और दुर्बलताओं से लिथड़ी दुनिया, कलात्मक संयम की सब सीमाओं को तोड़ती हुई।

द.ह. : क्या फ़िल्म और वीडियो लिखे हुए शब्द को नष्ट नहीं कर देंगे?

नि.व. : बिलकुल नहीं...। लिखे हुए शब्द का कोई पर्याय नहीं, कोई उसकी जगह नहीं ले सकता। देखा जाए तो साहित्य और फ़िल्में एक दूसरे को समृद्ध कर सकते हैं। यह दुर्भाग्य है कि बच्चे टी.वी. पर आँखें लगाए रखते हैं, जबकि शब्दों का अपना अलग जादू है। 'एक राजा था'—कहानी का पहला वाक्य ही हमें बचपन में बाँध लेता था। टेलीविज़न का अलग सुख है किन्तु अन्ततः वह हमारे कल्पना-लोक को क्लांत कर देता है।

द.ह. : आप भारतीय उपन्यास के बारे में क्या सोचते हैं?

नि.व. : लैटिन अमेरिका और अमेरिका की तुलना में हम अभी बहुत पीछे हैं। इसमें कोई सन्देह नहीं कि हमारा अनुभव अपनी प्रकृति में बहुत सम्पन्न, संश्लिष्ट और बहुआयामी है, किन्तु हम उसके अनुरूप अपना निजी कथ्यात्मक ढाँचा फ़िक्शनल फ़ॉर्म खोजने, पाने या आविष्कृत करने में अधिक सफल नहीं हो सके हैं—हालाँकि अपवाद यहाँ भी है। हम पश्चिम की औपन्यासिक विधा के बने-बनाए ढाँचे को अपना लेते हैं, जिसमें हमारा जातीय अनुभव, कल्पना-लोक, सांस्कृतिक स्वभाव अभिव्यक्त नहीं हो पाता—या सिर्फ़ आंशिक रूप से ही अभिव्यक्त हो पाता है।

द.ह. : और कहानी?

नि.व. : कहानी में भारतीय लेखकों की उपलब्धि अधिक उल्लेखनीय है—प्रयोग यहाँ भी अधिक नहीं हुए, किन्तु छोटे आकार में होने के कारण वह हमारी समकालीन उलझनों की एक संक्षिप्त छवि तो दिखाने में सक्षम है...। अनेक भारतीय कहानियाँ विश्व की श्रेष्ठ कहानियों की श्रेणी में रखी जा सकती हैं।

द.ह. : आप कैसे काम करते हैं?

नि.व. : मैं काफ़ी धीमी गति में लिखने वाला लेखक हूँ। एक कहानी को पूरा करने में दो-तीन महीने लग जाते हैं। उपन्यास छोटे होने के बावजूद साल-दो साल तक खिंचते जाते हैं और फिर उनका अन्त नज़र नहीं आता। दो-तीन मसौदे तो तैयार करता ही हूँ फिर भी असमंजस बना रहता है। कोशिश करता हूँ कि हर रोज़ नियमित रूप से तीन-चार घंटे काम कर सकूँ...मेज़ के आगे बैठता ज़रूर हूँ लेकिन लिखना हमेशा नहीं हो पाता—या उतना नहीं हो पाता, जितना मैं चाहता हूँ—जितना मुझ जैसे ख़ाली आदमी को लिखना चाहिए।

द.ह. : असली लेखक कौन होता है? कैसा होता है? कैसे बनता है?

नि.व. : असली लेखक शायद वह होता है, जो गहराई में जाकर चीज़ों, घटनाओं, व्यक्तियों के अन्तस्सम्बन्धों की थाह पा सके। उसे पीड़ायुक्त, पेचीदा प्रश्नों को अपने से पूछना होगा, जैसे—'क्या हमारे जीवन में कोई चीज़ पवित्र है?' या 'हम क्यों दूसरों के प्रति इतना निर्मम, इतना क्रूर होते हैं?' या ऐसे ही प्रश्न जो जीवन के अँधेरे पहलुओं को उजागर करते हैं। अगर लेखक इन प्रश्नों को भूलकर केवल शिल्प या क्राफ़्ट के बारे में चिन्ता करता रहा, तो वह कभी महान लेखक नहीं बन सकेगा जिसे आप 'असली लेखक' कहती हैं। हमारा साहित्य यदि इतना विपन्न है तो इसलिए नहीं कि हमने सही उत्तरों की खोज छोड़ दी है, बल्कि इसलिए कि हमने सही और महत्त्वपूर्ण प्रश्नों को पूछना बन्द कर दिया है।

द.ह. : आप 'आत्मजीवनीपरक' लेखकों के बारे में क्या सोचते हैं?

नि.व. : वे लेखक जो सिर्फ़ अपने जीवन की घटनाओं को अपने लेखन का आधार बनाते हैं, ऐसे पात्रों की रचना करते हैं जो केवल उनके व्यक्तित्व की छाया-मात्र हैं, उनका विकास एक सीमा के बाद अवरुद्ध हो जाता है। वे अपने को ही दुहराने लगते हैं। अच्छा लेखक अपने को नहीं भूलता, लेकिन दूसरों के मन की भूल-भुलैया में भी उतना ही सरल रूप से प्रवेश कर लेता है जिसके फलस्वरूप 'अन्य और आत्म' एक ही अखंडित अनुभव के भाग बन जाते हैं।

द.ह. : एक लेखक के लिए सबसे ज़रूरी चीज़ क्या है?

नि.व. : सबसे ज़रूरी चीज़ अपनी 'आवाज़' पहचानना है। हम सबकी अपनी एक विशिष्ट आवाज़ होती है जिसे हम दूसरों की अनुकृति में या अपने अहं भाव के कारण या अन्य विमुखों में फँसकर दबाए रहते हैं। हममें इतना साहस होना चाहिए कि वह आवाज़ जैसी भी हो, उसे हू-ब-हू वैसे ही 'सुन' सकें, जैसी वह है, क्योंकि उसके बिना हम कुछ भी नहीं हैं। अपनी आवाज़ में असफल होना दूसरों से उधार ली गई आवाज़ में सफल होने की अपेक्षा कहीं बेहतर है।

['डेकन हेरल्ड' : 7 फ़रवरी, 1992]
अंग्रेज़ी से अनूदित

लेखक को किसी विचारधारा का ग़ुलाम नहीं होना चाहिए

मिथिलेश सुलभ की बातचीत

मिथिलेश सुलभ : निर्मल जी, आपके ऊपर 'बाबावाद का शिक्रार' होने का आरोप लगाया गया है। ऐसा क्यों?

निमर्ल वर्मा : मुझे ख़ुद नहीं मालूम, बाबावाद क्या बला है! शायद जिस कहानी 'कव्वे और कालापानी' को लेकर यह अभियोग है, वह ऐसे व्यक्ति का चरित्र है, जो जीवन से हताश होकर घर छोड़ता है और पहाड़ी इलाक़े में जाकर रहने लगता है। उसे अपनी पुरानी ज़िन्दगी से गहरा असन्तोष है। वह नये सिरे से जीना चाहता है। यह कहानी को किस अर्थ में 'बाबावादी' बनाती है, मेरी बुद्धि के बाहर है।

मि.सु. : आपको हिन्दुत्ववादी भी करार दिया जाता है। क्या यह सही है?

नि.व. : लोग मध्यकालीन युग में धर्म और अध्यात्म के साये में जीते थे। आज बीसवीं सदी के अन्त में भी उसी की ज़रूरत है। यह मात्र मनोरंजन की चीज़ नहीं है। मनुष्य की आकांक्षा आर्थिक ज़रूरतों तक ही सीमित नहीं होती, वरन् वह इसके अतिरिक्त आध्यात्मिक, सांस्कृतिक, भौतिक सभी का मिला-जुला रूप है। मात्र 'आर्थिक मनुष्य की' कल्पना करना उसे विपन्न बनाना है। सामाजिक मनुष्य आर्थिक मनुष्य से कहीं ज़्यादा अतीत और वर्तमान में रहता है। इनकी चर्चा यदि लेखक नहीं कर पाए तो वह अधूरा है। इसमें 'हिन्दुत्व' कहाँ आता है, यह भी मेरी बुद्धि के बाहर है।

मि.सु. : यह बात आजकल ज़ोर-शोर से कही जा रही है कि साहित्यिकों-पत्रकारों में मौलिक चिन्तन का अभाव है। ये पारम्परिक और आधुनिक मूल्यों के बीच झूलते-से लगते हैं। क्या इससे आप सहमत हैं?

नि.व. : मैं समझता हूँ, यह हमारे देश की स्थिति की विडम्बना है। केवल साहित्यकारों-पत्रकारों की ही यह स्थिति नहीं बल्कि सबों की है। दुर्भाग्यवश हम दो सौ वर्षों की अंग्रेज़ी ग़ुलामी के कारण सारे सांस्कृतिक स्रोतों से वंचित हो गए जो एक समय में हमारी जातीय अस्मिता को निर्धारित करते थे। संस्कृत भाषा, भारतीय शिक्षण पद्धति, परम्परागत शास्त्रों का अध्ययन आदि ऐसी चीज़ें हैं, जिनसे एक आदमी का जातीय व्यक्तित्व बनता है। जब हम इनसे टूट जाते हैं तो एक झूठी आधुनिकता, जो यूरोप से आयातित की गई है, के प्रति आकर्षित होते हैं। हमने आधुनिक जीवन और परम्परागत दृष्टि के बीच समन्वय बिठाने का प्रयास भी नहीं किया। यही कारण है कि न तो हम सही अर्थ में आधुनिक हैं और न परम्परावादी।

मि.सु. : निर्मल जी, साहित्य में ज़िन्दगी को पहले आना चाहिए, लेकिन विचारधारा साहित्य पर हावी होती जा रही है। क्यों है ऐसा?

नि.व. : ऐसा जब कभी होता है तो कहानी या कविता अपनी शक्ति और ऊर्जा खो देती है। रचना हमें जीवन के उतार-चढ़ावों, लहरों, आँधियों, हर तरह की चोटों और ठेसों से साक्षात्कार कराती है। रचनाकार इन्हें तभी अभिव्यक्त कर सकता है जब उसने अपने से बाहर निकलकर दूसरों की ज़िन्दगी में पैठने का प्रयास किया हो। ज़िन्दगी जैसी है, वैसी जस की तस, चाहे वह कितनी ही कुरूप, निर्मम, भद्दी क्यों न हो, उसके सारे पहलुओं को छूने का साहस दिखाया हो। इन्हीं से रचना की शक्ति का विकास होता है।

विचारधारा अपने-आपमें कोई बुरी चीज़ नहीं, लेकिन एक लेखक को किसी ख़ास विचारधारा का ग़ुलाम नहीं होना चाहिए। विचारधारा तो ऊपर की चीज़ है। ज़िन्दगी में जितनी दृष्टियाँ हैं, दर्शन हैं, उन्हीं को लेकर विचारधारा बनती है। उनके अलग-अलग अनुभवों को लेकर ही लेखक को इन दृष्टियों के भीतर जाने की कोशिश करनी चाहिए, जो मूल है। दुर्भाग्यवश हिन्दी साहित्य में ऐसा कम किया गया है।

मि.सु. : साहित्य में प्रगतिशील आन्दोलन को दिवंगत बताया जा चुका है। इसके पीछे आप किन तत्त्वों या परिस्थितियों को ज़िम्मेवार मानते हैं?

नि.व. : प्रगतिशील आन्दोलन का सूत्रपात इस आकांक्षा से हुआ था कि मनुष्य उन सब शक्तियों से छुटकारा पा सके जो उसे छोटा बनाती है, उसकी मानवीय गरिमा को छीनती है। उसे वैसे नहीं जीने देती, जैसे वह जीना चाहता है। यह एक बहुत सुन्दर भूमिका थी प्रगतिशील आन्दोलन की। इसका लक्ष्य आर्थिक, सामाजिक और राजनीतिक विषमता से लोगों को मुक्ति दिलाना था। प्रेमचन्द जब अपनी कहानियों में भारतीय किसान के दुःख व दारिद्र्य का चित्रण करते हैं तो उसमें एक आशा

छिपी रहती है कि एक दिन इसका अन्त होगा। यही प्रगतिशील आन्दोलन का सृजनात्मक और उजला पक्ष था, जो मनुष्य को अँधेरे से बाहर आने की आशा देता था। दुर्भाग्यवश प्रगतिशील आन्दोलन ने अपने इस लक्ष्य, आदर्श और आकांक्षा को भुलाते हुए समूचे आन्दोलन को कम्यूनिस्ट पार्टी, जो एक राजनीतिक पार्टी थी, जिसके अपने स्वार्थ थे, के साथ बाँध दिया। कम्यूनिस्ट पार्टी के स्वार्थ भारतीय परिप्रेक्ष्य से न जुड़कर सोवियत संघ से जुड़े थे। उसी के अनुरूप वह अपनी रणनीति निर्धारित करती थी। कम्यूनिस्ट पार्टी के लिए प्रगतिशील आन्दोलन एक माध्यम था—भारतीय बुद्धिजीवियों में अपने प्रभाव को विस्तृत करने का। इसका घातक परिणाम यह हुआ कि हमारे देश का प्रगतिशील आन्दोलन अपने आदर्शों से स्खलित होकर केवल एक पार्टी विशेष के राजनीतिक लक्ष्यों को पूरा करने में लग गया। मैं समझता हूँ, यही उसके पतन का मुख्य कारण है।

मि.सु. : साहित्यिक पुरस्कारों की बढ़ती संख्या पर कुछ कहेंगे?

नि.व. : प्रतिष्ठित लेखक जिसे पहले से ही ख्याति मिली है, अधिकांश पुरस्कार उन्हें ही दिये जाते हैं जिन्हें उनकी ज़रूरत नहीं। जिन युवा प्रतिभाशाली लेखकों को इनसे मदद मिल सकती है—उनके लिए ऐसे पुरस्कारों की संख्या नगण्य है। लेखक पुरस्कारों के लिए कभी लिखना शुरू नहीं करता लेकिन जब इस तरह की आबोहवा बन जाती है तो लेखक की आँख पुरस्कार पर ही लगी रहती है। इससे एक तरह की अस्वस्थ प्रतियोगिता उत्पन्न होती है। ऐसी स्थिति में पुरस्कार वरदान की बजाय बीमारी का रूप धर लेता है। कितना ही अच्छा होता यदि पुरस्कारों का पैसा युवा लेखकों की रचनाओं को प्रकाशित कराने और साहित्यिक पत्रिकाओं को स्थापित-प्रकाशित कराने में लगाया जाता।

मि.सु. : हिन्दी पत्रकारिता आज संकट के दौर से गुज़र रही है। हिन्दी की पत्र-पत्रिकाएँ एक-एक कर बन्द होती जा रही हैं। इसके लिए कौन-से लोगों अथवा परिस्थितियों को आप ज़िम्मेवार मानते हैं?

नि.व. : देखिए, राष्ट्रीय आन्दोलन के समय में जो समाचार-पत्र या पत्रिकाएँ प्रकाशित होती थीं, उनके सामने आज़ादी का आदर्श, मुक्ति की कामना, मनुष्य की रुचि का परिष्कार करना तथा उसे उसकी परम्परा से अवगत कराने की आकांक्षा थी। मुझे लगता है, ये आदर्श आज लुप्त हो गए। अख़बार कितना लाभ कमाता है, उसे कितने विज्ञापन मिलते हैं, उसकी प्रसार-संख्या कितनी है—जब यही उद्देश्य हो पत्र निकालने का तो फिर 'टाइम्स ऑफ़ इंडिया' जैसे बड़े-बड़े प्रतिष्ठान जिनके पास पैसा है, वे भी उन पत्र-पत्रिकाओं को बन्द कर देते हैं, जिनसे उन्हें अपेक्षित लाभ नहीं होता। व्यवसायीकरण और आर्थिक लाभ ही इनके

बन्द होने के पीछे सबसे बड़ा कारण है। कितनी बड़ी विडम्बना है कि टाटा, बिड़ला जैसे उद्योगपति अपने पैसों से मन्दिर तो बनाते हैं पर शायद ही किसी के मन में विचार आता हो कि अपने लाभ का थोड़ा अंश भी बौद्धिक कार्यों में लगाएँ। सरकार भी भारत महोत्सव के नाम पर करोड़ों ख़र्च कर सकती है, पर बौद्धिक गतिविधियों पर उसका शतांश भी नहीं ख़र्च करती।

मि.सु. : क्या आपको लगता है कि इन्हीं कारणों से हमारे सांस्कृतिक स्रोत भी सूखते हैं, जिससे साहित्य-सृजन प्रभावित हो रहा है?

नि.व. : कोई भी लेखक तभी अच्छा लिख सकता है जब उसके पास सोचने-समझने का भंडार हो। सोचने-समझने की यह शक्ति उसे किताबों से ही मिलती है जो प्रमुख सांस्कृतिक स्रोत हैं। जब ज्ञानार्जन के सारे स्रोत बन्द हो जाते हैं तो नारेबाज़ी पर कलम चलने लगती है। गर्म नारों से साहित्य का निर्माण होता है जिससे साहित्य के स्थान पर छद्म साहित्य का जन्म होता है।

मि.सु. : और, अब एक अन्तिम सवाल। एक चर्चा है आजकल कि धर्म को राजनीति से अलग किया जाना चाहिए। क्या यह सम्भव है?

नि.व. : यह इस पर निर्भर है कि धर्म से हमारा अभिप्राय क्या है? अगर हम धर्म को 'रिलिजन' व 'मजहब' से एकीकृत करेंगे, तब उन निष्कर्षों पर पहुँचेंगे जहाँ 'रिलिजन' शब्द मनुष्य के विश्वासों, मान्यताओं से सम्बन्ध रखता है और 'मज़हब' क़ुरान में कही गई बातों को भी स्वीकृति देता है। लेकिन 'धर्म' शब्द से जो ध्वनि निकलती है, वह इन दो शब्दों से कहीं व्यापक है। इसका अभिप्राय है अपने कर्तव्यों, ज़िम्मेवारियों और सबसे बड़ी नैतिक ज़िम्मेदारी से गहरा सम्बन्ध रखते हुए उनका निर्वहन। 'महाभारत' में युधिष्ठिर को 'धर्मराज' इसलिए नहीं कहा गया कि वे किसी धार्मिक संहिता में विश्वास करते थे या उनके विश्वास दूसरे भाइयों के मुक़ाबले ज़्यादा दृढ़ थे। उन्हें धर्मराज इसलिए कहा गया कि उनमें वे नैतिक संस्कार विशिष्टता से विद्यमान थे, जिनसे नैतिक संकट के क्षणों में ग़लत-सही का निर्णय लिया जाता है। इसी में हमारी भी नैतिकता निहित है। भारतीय जीवन-पद्धति में जो 'एप्रोच टू रिलिजन' है, वह मेहँदी की तरह रचा-बसा हुआ है। राजनीति भी तो इसी धर्म का एक हिस्सा है। गांधी जी से जब धर्म को राजनीति से अलग करने के बारे में पूछा गया तो उन्होंने कहा था कि जो ऐसा कहते हैं, वे न तो धर्म का मर्म समझते हैं और न ही राजनीति की नैतिकता स्वीकार करते हैं। फिर हम कैसे कह सकते हैं कि धर्म को राजनीति से अलग किया जा सकता है?

मि.सु. : पर निर्मल जी, जैसा कि लोगों का कहना है कि धर्म को सत्ता-प्राप्ति का औज़ार बनाया जा रहा है तथा इससे जनता में उत्तेजना फैलाने का काम किया जा रहा है तो क्या ऐसी दशा में भी आप धर्म को राजनीति से अलग किया जाना नहीं स्वीकारते?

नि.व. : धर्म को राजनीति का शस्त्र बनाना, उसे मन्दिर या प्रतिष्ठान तक सीमित रखना उतनी ही गहरी ग़लती है जितना कि कथित 'सेक्यूलरिस्ट' इन्हें ऊपरी तौर पर देखकर अलग करना चाहते हैं। इसे हम निषेधात्मक कार्रवाई का हथियार बनाने पर सहमत नहीं हैं। यदि धर्म को राजनीति में सत्ता-प्राप्ति का साधन बनाया जाता है तो साध्य भी गांधी जी के शब्दों में ग़लत हो जाएगा। क्योंकि उनकी दृष्टि में साधन और साध्य, दोनों की पवित्रता आवश्यक है।

['राँची एक्सप्रेस' : 9 दिसम्बर, 1993]

हमारे देश के लिए कोई एक विचारधारा पूर्ण नहीं है

चन्द्रभूषण की बातचीत

चन्द्रभूषण : आपका अंग्रेज़ी की अपेक्षा हिन्दी की ओर अधिक झुकाव क्यों रहा?

निर्मल वर्मा : हिन्दी में लिखना-पढ़ना मेरे लिए सहज और स्वाभाविक रहा। इसके लिए मुझे कोई अतिरिक्त चेष्टा नहीं करनी पड़ी। दरअसल हिन्दी माहौल में रचे-बसे परिवार के संस्कार का भी प्रतिफल रहा कि मेरा हिन्दी के प्रति झुकाव होता गया। उस समय हिन्दी की ही पत्र-पत्रिकाएँ घर पर आती थीं, इससे भी हिन्दी जानने-समझने का मौक़ा मिला और दिलचस्पी बढ़ती गई। उसी दौरान मैंने अपने प्रिय लेखकों—प्रेमचन्द, जैनेन्द्र और सुदर्शन के अतिरिक्त चेख़ॅव, गोर्की, टॉल्स्टॉय के हिन्दी अनुवाद पढ़े, इससे हिन्दी लेखन के प्रति झुकाव स्वाभाविक रूप से हुआ।

च. : इसका मतलब यह हुआ कि आपने अंग्रेज़ी का सहारा केवल रोज़ी-रोटी के लिए ही लिया?

नि.व. : पचास-साठ के दशक में मैं एक प्रकार से बेकारी का जीवन बसर कर रहा था। उसी दौरान मैं 'हिन्दुस्तान टाइम्स' में समकालीन हिन्दी पुस्तकों की रिव्यू लिखने लगा। यह उस समय एक बड़ी बात थी कि अंग्रेज़ी अख़बार में हिन्दी पुस्तकों की 'रिव्यू' निकालने की परम्परा की शुरुआत हुई। तब सिर्फ़ 'स्टेट्समैन' में कभी-कभार हिन्दी पुस्तकों की 'रिव्यू' छप जाती थी। इससे मुझे कुछ आर्थिक मदद मिलनी भी शुरू हुई। आगे चलकर जब मैं चेकोस्लोवाकिया के प्राच्य विद्या-संस्थान, प्राग की ओर से आमंत्रित किया गया तो मैं अंग्रेज़ी में वहाँ की कला-संस्कृति पर डिस्पैच भारत भेजता था। इसके अतिरिक्त मैंने वहाँ समकालीन चेक कथा-साहित्य, कहानियों और उपन्यासों का अनुवाद किया। इस प्रकार आप कह सकते हैं कि शुरुआती दौर में मैंने अंग्रेज़ी को अपनी रोज़ी-रोटी का माध्यम बनाया।

च. : आपने अंग्रेज़ी में कहानी-उपन्यास लिखने का मन क्यों नहीं बनाया?

नि.व. : दरअसल कहानी या उपन्यास अंग्रेज़ी में लिखने का कभी विचार तक नहीं आया। यूँ भी अपनी मातृभाषा (हिन्दी) में अपने अनुभव की सूक्ष्मताओं, भावनाओं और अनुभूतियों को जितनी गहराई के साथ पेश किया जा सकता है, उतनी गहराई से अन्य भाषाओं में नहीं। इसके लिए मुझे अपनी मातृभाषा समर्थ जान पड़ती है। मैंने अंग्रेज़ी में चिन्तन-प्रधान विषयों पर ही लिखा है।

च. : पचास-साठ के दशक के दौरान कहानी-उपन्यासों के विषय मुख्य तौर पर क्या थे?

नि.व. : उस समय सामाजिक और मध्यवर्गीय जीवन-शैली लेखकों के मुख्य विषय थे। मध्यवर्ग के परिवारों की घुटन, टूटते संयुक्त परिवार को लेखक अधिक जानने-समझने का प्रयास कर रहे थे, आंचलिक कहानियाँ भी उसी दौरान आईं। मार्कंडेय, शिवप्रसाद सिंह आदि ने आंचलिक कहानियाँ लिखीं। लेकिन सबसे सशक्त और क्षेत्रीय अनुभव को लेकर फणीश्वरनाथ 'रेणु' का 'मैला आँचल' आया जिसने आंचलिकता के कई आयाम खोले।

च. : 'मैला आँचल' जिस समय आया, तो निश्चित तौर पर साहित्य जगत में व्यापक प्रतिक्रिया हुई होगी?

नि.व. : यह विडम्बना है कि साहित्य के परिवर्तन को जल्दी स्वीकार नहीं किया जाता। 'मैला आँचल' के साथ भी यही हुआ। साहित्यकारों में इसे लेकर तीखी प्रतिक्रियाएँ हुईं। उस समय इसका यह कहकर विरोध किया गया कि यह तो उपन्यास नहीं है, बल्कि ग्रामीण जीवन के छोटे-छोटे टुकड़े हैं। परन्तु हक़ीक़त यह थी कि रेणु क्षेत्रीय अनुभव को नये मुहावरे में ढाल रहे थे, जिसे पाठक धीरे-धीरे आत्मसात् कर रहे थे। क्षेत्रीय भाषाओं के घुलने-मिलने से हिन्दी लचीली हो रही थी और रेणु के अनुभव का आकाश विस्तृत होता जा रहा था।

च. : लेकिन आंचलिकता का प्रयोग आजकल विलुप्त क्यों होता चला गया?

नि.व. : नहीं, यह विलुप्त क़तई नहीं हुआ है बल्कि इसका आकाश विस्तृत हुआ है। कृष्णा सोबती ने 'ज़िन्दगीनामा' में पंजाबी लोकगीत और वातावरण को बेजोड़ ढंग से पेश किया है। रेणु का क्षेत्र पूर्णिया अंचल था तो सोबती जी ने पंजाबी भाषा, संस्कृति को अपने लेखन का आधार बनाया।

च. : क्या ऐसा कहा जा सकता है कि सोबती जी ने रेणु जी से प्रभावित होकर 'ज़िन्दगीनामा' लिखा?

नि.व. : नहीं, ऐसा नहीं कहा जा सकता, क्योंकि दोनों के विषय और क्षेत्र अलग हैं। दरअसल भारत की सभी क्षेत्रीय भाषाएँ हिन्दी की उपधारा हैं। जब दोनों आपस में मिलती हैं, तो न इसे शुद्ध हिन्दी कह सकते हैं, न ही क्षेत्रीय। बस, इसमें ताज़गी की एक सोंधी गंध आती है।

च. : क्या कारण रहा कि ग्रामीण वातावरण की जगह शहरी वातावरण आपके कहानी-उपन्यासों में है?

नि.व. : मेरी अनुभूति का क्षेत्र ग्रामीण वातावरण नहीं रहा। जिसका जन्म, पालन-पोषण गाँव में हुआ, वह गाँव की कहानियाँ लिखेगा। मैं मूलतः एक शहरी वातावरण में रहा। अनुभूति में ज़िन्दगी प्रवेश करे, तभी कोई लिख सकता है। एक लेखक के लिए कौन-सा परिवेश चुनना वांछनीय है, यह लेखक के लिए स्वयं अपने अनुभूति-जगत पर निर्भर करता है।

च. : क्या रचनाकार की रचना और उसकी निजी ज़िन्दगी में कहीं सामंजस्य है?

नि.व. : सामंजस्य है और अन्तर्विरोध भी। दोनों ही यथार्थ के पहलू हैं!—ज़रूरी है किसी एक पहलू को नकारा जाए!

च. : 'शब्द और स्मृति' में आप अपने पुराने विश्वासों के आसपास चक्कर क्यों काटते रहते हैं? क्या इसे ग़ैर-आधुनिक नहीं कहा जा सकता?

नि.व. : यह ग़ैर-आधुनिक इसलिए है, क्योंकि इसमें आधुनिकता के उन सब अंधविश्वासों, रूढ़िगत फ़ैसलों और फ़ॉर्मूलों पर शंका प्रकट की गई है, जिन्हें हम आँखें मूँदकर स्वीकार कर लेते हैं।

च. : 'वे दिन' उपन्यास में पुराने ढर्रे की संरचना को तोड़कर एक नये तरह के गठन के दर्शन होते हैं। पर उपन्यास को किसी नये रूप-बन्धन में बाँधने की क्या आवश्यकता पड़ती है?

नि.व. : जिसे आप पुराने ढर्रे की संरचना कहते हैं, वह एक समय में किसी लेखक के सर्वथा मौलिक अनुभव को अभिव्यक्त करती होगी। मुश्किल तब पैदा होती है जब कोई लेखक इस संरचना के अनुरूप दुनिया को देखने लगे, जबकि होना उलटा चाहिए कि वह देखने के दौरान अपनी दुनिया की संरचना करे जिसे हम 'सृजन' कहते हैं। उपन्यास का गठन लेखक नहीं तैयार करता, स्वयं उसकी दृष्टि उसे निर्धारित करती है—जैसे नदी पहले अपना पाट तैयार करके नहीं बहती, स्वयं बहने के दौरान उसका पाट बनता जाता है।

च. : 'परिन्दे' एक लम्बी कहानी है और 'वे दिन' एक लघु उपन्यास। तो क्या आप बताएँगे कि रचना के स्तर पर इनमें और क्या अलगाव है?

नि.व. : लम्बी कहानी और लघु उपन्यास के बीच कोई साफ़-सुथरी विभाजन-रेखा खींचना असम्भव है। मुझे कभी-कभी अपना उपन्यास 'वे दिन' एक बहुत लम्बी कहानी ही जान पड़ता है। उपन्यास वास्तव में एक विस्तृत कहानी है, जो अपना रस अनेक स्रोतों से ग्रहण करता है—समय, ज़िन्दगी और मृत्यु, इतिहास और स्मृति, दर्शन। कहानी और उपन्यास का केन्द्रबिन्दु एक ही रहता है, किन्तु उपन्यास उस बिन्दु को अनेक आयामों पर और विभिन्न कोणों से आलोकित करता है।

च. : 'रात का रिपोर्टर' उपन्यास की बात हो या किसी अन्य कहानी या उपन्यास की, इनमें एक उदासी-सी घिरी रहती है। हर पात्र उदास नज़र क्यों आता है?

नि.व. : कथानक में उदासी लेकर बढ़ने का कोई संकल्प नहीं होता। घटनाओं के भीतर, पात्रों के भीतर जो घट रहा है—क्या होगा, किस ओर जाएगा, यह चिन्ता है। व्यक्ति जो कुछ करता है, सोचता है, उसके बारे में विश्वास नहीं होता—अराजकता के घेरे के बीच उठता-बैठता है, लेकिन निष्पत्ति क्या है, इसके बारे में उदासीन है। बिलकुल बेसहारा पाते हैं हम अपने को।

जिसे आप 'उदासी' कहते हैं, वह अनेक चिन्ताओं के कोहरे से बाहर आती है—जीवन की अर्थवत्ता के सम्बन्ध में जिज्ञासा-महाशून्य का आतंक। हमारे अस्तित्व का संकट, आस्था का संकट। ऐसी अनेक स्थितियाँ हैं। मनुष्य होने के नाते मनुष्य की अनेक उदासियाँ हो सकती हैं। इस विडम्बना को चित्रित करना उदासीनता नहीं, छटपटाहट है, समस्याओं के भीतर किसी सिलसिले के साथ अन्त तक जाने के... जो समस्याएँ दर्शनशास्त्र में, महाकाव्य में हैं, वे चिन्ताएँ साहित्य में भी हैं, सिर्फ़ उनका जीवन की स्थितियों में रूपान्तरण होता है।

च. : आपकी कहानियों में कोई दिशा नहीं होती, सिर्फ़ स्थिति का चित्रण मात्र ही क्यों होता है? कोई उद्‌देश्य या आदर्श क्यों नहीं?

नि.व. : हमारे समय तक आते-आते वह आदर्श धूमिल हो गया, जो पहले से चला आ रहा था, लेकिन आदर्श की कामना नष्ट नहीं होती, वह बदल भले ही जाए। अनेक प्रवृत्तियों और कमज़ोरियों वाले पात्रों को बराबर महसूस होता है कि वे अपने रिश्तों में, अपने आदर्श में छलावा कर रहे हैं—बिना किसी पर्दे के यह भी आदर्श है सत्य को पहचानने का। यह भी हमें शक्ति देता है, सुख भले ही न दे।

च. : आप प्रचलित कहानी-कला के दायरे से अपने-आपको किस प्रकार अलग करते हैं?

नि.व. : हर लेखक की अपनी लेखन टेक्निक होती है और वह अपने अनुभव के आधार पर कथा-संसार रचता है। जैनेन्द्र या प्रेमचन्द की लेखन-शैली कभी समान नहीं रही बल्कि जैनेन्द्र ने प्रेमचन्द की प्रचलित कहानी-कला के दायरे से हटकर लिखा।

च. : शुरू में आप वामपंथी विचारधारा के रहे और इसलिए कम्यूनिस्ट पार्टी की बाक़ायदा सदस्यता भी ग्रहण की, फिर इससे किनारा क्यों कर लिया?

नि.व. : हमारे देश में ज़मींदारी प्रथा, शोषण, ऊँच-नीच का भेद तथा कई प्रकार की असमानताएँ जैसी प्रकृति रही है। मार्क्सवाद इन्हीं सारी असमानताओं का सिद्धान्त रूप है, इसलिए वामपंथ की ओर झुकाव हुआ। परन्तु मार्क्सवादी इन सब असमानताओं के पीछे आर्थिक असमानता को ही दोषी ठहराता है, जबकि हमारे देश में इन असमानताओं के पीछे कई सामाजिक कारण भी हैं, इसलिए वामपंथ या मार्क्सवाद मुझे अस्वाभाविक जान पड़ा और मुझे लगा कि समाज को समझने के लिए कुछ दूसरे सिद्धान्त की ज़रूरत है।

च. : आप किस विचारधारा का समर्थन करते हैं?

नि.व. : मैं किसी ख़ास विचारधारा का दास नहीं हूँ। आरक्षण नीति पर मेरे अपने विचार हैं। लेखक होने के नाते स्वतंत्र चिन्तन और चेतना के द्वारा समाज के हर पहलू पर विचार करता हूँ या रखता हूँ। किसी एक विचारधारा तक सीमित नहीं हूँ।

च. : भारतीय परिवेश में कौन-सी विचारधारा 'फिट' बैठती है? क्या गांधीवाद भी नहीं?

नि.व. : हमारे देश के लिए कोई एक विचारधारा पूर्ण नहीं है। कोई ज़रूरी नहीं कि वह गांधीवाद ही हो। गांधी ने यह कभी नहीं सोचा था कि औद्योगिकीकरण का इतना विकास हो जाएगा। उनका कहना आज भी सही है कि मनुष्य और प्रकृति में सन्तुलन क़ायम रहना चाहिए।

मैं किसी धारा के विरुद्ध नहीं था

उमेशचन्द्र चतुर्वेदी की बातचीत

उमेशचन्द्र चतुर्वेदी : आपने लेखन कब शुरू किया?

निर्मल वर्मा : वैसे तो कॉलेज के दिनों में ही कुछ कहानियाँ लिखी थीं, किन्तु व्यवस्थित एवं गम्भीर रूप से लिखना मैंने 1951-52 से शुरू किया था। मैंने लेखन कहानियों के माध्यम से शुरू किया था। कहानियाँ भैरवप्रसाद गुप्त जी के सम्पादन में इलाहाबाद से निकलने वाली पत्रिका 'कहानी' में प्रकाशित हुईं। इसके बाद उन दिनों की सर्वाधिक प्रतिष्ठित पत्रिका 'कल्पना' में भी कहानियाँ प्रकाशित हुईं। यह सुप्रसिद्ध साहित्यिक पत्रिका हैदराबाद से प्रकाशित होती थी।

उ.च. : आप उस दौर के लेखक हैं, जिस दौर के कहानीकार आम जन-जीवन से जुड़ी कहानियाँ लिख रहे थे, जबकि आप पाश्चात्य धारा की रूमानियत से जुड़ी कहानियाँ लिखते रहे। आपके इस झुकाव के पीछे कौन-से कारण थे?

नि.व. : जिस दौर में मैंने लिखना शुरू किया, उस दौर में लेखक के सामने आम आदमी या सामान्य आदमी का प्रश्न उतना नहीं था, जितना यह कि अपने जीवन के आसपास के परिवेश को कितने अनुभूतिपूर्ण ढंग से व्यक्त कर पाता है। यदि अनुभूति सच्ची और खरी है तो यथार्थ का कोई भी कोना हो—चाहे वह सामान्य आदमी हो, ग़रीब हो, अमीर हो, शहरी हो, गाँव का हो, इससे अन्तर नहीं पड़ता। इससे इतर यह प्रश्न महत्त्वपूर्ण हो जाता है कि लेखक जिस यथार्थ को छूता है, उसे अपनी कहानी या उपन्यास में पूरी समग्रता से ईमानदारी के साथ, अन्तर्दृष्टि के साथ व्यक्त कर पाता है या नहीं। मेरे दौर के लेखक, जिसे 'नई कहानी' का दौर कहा जाता है, अलग-अलग अनुभव क्षेत्रों में आए थे। जैसे शिवप्रसाद सिंह एवं मार्कंडेय गाँव की कहानियाँ लिखते थे। कमलेश्वर छोटे क़स्बों के जीवन के बारे में लिख रहे थे। उनकी पकड़ बहुत मज़बूत थी। जबकि मैं, राजेन्द्र यादव एवं

मोहन राकेश बड़े शहरों में रहते थे। हम वहाँ के जीवन, जिसे आप मध्यवर्गीय कह सकते हैं, जिनमें बुद्धिजीवी, अध्यापक, क्लर्क जैसे लोग रहते हैं, पर लिख रहे थे। इनके पारिवारिक जीवन के तनाव, विषमताएँ, और वे सब प्रश्न जो उस समय के लेखकों को आक्रान्त करते थे, को लेकर लिख रहे थे। इसमें किसी तरह का आग्रह या दुराग्रह नहीं था कि कहानी किसी ख़ास समाज, वर्ग या व्यक्ति तक ही सीमित हो।

उ.च. : यानी कि आप धारा के विरोध में नहीं थे?

नि.व. : मैं किसी धारा के पक्ष या विरोध में नहीं था। कहानी लिखने की हर लेखक की अपनी विशिष्ट शैली होती है, जो अधिकतर मनुष्य की अन्दरूनी अनुभूतियों पर निर्भर करती है। उसका बाहरी यथार्थ से इतना सरोकार नहीं होता। इसीलिए मेरी कहानियों की पहचान कुछ अलग-सी थी। लेकिन इसी कारण से मेरा कोई विरोध हुआ है या मुझे यह लगा हो कि मुझे ठीक से समझा नहीं गया है या आलोचना के क्षेत्र में मुझे यह लगा हो कि मेरी कहानियों का मूल्यांकन ठीक ढंग से नहीं हो रहा है, ऐसा मुझे कभी नहीं लगा।

उ.च. : चलिए, इसी बात को आगे बढ़ाते हैं। आप अपनी कथा-रचनाओं को रोमानी मानते हैं कि नहीं?

नि.व. : यह तो इस बात पर निर्भर करता है कि आप रोमानी शब्द का कैसा अर्थ लगाते हैं। असल में जब हम लिखते अथवा सोचते हैं, उसमें यथार्थ और यथार्थ में छिपा स्वप्न, दोनों अन्तर्निहित होते हैं। जो हम हैं, हमारी कल्पना, हमारे स्वप्न, हमारी आकांक्षाओं का एक अपूर्ण भाग है। मनुष्य का जीवन इन दोनों पक्षों से जुड़ा रहता है। उसके एक पक्ष को रोमानी कह देना और दूसरे को यथार्थवादी कहना मानवीय जीवन को विपन्न बनाना और एकपक्षीय बनाकर छोटा करके देखना है। वैसे भी मुझे नहीं लगता कि कला के क्षेत्र में रोमानी शब्द कोई महत्त्वपूर्ण अर्थ रखता है। जब हम बम्बइया फ़िल्मों को रोमानी कहते हैं तो इसका अर्थ दूसरा होता है। क्योंकि उनमें यथार्थ की समस्याओं को काटकर एक बिलकुल ही काल्पनिक जीवन को सत्य मानकर एक तरह का नाटक रखा जाता है, जिसका जीवन के यथार्थ से, उसके कटु अन्तर्द्वंद्वों से कोई लेना-देना नहीं रहता। अगर इन अर्थों में रोमानी कहना चाहें तो मैं नहीं मानता कि कोई भी लेखक इस अर्थ में रोमानी होता है। रोमानी का एक अर्थ यह है कि एक तरह का आदर्श, एक कामना या आकांक्षा जो भले ही आपके सामने नहीं है, फिर भी जीवन का एक महत्त्वपूर्ण अंग ही न हो, बल्कि जिसमें हमारी बहुत-सी कल्पनाएँ एवं धारणाएँ छिपी होती हैं। महत्त्वपूर्ण पहलू यह है कि फिर भी ये हमारे जीवन यथार्थ का अपना ही महत्त्वपूर्ण अंग हैं। मैं समझता हूँ कि प्रारम्भ में मेरी कहानियों के लिए रोमानी शब्द का प्रयोग होता था।

लेकिन बाद में आलोचना ज्यों-ज्यों परिपक्व होती गई, इस तरह के शब्द अपने-आप ही समाप्त होते गए।

उ.च. : आपके उपन्यासों में दर्द तो है, फिर भी वे सहलाते-से लगते हैं। जैसे 'वे दिन' के 'मैं' और रायना के बीच का मीठा दर्द। फिर भी उन्हें आपने कोई रास्ता नहीं दिखाया। ऐसा करके आप किस उद्देश्य की प्राप्ति करते हैं?

नि.व. : मैं नहीं समझता कि यह सच है कि इस उपन्यास में कोई रास्ता नहीं है। वह तो एक अनुभव यात्रा है। जब दो पात्रों के बीच यह अपने चरमबिन्दु पर पहुँचती है, तब दोनों के सम्बन्ध अपनी नियति प्राप्त कर लेते हैं। कहानी की भी अपनी एक नियति, लक्ष्य एवं गति होती है। गति जब उस लक्ष्य तक पहुँच जाती है तो उसकी समाप्ति हो जाती है। इसमें कौन-सा रास्ता हमें दिखाई देता है या उस कहानी में छिपा है, यह ज़रूरी नहीं कि वह लिखा ही जाए, इसलिए उपन्यास को इस अर्थ में समझना कि वह कोई रास्ता दिखाएगा एवं इस पर आग्रह करना मैं ग़लत मानता हूँ। 'वे दिन' तीन-चार दिनों की कहानी है, जहाँ एक व्यक्तित्व दूसरे व्यक्तित्व से मिलता है। दोनों अपने अतीत को एक-दूसरे के साथ जीते हैं। उनके बीच एक सम्बन्ध स्थापित होता है और फिर वे अलग हो जाते हैं। इस समूचे परिवेश में लेखक जो कुछ उन दोनों के अनुभवों से जीवन के बारे में सत्य प्राप्त करता है, वही उस उपन्यास की बात है। उसके आगे न तो लेखक कहना चाहता था और न ही मैं यह समझता हूँ कि इसके परे पाठक को भी कुछ अतिरिक्त देखने की ख़्वाहिश होनी चाहिए।

उ.च. : आपकी एक कहानी है 'डेड़ इंच ऊपर'। इसका कोई दार्शनिक उद्देश्य भी है या सिर्फ़ पीने-पिलाने पर ही यह कहानी आधारित है?

नि.व. : इसके पीछे सिर्फ़ यही था कि व्यक्ति को पीने के बाद इतना होश तो अवश्य रहना चाहिए कि वह पीने का आनन्द उठा सके। जब वह होश गँवा देता है तो जिस आनन्द को वह भोग रहा होता है, उसे भी भुला देता है, या गँवा देता है। न तो उसे इतना अधिक पीना चाहिए कि वास्तविकता को ही भूल जाए, यानी इतना ही पिए कि वह वार्स्तविकता को न भूले, साथ ही उससे ऊपर उठकर नये अनुभव-लोक में विचरने लगे। ये दोनों ही चीज़ें सम्भव हो सकती हैं जब मनुष्य की चेतना क़ायम रहे। इसी अर्थ में मैंने डेढ़ इंच को एक प्रतीक के रूप में स्थापित किया।

उ.च. : आप किसी विचारधारा या दर्शन से प्रभावित हुए या नहीं? क्या किसी लेखक को किसी विचारधारा या दर्शन से जुड़ना चाहिए?

नि.व. : यह तो कहना बड़ा मुश्किल है कि मैं किसी धारा विशेष से प्रभावित हुआ या नहीं। मैं हमेशा जो पढ़ता रहता हूँ, देखता हूँ, उसका प्रभाव पड़ता है। एक ज़माने में मार्क्सवादी दर्शन ने मुझे आकर्षित भी किया था और इसलिए किया था कि मुझे लगा था कि मनुष्य अपनी यातना से तभी मुक्ति पा सकता है, जब एक अच्छी अधिक न्यायोचित एवं मानववादी व्यवस्था का निर्माण हो सके। इसमें कोई बुरी बात भी नहीं थी। क्योंकि अपने आदर्श के रूप में मार्क्सवाद का हमेशा से यह लक्ष्य रहा था कि मनुष्य अब तक ज़ंजीरों में बँधा आ रहा है, उसे बेड़ियों से मुक्त होकर अपने को तथा समाज को मुक्त करना होगा। यह इसलिए भी आवश्यक था कि जिस तरह की आर्थिक ग़ुलामी, शोषण में हम रहते हैं, एक वर्ग दूसरे वर्ग पर आश्रित रहता है। अपनी आजीविका के लिए अपने शरीर से लेकर स्वर तक बेचता है। इस तरह की अन्यायपूर्ण व्यवस्था समाप्त हो सके। शायद यही कारण था कि मैं मार्क्सवाद से प्रभावित था। लेकिन जैसा मनुष्य के जीवन में होता है, अनुभव होते जाते हैं और उनके नये-नये परिणाम दिखाई देने लगते हैं। जैसा कि मार्क्सवाद का हश्र हुआ। यानी मार्क्सवाद में भी वही बुराइयाँ समाती गईं, जो पूँजीवाद में पाई जाती हैं। ज़ाहिर है, मुझे दोबारा अपनी विचारधारा का पुनरीक्षण करना पड़ा। मैं यूरोप में नौ वर्षों तक रहा। वापस आने पर मैंने देखा कि भारत की स्थिति काफ़ी बदल चुकी है। स्वतंत्रता के बाद हम जिस अन्धाधुंध औद्योगिकीकरण की लपेट में आ गए, उससे न केवल हम, बल्कि हमारा परिवेश भी दूषित होता जा रहा था। भौतिकवादी दर्शन से प्रभावित हमारे परिवेश ने मुझे चिन्तन करने पर बाध्य कर दिया और मेरा मार्क्सवाद से लगभग मोहभंग ही हो गया।

उ.च. : आप किन-किन लेखकों से प्रभावित हुए?

नि.व. : जब मैंने लिखना शुरू किया तो मुझे भी हर लेखक की तरह प्रेमचन्द की कहानियाँ, रवीन्द्रनाथ ठाकुर की सभी तरह की रचनाएँ, शरत् बाबू के उपन्यास बहुत प्रभावित करते थे। मैं उन्हें बार-बार पढ़ता रहता था। शायद हमारे संस्कारों को पोषित करने में इन लेखकों का बड़ा हाथ रहा है। लेकिन जब ज़्यादा जटिल ज़िन्दगी बिताने का समय आया तो कुछ और लेखकों से वास्ता पड़ा। अज्ञेय, जैनेन्द्र कुमार और पिछले वर्षों में रेणु के उपन्यासों ने भारतीय जीवन के अलग-अलग पहलुओं से परिचित कराया। मेरे लिए यह एक तरह का गहरा कलात्मक अनुभव रहा। विदेशी लेखकों में रूसी कथाकार टॉल्स्टॉय, चेख़ॅव ने मुझे बहुत प्रभावित किया। रूसी लेखक कमोबेश जीवन का अर्थ ढूँढ़ने का वैसा ही प्रयास करते रहे हैं जैसा कि भारतीय पाठकों के मन में प्रश्न घुमड़ा करते हैं।

इंग्लिश उपन्यासकार वर्जीनिया वुल्फ़ के उपन्यासों ने तो अलग तरह के जीवन से मेरा परिचय कराया, पिछले दिनों कुछ लैटिन अमेरिकी लेखकों की रचनाएँ मैंने पढ़ीं,

इनमें मार्केस की कहानियों और उपन्यासों से मैं अलग तरह के अनुभव-लोक से गुज़रा। वैसे भी मैं अन्य लेखकों को पढ़ता रहता हूँ। मेरा मानना है कि किसी भी लेखक की रचनाएँ, पाठक-लेखक के विचारों एवं अनुभवों को उतना ही परिष्कृत करती हैं, जितना कि उसके अपने अनुभव एवं विचार।

उ.च. : क्या किसी लेखक को राजनीति में, मेरा मतलब है, थोथी राजनीति में भाग लेना चाहिए?

नि.व. : राज्य की नीतियाँ बराबर हमारे जीवन को प्रभावित करती रहती हैं। चाहे हम इससे जुड़ें या नहीं। हाँ, एक लेखक को राजनीति में भाग लेना चाहिए या नहीं, यह तो उस बेचारे लेखक पर निर्भर करता है। किसी समस्या अथवा लिखी बात के प्रति किस तरह की प्रतिक्रिया करनी है, यह तो उस लेखक के विचारों पर निर्भर करता है। ये अलग-अलग रूपों में हो सकते हैं और मैं नहीं समझता कि इनमें कोई एक रूप ग़लत है, या कोई धारणा ग़लत है। साहित्यकार का सम्बन्ध राजनीति से भी उतना ही गहरा होता है, जितना धर्म से, आत्मा से, ईश्वर से, पड़ोसियों से। अपने इस सम्बन्ध के कुछ भाग को तो वह अपने लेखन में निबटाता है तो कुछ चीज़ों को अलग-अलग स्तरों पर अनावश्यक समझकर टाल देता है। कुछ चीज़ों को महत्त्वपूर्ण समझकर अपने लेखन का केन्द्रबिन्दु बनाता है। किन्तु अन्ततोगत्वा यह लेखक पर ही निर्भर करता है कि वह इनकी छानबीन अपने विवेकानुसार करे।

['लोकमत समाचार', नागपुर : 5 जून, 1994]

वैचारिक दासता से मुक्ति के लिए व्यापक राष्ट्रीय आन्दोलन की ज़रूरत

पंकज की बातचीत

पंकज : ऐसा कुछ देखने में आता है कि हमारी बौद्धिक धाराएँ समाज के प्रति जवाबदेह नहीं हैं, वे थम गई हैं और एक हास्यास्पद निराधार विचित्र नैतिक दम्भ उनमें भर गया है, जिस नैतिकता का कोई वास्तविक आधार कहीं है नहीं, एक निराधार दर्पस्फीत है। इसमें सृजनशीलता अवरुद्ध हो रही है और बौद्धिक परिवेश संवादरहित हो चला है। फ़तवे और फ़ैसले हैं, युद्ध-घोषणाएँ हैं। अपनी ग्लानि का ध्यान ही नहीं है। हमारे मार्क्सवादी मित्र हैं, वे दूसरों को गालियाँ देने को ही बौद्धिक पुरुषार्थ मानते हैं। यद्यपि उनके जीवन से दूसरों के, उनके वर्ग-शत्रुओं के जीवन में कोई फ़र्क़ कहीं दिखता नहीं। परन्तु शायद संवाद से बचने के लिए, भयवश या कि भीतरी कमज़ोरी के चलते वे अकारण आक्रामक मूड में रहते हैं। हालाँकि उनसे ज़्यादा राज्याश्रित, राज्यपोषित, राज्यरक्षित कोई और धारा नहीं है। तब भी उनकी बौद्धिक कुंठा विस्मयप्रद है। इतनी सुविधाएँ पाकर, बटोरकर भी वे इतने गतिहीन हैं। ऐसा क्यों?

निर्मल वर्मा : ये कुंठाएँ किसी एक धारा, दल या समूह तक सीमित नहीं हैं। यह सही है कि मार्क्सवादी स्वयं को श्रेष्ठतर—उच्चतर मानते हैं। इसका कारण मेरी समझ में यह है कि वे सोचते हैं कि क्योंकि हम ग़रीबी-अमीरी की विषमता के विरुद्ध हैं और क्योंकि हम एक समतामूलक, न्यायपूर्ण, सन्तुलित समाज-व्यवस्था लाने की पक्षधर आइडियोलॉजी में आस्था रखते हैं, इसलिए हम श्रेष्ठ हैं। हमारे सिद्धान्त श्रेष्ठ हैं। इनकी श्रेष्ठता और सत्यता पर शंका करने वाले लोग बेईमान न भी हों, तो बौद्धिक सामर्थ्य और शक्ति से रहित हैं, उनमें चिन्तन की शून्यता है और वर्ग-स्वार्थ की प्रबलता है। यह उनकी मान्यता है। इसकी जाँच वे ज़रूरी नहीं समझते।

लेकिन जो अन्य धाराएँ हैं, उनमें भी कमोबेश यही प्रवृत्ति है। हर राजनीतिक मतवादी धारा और उनके बौद्धिक मानकर चलते हैं कि उनका सिद्धान्त तो श्रेष्ठ है ही। यह श्रेष्ठता परीक्षण का, चिन्तन का, परख का, विमर्श का विषय नहीं है। हमें सोचना है कि यह जो प्रवृत्ति है, उसके प्रति आलोचनात्मक दृष्टि समाज में जगे। क्योंकि जो भी सिद्धान्त का ढाँचा है, जब तक उसे परीक्षण, तर्क और चिन्तन के आधार पर कसा नहीं जाता है, उसके खोट को दर्शाया नहीं जाता है, उसकी कमी दिखाने वाली कोई प्रवृत्ति या शक्ति सामने नहीं आती तब तक दोष केवल वैसे दल या चिन्तकों का नहीं जो अपने मत को सही समझते हैं, उसे दूसरों पर आरोपित करते हैं, बल्कि कमी और दोष उनका भी मानना होगा जिनमें इस तरह के आलोचनात्मक चिन्तन का अभाव होता है कि वे किसी सिद्धान्त का, आइडियोलॉजी का, परीक्षण कर यह बता सकें कि आपके आदर्श या सिद्धान्त का वास्तविकता से कितना फ़ासला है, कितना अन्तर है।

जिस बौद्धिक बहस के अभाव की चिन्ता आप कर रहे हैं, वह अभाव हमारे समाज से तभी दूर हो सकता है, और सार्थक संवाद की मर्यादा और परम्परा तभी आगे बढ़ सकती है, जब आलोचनात्मक चिन्तन को जीवन के क्रियाकलाप के केन्द्र में रखकर राजनीति तथा अन्य क्षेत्रों में समाज की चिन्ताओं को जाँचा-परखा जाए। आलोचनात्मक चिन्तन में मुख्य शक्ति या गुण है—'ऑब्जेक्टिविटी', वस्तुपरकता और तटस्थता, निष्पक्षता। भले उसमें अन्य अपर्याप्तताएँ या कमियाँ हों। उसी वस्तुपरकता के आधार पर हम न केवल व्यक्तिगत जीवन में सद्-असद् विवेक करते हैं, क्या नैतिक है, क्या अनैतिक है; क्या अच्छा है, क्या बुरा है; क्या करने योग्य है, क्या नहीं करने योग्य है; इसका चिन्तन, परीक्षण व निर्णय करते हैं, बल्कि सिद्धान्तों और विचारों के क्षेत्र में भी हम बराबर परीक्षण करते रहते हैं कि जिस आदर्श को स्थापित करना चाहते हैं, उसका कितना मेल और कितना विरोध हमारे आसपास के जीवन से, जीवन की वास्तविकता से है। तभी सार्थक संवाद सम्भव होता है।

मार्क्सवादी आइडियोलॉजी के भारत में प्रभावी बने रहने का यही आधार है। सार्थक संवाद के अभाव में वह प्रभुत्वशाली विचारधारा समाज में धीरे-धीरे अपने-आप चलती रहती है और हम उसका सामना करने का साहस और शक्ति अपने में जुटा नहीं पाते।

भारत में मार्क्सवादी विचारधारा के प्रभुत्व बने रहने का एक दिलचस्प पहलू और भी है। वह यह कि सोवियत यूनियन के विघटन के बाद जहाँ अन्य देशों-समाजों में मार्क्सवादी प्रभुत्व का ह्रास हुआ है और उसके पनपने की गुंजाइश नहीं रही है, वहीं पर भारत में स्वतंत्रता के बाद समाजवाद के प्रति एक राष्ट्रीय झुकाव इसलिए भी रहा क्योंकि उसकी अगुवाई करने वाले ऐसे नेता थे जिनके लिए भारत की जनता में गहरी श्रद्धा रही है।

गांधी जी के बाद हमारे देश में जो नेता हुए हैं—जवाहरलाल नेहरू, जयप्रकाश नारायण, राममनोहर लोहिया—ये ऐसे लोग थे, जो कट्टर मार्क्सवादियों से अलग होने के बावजूद, एक ख़ास ढंग से समाजवादी व्यवस्था का समर्थन करते थे। इसलिए ये आकस्मिक नहीं है कि आज जहाँ हम और विचारधाराओं को, बिना उनका परीक्षण किये, प्रतिगामी, या पिछड़ी हुई या साम्प्रदायिक कहकर ख़ारिज कर देते हैं, वहीं एक ख़ास तरह की विचारधारा को स्वत: एक प्रतिष्ठा मिली हुई है। हम उस पर उँगली नहीं उठा सकते। हम समझते हैं कि जो लोग यह विचारधारा रखते हैं, वे अनायास ही अच्छे, साम्प्रदायिकता से रहित, सेक्यूलर और ऐसे लोग हैं, जो पूरे देश का ख़याल रखते हैं और देश का भला चाहते हैं। इसमें कितना सच है, कितना खोट है, इसका हम कभी परीक्षण करना आवश्यक नहीं मानते। क्योंकि यह प्रणाली नेहरू-युग से, स्वाधीनता के कुछ वर्षों बाद से ही स्वत: प्रतिष्ठित चली आ रही है और उसे राजकीय सम्मान तथा राजकीय 'वेटेज' मिला हुआ है। इसलिए मार्क्सवादी इस पूँजी को भी, राष्ट्रीय जीवन से प्राप्त इस पूँजी को भी, अपने सिद्धान्तों के असत्य, खोट और असफलता को छिपाने के लिए इस्तेमाल करते हैं और अपनी सत्ता को, अपनी शक्ति को बरकरार रखते हैं। मैं व्यक्तिगत रूप से सोचता हूँ कि यह भी एक कारण है कि मार्क्सवादी प्रभुत्व हमारे यहाँ बिना किसी संवाद के क़ायम है।

पं. : लेकिन भारत की इतनी समृद्ध दर्शन-परम्परा रही है, श्रेष्ठ इतिहास रहा है, इसके बावजूद मनुष्य के बारे में, मानव स्वभाव के बारे में, जीवन के नियमों, गतियों और धर्म के बारे में, समाज के बारे में जो भारतीय बोध, ज्ञान-परम्परा और अनुभव-कोष रहा है, उसका कोई भी उपयोग भारत के समर्थ सृजनशील व्यक्तियों ने, प्रमुख प्रतिभाओं ने, चिन्तन में समर्थ लोगों ने नहीं किया और न यूरोपीय बोध रूपों, भाव-रूपों और ज्ञान-परम्पराओं से ही एकात्म होकर सोचते रचते रहे, छिटपुट अपवादों की बात अलग है, लेकिन भारतीय चिन्तन परम्परा की कोई प्रशान्त धारा स्वाधीन भारत में नहीं बन पाई, इसका क्या कारण आपको दिखता है? क्या गहरी ग्लानि आ गई कि हम तो यूरोप से हार गए, इसलिए उन्हें लगा कि शायद हमारी चिन्तन-परम्परा में ही कोई कमी थी? या समाज ने उस चिन्तन-परम्परा को उपेक्षणीय मान लिया? क्या कारण रहा?

नि.व. : मैं समझता हूँ कि हम जिस भारतीय समाज में रहते हैं, उसकी प्रकृति क्या है, स्वभाव क्या है, निजी अस्मिता क्या है और उसका प्रभाव हमारी जीवन-प्रणाली पर कैसे क्या पड़ता है, यह प्रश्न उन लोगों में नहीं उठता जो 200 वर्षों की औपनिवेशिक सत्ता के कारण हमेशा अपने से निर्वासित होकर, किसी अन्य की आराधना करते रहते हैं।

वह अन्य चाहे यूरोप हो, यूरोपीय दर्शन हो, ज्ञान-परम्परा हो या राजनीतिक व्यवस्था हो, शासन-प्रणाली हो। समाज का विश्लेषण करने का औज़ार हो, हम उसी को अपना लेते हैं। समाजशास्त्र, नृतत्त्वशास्त्र, दर्शन—सभी में हमने वे ही सिद्धान्त और वे ही विधियाँ अपना ली हैं, जो यूरोप के समाजों ने अपने लिए रची, जानी और खोजी थीं। अपने को देखने-समझने के स्रोत हमने बन्द कर लिये हैं। दो हज़ार वर्ष से अधिक पुरानी सभ्यता ने हमें स्वयं को जानने-समझने के जो औज़ार दिये हैं, अनजाने या अबूझे रूप में हम उनका पालन तो करते हैं, लेकिन उनको सचेत स्मृति और विवेक हममें नहीं हैं। आज भी करोड़ों भारतवासियों में संस्कार रूप में वह बोध विद्यमान है; धार्मिक कर्मकांडों, अनुष्ठानों के रूप में वह व्यक्त होता रहता है; समाज के आपसी सम्बन्धों में, व्यवहारों में, गाँव के भीतर, परिवार के भीतर, बिना अधिक समझे-जाने अचेतन रूप से, बिना शिक्षा प्राप्त किये, पोथियाँ पढ़े बिना, शास्त्रों से अवगत हुए बिना भी उनका संस्कार-रूप में पालन करते हैं। यह ज़रूर है कि आधुनिकता की चपेट में यह सहज प्रवाहित भारतीयता कुंठित हुई है, परन्तु नष्ट वह अब भी नहीं हुई है।

भारतीय समाज का गौरव इसमें है कि जिसे आपने परम्परा की धारा कहा है, वह सबल बने। लेकिन आज वो धारा मौजूद होते हुए भी अगर नष्ट होती दिखाई पड़ रही है, तो उसका कारण हमें उस दास-वृत्ति में देखना होगा जो औपनिवेशिक शासन के दौरान दो सौ वर्षों में हमारे भीतर बहुत गहराई तक जड़ें जमा बैठी है। जब तक हम बीमारी से परेशान नहीं होते, तब तक समझ में आता है। लेकिन अगर हम बीमारी को ही स्वास्थ्य का लक्षण समझने लगें तो फिर आत्मपरीक्षण का प्रश्न ही नहीं उठता। इस बीमारी की ओर संकेत गांधी जी ने किया था; तिलक महाराज ने, स्वामी विवेकानन्द ने, श्री अरविन्द ने किया था; क्योंकि उन्होंने देखा था कि समाज अपने आदर्शों से स्खलित हो रहा है और विपरीत दिशा में जा रहा है। इस स्खलित होती हुई प्रज्ञा को रोकने की उन्होंने कोशिश की तो उसके औज़ार या अस्त्र और उपाय उन्होंने भारतीय परम्परा में खोजे। मनुस्मृति तक में खोजे।

आज हम अपने को आधुनिक कहने वाले, मनुस्मृति का तिरस्कार करते हैं और उसकी मनीषा तथा उसके चिन्तन को तिरस्कृत करते हैं। यह समाज जो दर्शन, तर्क, न्याय, व्याकरण, समाज-चिन्तन, संगीत, साहित्य, आयुर्वेद—सब में इतना विकसित था, बढ़ा हुआ था। औपनिवेशिक शासन के दौरान उसमें आत्मविस्मृति भर गई। वह विस्मृति स्वतंत्रता के बाद और भी गहरी होती गई, यह कहते हुए मुझे दुःख होता है। हम उस आत्मविस्मृति के प्रति सचेत नहीं हुए। हमने राज्य-व्यवस्था व समाज-व्यवस्था, दोनों के ढाँचे बाहर से ही लिये। यदि उस आत्मविस्मृति की ओर हमारा ध्यान गया होता तो हमारी शिक्षा का ढाँचा वह न होता जो है। दर्शन, इतिहास, समाजशास्त्र आदि सब में हमारी पढ़ाई-लिखाई केवल यूरोपीय ढंग की न होती।

हम अपने विश्वविद्यालयों के ढाँचे में, पाठ्यक्रमों में, परीक्षा-पद्धति में आमूल परिवर्तन करते। आज भी हमारे यहाँ कांट और हेगेल जिस विस्तार से पढ़ाए जाते हैं, शंकर और नागार्जुन वैसे नहीं पढ़ाए जाते। एक पेपर भारतीय दर्शन व दार्शनिकों का भी रख दिया गया है। पर सारा ज़ोर, सारा ध्यान, सारा महत्त्व यूरोपीय दर्शन-परम्परा पर ही है। पश्चिमी दर्शन ही महत्त्वपूर्ण और प्रधान है। न तो भारतीय प्राचीन दार्शनिकों को उस तरह पढ़ाया जाता, न ही समकालीन भारतीय चिन्तकों को पाठ्यक्रम में समुचित स्थान दिया जाता है। जब तक हमारी शिक्षा पद्धति पूर्णत: अभारतीय है, यूरोपीय है, तो उसके द्वारा हमारे छात्रों के जीवन में भारत की मौलिक चिन्तन-पद्धति के संस्कार कहाँ से आ सकते हैं? इस शिक्षा-पद्धति से हम यह अपेक्षा कैसे कर सकते हैं कि इससे निकलने वाले लाखों छात्र अपने देश-समाज का परीक्षण उस पद्धति से कभी कर पाएँगे जो भारत की अपनी मौलिक चिन्तन-पद्धति रही है, जिसमें उधार लिया हुआ कोई दर्शन नहीं है?

पं. : शिक्षा-व्यवस्था तो वही चल रही है, जिसमें यूरोप को अपनी दृष्टि से जानने की कोई व्यवस्था नहीं है बल्कि यह दृष्टि है कि यूरोपीय ज्ञान ही एकमात्र प्रामाणिक ज्ञान है, वही आधुनिक है और जीवन, जगत तथा मनुष्य के बारे में जो परम्परागत भारतीय दृष्टि है, जो बोध-परम्परा है, उसको पुरानी, बीती हुई चीज़ मान लेने के कारण हमारी शिक्षा-व्यवस्था में उसका कोई भी स्थान आज नहीं है। तो ऐसे में आप क्या रास्ता देखते हैं?

नि.व. : मैं समझता हूँ, यह प्रश्न बहुत-सी चीज़ों को आन्दोलित करता है। काफ़ी पहले से वैचारिक स्वराज का नारा दिया गया। गांधी जी ने 'हिन्द स्वराज का दर्शन' हमें दिया, तो उसी तरह वैचारिक स्वराज की बात उठी। लेकिन यह स्वराज कुछ गिने-चुने बुद्धिजीवियों तक सीमित रहा और वे अपने-आपको बिलकुल अलग-थलग पाते हैं। जो हमारी प्रभुत्वपूर्ण, 'डॉमिनेंट' बौद्धिक धारा है, उसमें तो विचारों के स्वराज की कोई बात ही नहीं है। हमारी शिक्षा-व्यवस्था में उन बौद्धिकों का कोई 'वज़न' नहीं है। वज़न तो यूरोपीय अनुकरण वालों का ही है।

आवश्यकता इस बात की है कि जैसा आन्दोलन गांधी जी ने विदेशी शासन के विरुद्ध किया था, स्वतंत्रता पाने के लिए, वैसा ही आन्दोलन वैचारिक दासता के विरुद्ध देश भर में छिड़े। उसके बिना यह कार्यान्वित नहीं हो सकता, जिसकी आप बात कर रहे हैं या जिसका संकेत कर रहे हैं।

वैचारिक दासता से मुक्ति पाने के लिए जब तक राष्ट्रीय स्तर पर व्यापक आन्दोलन चिन्तन के क्षेत्र में नहीं छिड़ता, तब तक आने वाले वर्षों में केवल विलाप करते रहेंगे और वैचारिक दासता की वर्तमान दशा में कोई भी वास्तविक परिवर्तन नहीं होगा।

पं. : लेकिन जैसे हिन्दी क्षेत्र में कुछ छिटपुट प्रयास श्री यशदेव शल्य या आप या शाह जी या कुछ और प्रतिभाएँ कर रही हैं, उसी तरह अन्य क्षेत्रों में भी होगा। लेकिन कोई व्यापक, प्रशस्त धारा नहीं बन पाती। तो उसकी कोई सम्भावना आप देखते हैं, क्या यहाँ हिन्दी क्षेत्र में, या अन्य किसी क्षेत्र में? या राजनीति या धर्म, संस्कृति आदि के क्षेत्र में? या बौद्धिकों के बीच से कोई प्रशस्त धारा उभरने की सम्भावना आप देखते हैं? कौन लोग करेंगे इसकी पहल? या सब मिलकर करेंगे?

नि.व. : देखिए, जागृति और जागृति का आन्दोलन, व्यक्तियों द्वारा ही शुरू होता है। जब विवेकानन्द ने अपनी आवाज़ उठाई थी आत्मविस्मृति के बारे में और अतीत की परम्परा की याद दिलाई थी, तब रामकृष्ण परमहंस ने कहा था कि हम ऐसे हैं कि जो अपने ही स्वरूप को नहीं पहचान पाते। हमारी स्थिति उस शेर की तरह है, जो गीदड़ों के गिरोह के बीच बचपन से रहता है और आत्मविस्मृति से ग्रस्त रहता है लेकिन फिर एक दिन वह जब शेर को देख लेता है और शेर की दहाड़ सुनता है, तो सहसा उसे आत्मस्मरण हो आता है कि मैं शेर हूँ। तो, एक तो शेर का दहाड़ना हम सुन सकें ताकि हममें यह स्मृति जग सके कि हम क्या हैं; हमारा मौलिक स्वरूप क्या है।

इसके लिए ज़्यादा भीड़ में रहने की ज़रूरत नहीं है। न ही किसी निषेधात्मक आलोचना की ज़रूरत है। और न किसी पर दोषारोपण-भर से हमारा आत्मबोध, आत्मस्मरण सम्भव है। ऐसा करना लाभप्रद होता तो अब तक बहुत पहले हम जग गए होते। इसलिए मैं तो यही समझता हूँ कि अगर हर व्यक्ति अपने क्षेत्र में इतना साहस कर सके कि वह जो देख रहा है, वह कह सके। बिना यह चिन्ता किये हुए कि उसका सत्य किस आइडियोलॉजी के विरोध में पड़ रहा है, विशेष कर जो प्रभावशाली धारा बह रही है, उसके विरुद्ध जाकर भी सच कह सकना तभी सम्भव है, जब जोखिम का साहस हो—चाहे वह साम्प्रदायिकता का मामला हो, या चिन्तन परम्परा का। हमने देखा है कि हम कुछ मामलों में व्यापक असत्य का विरोध नहीं कर पाते। अपने ही समाज को बहुसंख्यक-अल्पसंख्यक जैसे नक़ली भेदों में बाँटकर असली मुद्दे छिपाए जाते हैं। बुद्धिजीवी की मुख्य भूमिका यह है कि वे जिस सत्य का आभास पाते हैं, और दूसरे लोग जिसे कहने का साहस नहीं कर पाते, वे उपेक्षित होने के बावजूद उस सत्य को कह सकें। सत्य के उस तिरस्कृत अंश को सामने लाने का साहस कर सकें। ऐसा हर देश में हुआ है। जॉर्ज आर्वेल ने इंग्लैंड में, साम्यवाद की समूची धारा के विरुद्ध जाकर भी, उस सच को कहने का जोखिम उठाया जो प्रचलित मार्क्सवाद की असलियत उघाड़ने वाला था। उन्होंने उसके भीतर ढकोसले का पर्दाफ़ाश किया तो उन्हें बहुत तरह की बदनामी, बहुत तरह के प्रकोप सहने पड़े थे। हमने देखा है कि जब मार्क्सवाद के विरोध में हमारे देश में कुछ बुद्धिजीवियों ने सच कहने का साहस किया तो उन्हें

हर तरह से बदनाम किया गया, दुष्प्रचार किया गया उनके विरुद्ध। उधर जब कोई मार्क्सवादी छद्म क़िस्म का सेक्यूलरिस्ट बन जाता है तो उसका चरित्र तो नहीं बदलता। साम्प्रदायिकता को संरक्षण वे देते रहते हैं और सेक्यूलरिस्ट बने रहते हैं। तब, इस स्थिति में, जब विचारकों को विश्वविद्यालयों का या अध्ययन के सामाजिक वातावरण का संरक्षण और सहयोग सच्चे संवाद और स्वस्थ बौद्धिक कर्म के लिए नहीं मिलता, तो फिर उन्हें अकेले ही अपनी बात कहने का आत्मबल जुटाना पड़ता है। लेकिन यह तो समस्या का पूरा हल नहीं है। समस्या का असली हल तो तब होगा जब हम अपनी व्यवस्था के भीतर ही उन बन्द स्रोतों को खोल देंगे, जोकि बौद्धिक सड़न और ठहराव के कारण हैं और जिनके खुलने से ये सड़ाँध और ठहराव दूर हो सकते हैं। जिन्हें हम चैनल्स कहते हैं, वे चैनल्स हमें विश्वविद्यालयों से, पुस्तकों से, मीडिया से मिलते हैं। ये सभी चैनल्स हमने अवरुद्ध कर रखे हैं। सच कहने की वहाँ मनाही है। बस, 'डॉमिनेंट' धारा के सुर में सुर मिलाने की आज़ादी है और प्रचलन है। ये बन्द चैनल्स जब हम खोल देंगे, विश्वविद्यालयों में, पुस्तकों में, मीडिया में जब सत्य को प्रकट होने दिया जाएगा, तब हम अपनी मौलिक ऊर्जा और स्मृति-सम्पन्नता को उपलब्ध कर सकेंगे। जब तक हम ऐसा साहस नहीं कर पाते, तब तक कुछ विचारक अलग-अलग ज़रूर सच कहते रहेंगे और उसका थोड़ा-बहुत प्रभाव भी पड़ेगा लेकिन समाज में व्यापक प्रभाव के लिए अपने इन बन्द पड़े या बन्द कर रखे गए सभी चैनल्स को खोलना होगा। उसके लिए सांस्कृतिक क्रान्ति की ज़रूरत है।

पं. : दुर्भाग्यवश हिन्दी में तो इसके लक्षण बहुत कम हैं। बस, एक क्षीण धारा है, जो ऐसा बौद्धिक साहस कर पाती है। नहीं तो हमारे समर्थ रचनाकार भी केवल सीमित दायरे में घूमते रहते हैं—पिछले 20-25 वर्षों से। लोक की ओर तो वे देखते ही नहीं। अब जैसे हमारा समाज है, तो उसमें धार्मिक-सांस्कृतिक-पौराणिक आधार हैं, श्रद्धा है, मान्यताएँ हैं, लेकिन हमारे अधिकांश रचनाकार तो उन्हें अस्तित्वहीन-सा मानकर चलते हैं या उनके विरुद्ध युद्ध की घोषणाएँ करते हैं। ज़रूरी नहीं है कि रचनाकार को इतिहास और दर्शन की विशेष जानकारी हो या कोई विशिष्ट वैचारिक दीक्षा प्राप्त हो। एक रचनाकार तो बिना इस सबके, सहज रूप से, जीवन में, आसपास, गाँवों में जो स्वाभाविक रूप से देखता है, उसे व्यक्त करे, यही उसका स्वधर्म या स्वाभाविक रूप माना जाता है। लेकिन हमारे यहाँ, पिछले पच्चीस वर्षों में तो, कहानी में चार-पाँच नाम हैं, जिनमें एक आप भी हैं, जो यह प्रयास करते रहे हैं कि भारतीय मन को सामने लाया जाए। कविता में भी तीन-चार नाम ही ऐसे हैं, जिनमें भारतीय ज्ञान, स्मृति, संस्कार और बोध तथा अनुभूति की झलक है। बाक़ी तो यह मानो निर्णय कर चुके हैं कि भारतीय दर्शन, धर्म, अनुष्ठान, संस्कृति सब

बीते दौर की चीज़ें हैं और अब भारतीय राष्ट्र के विकास के लिए इनका विनाश ही आवश्यक है और सारा रचना-कर्म वे भारतीय ज्ञान, दर्शन, धर्म, संस्कृति के विनाश को प्रेरित करने के लिए ही करते दिखते हैं। चाहे जनवाद के नाम पर या सेक्यूलरिज़्म के नाम पर या यूरोपीय क़िस्म के हिन्दूवाद के नये उन्माद के नाम पर। जो प्रशान्त भाव, मननशीलता, लोकनिष्ठा, लोकसंग्रह: सृजनशीलता का मर्म है, यह तो हिन्दी में लगभग समाप्त हो चला है। बस, वैचारिक पंचानुशासनों का उन्मादी आवेश है। भारतीय लोक को बलात् रूपान्तरित करने का दर्पस्फीत उत्साह है, नशा है। एक प्रोपेगैंडिस्ट साहित्य लिखना ही अब रचना-कर्म मान्य हो चलता है। यह कैसे हो रहा है? क्या केवल शिक्षा तंत्र इसके लिए ज़िम्मेदार है? याकि एक विकराल बौद्धिक हिंसा का संगठित प्रयास इसके पीछे है?

नि.व. : आप जो कह रहे हैं, वह बहुत महत्त्वपूर्ण है। हमारे आधुनिक काल के सर्वाधिक शक्तिशाली रचनाकार निराला तक को जनवादी बताया जाने लगा। उनमें मार्क्सवादी तत्त्व ही प्रधान बताए, दिखाए जाने लगे। हम, आप, सब उस प्रयास से परिचित ही हैं जबकि निराला ने वेदान्त से, रामकृष्ण परमहंस से, भारतीय लोक-मन से, रवीन्द्रनाथ ठाकुर से बहुत कुछ ग्रहण किया, संचित किया; उन स्रोतों को झुठलाकर केवल एक संकीर्ण क्षेत्र तक, एक ही स्रोत तक उन्हें सीमित करके दिखाया जाता है। ऐसा नहीं कि वह स्रोत क़तई है ही नहीं। लेकिन उसे ही प्रधान दिखाना तो असत्य है। एक कवि, एक रचनाकार तो अनेक स्रोतों से प्रभाव ग्रहण करता है और उन सबको अपनी अनूठी रचना-प्रक्रिया में डालकर, अपनी 'अलकैमी' में सभी रसायनों को पचाकर, एक अनूठा काव्य रचता है, जिसमें भारतीय सच्चाई, स्मृति, कल्पना सभी अद्वितीय रूप में उन्मेष पाते हैं। लेकिन जब एक 'रिडक्शनिस्ट एप्रोच' अपनाकर सभी कुछ को एक संकीर्ण मतवादी साँचे में ढाल दिया जाता है, तो फिर हमारी समूची परम्परा की रसधारा को वह सुखा डालने का प्रयास है।

हमारी परम्परा का एक स्वर ह और इस प्रोपेगैंडिस्ट धारा का दूसरा ही स्वर है। अज्ञेय को केवल इसलिए भुला देना या उन्हें व्यक्तिवादी, रूपवादी कहना क्योंकि आलोचकों की आइडियोलॉजी उनसे अलग है और शमशेर जैसे शिल्पी, कलात्मक कवि को केवल इसलिए जनवादी कहना कि वे पार्टी वालों से जुड़े थे; यह तो साहित्य-समीक्षा नहीं है, फ़तवेबाज़ी है और प्रचारवाद है।

पं. : मार्क्सवादी प्रतिभाएँ भी प्रतिभाएँ ही हैं। उनकी एक धारा है, यह तो समझ आता है। उनकी भी रचनात्मक सामर्थ्य महत्त्वपूर्ण है। कई समर्थ प्रतिभाएँ हैं उनमें— त्रिलोचन, मुक्तिबोध जैसे सृजनात्मक सामर्थ्य वाले कवि हैं, केदारनाथ सिंह जैसों की रचनाशीलता और काव्य-सामर्थ्य, काव्य-संवेदन उल्लेखनीय हैं।

लेकिन एक लोकतांत्रिक समाज में यह स्थिति बहुत विचित्र है कि पिछले पच्चीस-तीस वर्षों में विश्वविद्यालयों में, सरकारी शिक्षा-तंत्र, संस्कृति-तंत्र और मीडिया में, ग़ैर-सरकारी सम्पन्न मीडिया में, विद्या केन्द्रों में—सभी जगह ऐसे ही लोगों की प्रधानता है जो ईश्वर-विरोधी, धर्म-विरोधी, परम्परा-विरोधी और भारतीय लोक-प्रवाह के विरोधी हैं। जो मार्क्सवादी वैचारिक पंथानुशासन से आविष्ट हैं। यानी लोक तो धर्ममय, श्रद्धामय, संस्कारमय, परम्परानिष्ठ और लगभग सभी पुरस्कृत कवि-लेखक इससे उलट। यह क्या कांग्रेस तथा अन्य दलों के शासन द्वारा संरक्षित एक विशेष धारा का एकाधिकार है, या समाज और उसके बौद्धिकों की दिशाएँ परस्पर विपरीत हैं? क्या भारतीय मन, बुद्धि, स्मृति, संस्कार और संवेदन के प्रतिनिधि रचनाकार अब भारतीय समाज में पैदा ही नहीं हो रहे हैं, याकि उनका व्यवस्थित दमन, प्रतिभा-हनन हो रहा है? यह रहस्य क्या है कि यदि पिछले पच्चीस-तीस वर्षों में पुरस्कृत-प्रचारित किन्हीं भी 100 कवियों-लेखकों को हम लें, तो उनमें लगभग सत्तर मार्क्सवादी जनवादी हैं, लगभग बीस-पच्चीस अन्य यूरोपीय धाराओं के अनुगामी हैं और विरल अपवाद ही भारतीय बोध-परम्परा तथा सृजन-परम्परा के वाहक हैं। यह क्या रहस्य है? क्या इसमें भारत सरकार की विशेष भूमिका रही है कि अकादमियों में, सरकार संरक्षित स्वायत्त संस्थानों में, सरकारी साहित्यिक-सांस्कृतिक-कलात्मक विभागों और निकायों में तथा सम्पन्न घरानों के भी बड़े संस्थानों में जो भी प्रमुख लोग हैं, साहित्य-कला-संस्कृति के प्रभारी, वे लगभग सब-के-सब नास्तिक हैं। ईश्वर को नहीं मानते, भारतीय संस्कृति और परम्परा का उपहास उड़ाते हैं या उसकी अपव्याख्या करते हैं। 'यूरंडपंथी' हैं। आकाशवाणी, दूरदर्शन—सभी जगह ऐसे ही लोगों की प्रधानता कैसे है? क्या भारतीय बौद्धिक भारतीय समाज से बिलकुल निरपेक्ष हैं या उसके विरोधी हैं? रहस्य क्या है? क्या समाज से इन लेखकों-कवियों का रिश्ता समाप्त हो गया है। ये अपनी अलग दुनिया बना रहे हैं? राज्य और प्रभु-वर्ग के आशय में? और यह जो परम्परावान समाज है, बृहद् समाज है, क्या उसमें लेखक, कवि, रचनाकार उत्पन्न ही नहीं हो रहे हैं? याकि उनका दमन तथा हनन किया जा रहा है? क्या कारण है? क्या विश्वविद्यालयों तथा संचार-प्रचार माध्यमों ने ऐसा परिवेश, ऐसा वातावरण रच दिया है कि संस्कृति-सम्पन्न, श्रद्धा-सम्पन्न, धर्म-चेतना-सम्पन्न, संस्कार-ज्ञान-परायण, भक्ति-परायण, तेजस्वी लोग उनमें जा नहीं पाते, टिक नहीं पाते?

नि.व. : बात विश्वास या अविश्वास भर की नहीं है। अविश्वास भी उतना ही गहरा होना चाहिए, जितना विश्वास। गहरे अविश्वास से भी महान कविता उत्पन्न हो सकती है। सच्चे अविश्वास के पीछे भी बहुत गहरी पीड़ा होती है, विश्वास को छोड़ने का दर्द बहुत गहरा होता है। पर हमारे अविश्वासवादियों में वैसी पीड़ा या वैसी गहराई कहीं नज़र नहीं आती और विश्वासवादियों में भी उथलापन, छिछलापन ही भरा दिखता है। हम ईश्वर या धर्म में अविश्वास करें, यह अलग बात है।

लेकिन यह जो लोक है, समाज है, इसके जो संस्कार हैं, धारणाएँ हैं, बुद्धि है, दृष्टि है, उस पर भी हमारा बिलकुल अविश्वास है, यह चिन्ता का मुख्य विषय है। प्रकृति के प्रति हमारी उदासीनता, परिवेश के प्रति हमारी संवेदन-हीनता बढ़ी है। प्रश्न अविश्वास का नहीं, नास्तिकता का है। यह जो नास्तिकता चारों तरफ़ फैली है, वह पिछले पचास वर्षों की नीतियों का परिणाम है। कांग्रेस पार्टी की नीतियों का परिणाम है यह नास्तिकता। भारतीय समाज और संस्कृत्ति की चेतना के स्वरूप के प्रति ही जब हमारा राजनीतिक तत्त्व-चिन्तन उदासीन हो जाए, जब वह इस चेतना से विमुख हो जाए तब फिर हम कहाँ खड़े होंगे? तब तो शून्यता ही फैलेगी। क्योंकि तब हम न लोक में रहते हैं, न काल में। एक तरह का संकीर्ण व्यक्तिवाद ही बचता है। यह एक आन्तरिक शून्यता की स्थिति है। हो सकता है कि आप कहें कि इस शून्य से भी महान कविता उत्पन्न हो सकती है। पर यह वह शून्य नहीं है, जिसकी व्याख्या यूरोपीय अस्तित्ववादियों ने की है, जहाँ पर ईश्वर के न होने से मनुष्य अपनी स्वतंत्रता के प्रति ज़िम्मेदार हो जाता है और अपने कर्मों का भार स्वयं उस पर आ जाता है। क्योंकि उनके कर्मों का भार ढोने वाला प्रभु-पुत्र कहीं नहीं है क्योंकि ईश्वर ही नहीं है। वह शून्य तो रचना का स्रोत बना है, बन सकता है। वह अविश्वास तो सृजन का प्रेरक बनता है। पर हमारे यहाँ जो अविश्वास, शून्यता और नास्तिकता है, वह व्यक्ति के अपने 'स्व' तक, अपने स्थूल स्वार्थ तक सीमित हो जाने की स्थिति है। इसमें वैसी कोई रचनात्मक सम्भावना नहीं दिखती मुझे।

जो चालीस-पचास या सौ नाम आपने गिनाए हैं, हो सकता है, उनकी रचनाएँ कुछ अच्छी हों। पर इससे हम भारतीय साहित्य की जो विशिष्टता है, उसकी पहचान नहीं करते, नहीं कर सकते। यदि भारतीय साहित्य की विशिष्ट देन की चर्चा उठेगी, तो मैं इनमें से एक भी नाम नहीं लूँगा। मैं तो फिर वे ही नाम लूँगा। मैं निराला का नाम लूँगा। हिन्दी, कन्नड़, बांग्ला, मलयालम, मराठी, गुजराती, तमिल, तेलगू, असमिया—सभी में ऐसी रचनात्मक प्रतिभाएँ हुई हैं, जिन्होंने भारतीय समाज के मन को अभिव्यक्ति दी है; उनके ही नाम मैं लूँगा। जिन नामों की चर्चा आपने अभी की, जिन्हें पुरस्कार वग़ैरह मिले हैं, उनका कोई भी योगदान भारतीय साहित्य की विशिष्ट देन के रूप में नहीं है। जिन्होंने केवल कीट्स या ब्रायन या शेली आदि से ही प्रेरणा ली है, उनकी हिन्दी कविता का क्या योगदान हो सकता है भारतीय साहित्य में—जब तक वे उसके साथ-साथ, भारतीय दर्शन, संस्कृति, स्मृति और परम्परा से भी जुड़े न हों?

पं. : लेकिन पिछले बीस वर्षों में हिन्दी कविता में क्या कोई एक नाम ऐसा आप बता सकते हैं, जिसने भारतीय मन और चित्त को वैसी गहराई से अभिव्यक्त किया हो याकि समझा ही हो? कुछ नये कवियों में जैसे कमलेश जी या रमेशचन्द्र शाह जी

या श्रीराम वर्मा जी; इनमें कभी-कभी या कुछ-कुछ वैसी झलक दिखती है। लेकिन निराला, प्रसाद के बाद क्या कोई एक भी नामी, प्रसिद्ध या बड़ा कवि ऐसा बता सकते हैं, जिसने भारतीय चेतना को वाणी दी हो? भारतीय मन और बुद्धि को या दर्शन को जिसने समझा हो?

नि.व. : अज्ञेय जी में कुछ सीमा तक ऐसा कुछ दिखता है। यद्यपि उनमें भी भारतीय चेतना और ज्ञान-परम्परा के प्रति विश्वास नहीं था। लेकिन लगाव था। जातीय अस्मिता के प्रति लगाव था और अपनी जड़ों को खोजने की ललक थी। जिस प्रकार की यात्राएँ अन्तिम वर्षों में उन्होंने शुरू किये, जिनके लिए उन्हें बहुत बदनाम किया गया, उन यात्राओं और वत्सल-निधि की व्याख्यानमाला तथा अन्य कार्यक्रमों में उनका लगाव, उनकी ललक और जिज्ञासा झलकती है। तरह-तरह के सूत्रों को जोड़ने का प्रयास रहा उनका।

पं. : और उपन्यास के क्षेत्र में?

नि.व. : रेणु में हमें भारतीय लोकजीवन का सत्त्व निचोड़कर व्यक्त हुआ मिलता है। भारतीय रागात्मकता को चाक्षुष और वास्तव रूप में देखना हो तो हमें रेणु के उपन्यास पढ़ने होंगे। भारतीय लोकजीवन का समस्त वैविध्य, समृद्धि और दैन्य वहाँ है।

पं. : लेकिन विश्वविद्यालयों में कुछ ऐसा बौद्धिक परिवेश बन गया है कि हमारे युवक-युवतियों में जो प्रकृति के प्रति, सौन्दर्य के प्रति, परिवेश के प्रति स्वाभाविक आकर्षण, उत्साह और एकात्मता उमड़ती भी होगी, वह रचनाओं में व्यक्त नहीं होती। वहाँ वैचारिक पंथानुशासनों और नारेबाज़ी का आतंक-सा छाया दिखता है। विश्वविद्यालय परिसरों में ऐसा रूप विकसित हो रहा है जिसमें सृजनशीलता कुंठित रहती है? याकि अब युवक-युवतियों को वैसा अवसर, वैसा अवकाश ही नहीं मिलता? अब कोमल अनुभूतियों के लिए अवकाश ही नहीं है क्या?

नि.व. : देखिए, आज के छात्र-छात्राओं का जीवन जिन मूल्यों-मान्यताओं से बनता और गतिशील होता है, हमने जो मूल्य समाज में बना रखे और प्रतिष्ठित कर रखे हैं, उनके प्रभाव से ऐसा अवसर, ऐसा अवकाश, मिल ही नहीं पाता हमारे विद्यार्थियों को। हमारे जीवन का एक हिस्सा है जो जन्म, मृत्यु, सौन्दर्य और जीवन की अर्थवत्ता से सम्बद्ध है। यह कोई बौद्धिक ऐश्वर्य या विलासिता नहीं है। यह भी बहुत गहरी ज़रूरत है मनुष्य की। पर इसके लिए अवकाश नहीं है हमारे समाज-जीवन में। हमारी राज्य-व्यवस्था और समाज ने युवा पीढ़ी के सामने जो कंज्यूमरिस्ट कल्चर प्रस्तुत कर रखा है, जहाँ सत्ता, फैक्टरी, एक्सीडेंट, उपभोग, बाज़ार—यही सब परिदृश्य में भरे पड़े हैं, प्रभावी हैं। इन्हें ही प्रश्रय देने वाले हैं सब। जीवन की उन अनुभूतियों को, जिनकी चर्चा आप कर रहे हैं, प्रश्रय देने वाला जहाँ कोई भी है ही नहीं।

वहाँ छात्र-छात्राओं में वे कहाँ तक विकसित और व्यक्त होंगी? मैं यह तो नहीं कहता कि वैसी अनुभूतियाँ किसी में होती ही नहीं होंगी, परन्तु साहित्य में वे व्यक्त हों, इसके लिए सृजन के उन सब स्रोतों को सक्रिय करना ज़रूरी है, जो हमारे जीवन और समाज के मूल्यों तथा मान्यताओं को मुख्य रूप से महत्त्व दे सकें। बहुत कुछ तो इस पर भी निर्भर है कि आप समाज में किस स्थिति में हैं, किस परिवेश में हैं और वहाँ प्रेरणाएँ तथा अवसर क्या हैं।

पं. : अच्छा, निर्मल जी, अब थोड़ा हटकर, लेकिन युवकों-युवतियों के जीवन से जुड़ा हुआ एक प्रश्न। एक सम्पन्न और चैतन्य बौद्धिक के नाते आरक्षण के मुद्दे पर आपके विचार महत्त्वपूर्ण रहे हैं। लेकिन यह जो उत्तराखंड का मामला है, वह तो एक नया ही प्रश्न उभारता है कि पिछड़ेपन की क्या जाति के सिवाय और कोई कसौटी नहीं है? क्षेत्रीय पिछड़ापन क्या पिछड़ापन नहीं है? और जातियों की बात भी बिना ऐतिहासिक तथ्यों के की जाती है। जो जातियाँ शासक रही हैं, वे भी पिछड़ी बताई जा रही हैं : पिछले बारह सौ वर्षों से जिनके पास राज्य नहीं, साधन नहीं, शक्ति नहीं, प्रभुत्व नहीं, वे जाति-विशेष के होने के कारण अगड़े। उधर उत्तराखंड क्षेत्र का पिछड़ापन नकारा जाता है, इधर समृद्ध समूह भी जाति के आधार पर पिछड़े माने जाते हैं तो इस पर आपकी राय क्या है? वहाँ जो तीन प्रतिशत लोग हैं तथाकथित पिछड़े, उन्हें भी 27 प्रतिशत आरक्षण दिया जाए, यह आदेश हुआ है और जो पूरा क्षेत्र पिछड़ा है, उसे कोई आरक्षण नहीं दिया जा रहा। इस प्रकार आरक्षणवाद का एक ऐसा रूप विकसित हो रहा है, जोकि उपनिवेशवादी है। इस बारे में आपकी क्या राय है?

नि.व. : मैं आरक्षण की नीति के बिलकुल विरुद्ध हूँ। यह उसी नीति की परिणति है कि हम जातिवाद को आरक्षण के द्वारा लगातार विकसित और प्रदूषित कर रहे हैं। इस आरक्षण ने न केवल तथाकथित पिछड़ी जातियों के व्यक्तियों के स्वाभिमान को नष्ट किया है, बल्कि एक सम्मानित नागरिक के तौर पर वे अन्य नागरिकों के समक्ष समान रूप से खड़े हों, इस सम्भावना को भी आहत किया है। अगर जिसे 20 या 30 प्रतिशत नंबर मिलेंगे, उसे ही वे स्थान मिल जाने हैं जाति-विशेष के कारण, जो कथित अगड़ी जातियों के 80 प्रतिशत नंबर वालों को मिलेंगे तो आप उस पिछड़े वर्ग के व्यक्ति को पिछड़े ही रहने का प्रलोभन दे रहे हैं। ज़रूरत यह थी कि जो सचमुच वंचित जातियाँ और समूह रहे हैं, उनके लिए शिक्षा की विशेष संस्थाएँ, व्यवस्थाएँ व सुविधाएँ जुटाई जाएँ। बेहतर अवसर, कम ख़र्च पर सुलभ कराए जाएँ। लेकिन योग्यता के बारे में दो कसौटियाँ नहीं बनाई जाएँ। नहीं तो अयोग्यता में, बौद्धिक सिकुड़न में ही निहित स्वार्थ हो जाएगा याकि उसका ही प्रलोभन बना रहेगा। ऐसी सब सुविधाएँ दी जाएँ ताकि वे समाज में समान रूप से खड़े हो सकें।

उनकी दशा सुधारे बिना, शिक्षा की सुविधाएँ दिये बिना, बिना योग्यता के केवल पद देते जाना यह तो समाज को तोड़ना है। यह वोट बटोरने के लिए, समाज को बाँटने के लिए की जा रही वही ग़लती है, जैसी कि बहुसंख्यक-अल्पसंख्यक विभाजन या विलगाव के द्वारा की गई। जोकि स्वयं एक साम्प्रदायिक दृष्टि से किया गया विभाजन या विलगाव है। मुसलमानों आदि को भयभीत रखना कि तुम हमें वोट नहीं दोगे, हमारी पार्टी के साथ नहीं होगे तो दूसरी पार्टी के शासन में तुम इस देश में सुरक्षित नहीं रह सकोगे, ऐसा भय फैलाना भी साम्प्रदायिकता है। जिस देश ने सम्प्रदाय के आधार पर राज्य का संगठन अस्वीकार कर दिया, वहाँ बहुसंख्यक-अल्पसंख्यक विभाजन विडम्बना ही है।

यह तो जिन्ना साहब की मान्यताओं को ही स्वीकार करना है और यह सब किया जाता है सेक्यूलरिज़्म के नाम पर। हमने सेक्यूलरिज़्म के नाम पर साम्प्रदायिकता को प्रश्रय दिया है और अब आरक्षण के नाम पर समाज को जातियों में बाँटकर रखने का पक्का प्रबन्ध कर रहे हैं और वंचित जातियों के स्वाभिमान को दबाए रखने, उनके वास्तविक विकास और प्रगति को रोककर रखने का हम प्रबन्ध कर रहे हैं। आरक्षण की समर्थक मुख्य धारा के विरुद्ध यही मेरा कहना और मानना है।

[शब्द-शक्ति : अगस्त-सितम्बर, 1994]

धर्म, धर्मनिरपेक्षता और भारतीय संस्कृति

संजीव क्षितिज की बातचीत

संजीव क्षितिज : इधर दुनिया भर में भारी उथल-पुथल दिखाई देती है। दो साल पहले इराक के ख़िलाफ़ एक युद्ध हुआ। सोवियत संघ में पहले साम्यवाद और फिर स्वयं सोवियत संघ का विघटन हुआ। लेकिन जो संकट इसका कारण थे, वे अब भी क़ायम हैं। पूर्व यूरोप के देशों में जिन लोगों व शक्तियों ने साम्यवादी शासन से संघर्ष किया, वे भी सत्ता में आने के बाद जल्द ही अपयश का शिकार हुए। राजनीतिक और सामाजिक स्तरों पर इस संकट को आप कैसे देखते हैं?

निर्मल वर्मा : प्रत्येक सामाजिक क्रान्ति के पीछे यह भ्रम छिपा रहता है कि व्यवस्था के बदल जाने से वे सब आदर्श प्रतिष्ठित हो जाएँगे न्याय के, समता के, स्वतंत्रता के—जिनसे मनुष्य अपने को वंचित पाता है। मैं इसे भ्रम मानता हूँ। साम्यवादी व्यवस्था न सिर्फ़ रूस में बल्कि चीन में भी, पचास-साठ सालों तक क़ायम रही। आदर्शों के नाम पर क्रान्ति हुई। वहाँ क्रान्ति का एक शास्त्र ही रचा गया, जिसमें इस बात की कल्पना की गई थी कि ऐतिहासिक परिस्थितियों के परिवर्तित हो जाने से ही एक ऐसे समाज का निर्माण हो सकेगा, जिसमें वे सब अन्तर्विरोध समाप्त हो जाएँगे, जिन्हें वे पूँजीवादी व्यवस्था में देखते थे। अनेक अन्तर्विरोध ग़ायब भी हुए और एक नई आर्थिक व्यवस्था क़ायम भी हुई, हालाँकि पिछले अनेक वर्षों से मार्क्सवादियों-प्रगतिशीलों ने, साम्यवाद के समर्थकों ने इस नई व्यवस्था की दुर्दशा को दबाने का, उस पर पर्दा डालने का इतना प्रयत्न किया, लेकिन वे सब न दब सके, न उन्हें हल किया जा सका और आज उनका बीभत्स चित्र सामने आ गया। इस व्यवस्था के भी नष्ट हो जाने के बाद दूसरी व्यवस्था को लाने का प्रयत्न किया गया उसी पुरानी व्यवस्था को, जिसके अन्तर्विरोध पूँजीवादी व्यवस्थाओं में क़ायम हैं। यह प्रयत्न इतना हास्यास्पद है कि इससे हम केवल एक निष्कर्ष निकाल सकते हैं और वह यह कि मनुष्य सामाजिक व्यवस्था को बदल देने से कभी भी अपने

सुख या मुक्ति या अपनी ग़ुलामी को छोड़ने का रास्ता नहीं पा सकता। इस शताब्दी के अन्त में आप देखें, जितनी भी आइडियोलॉजी हैं, जितनी विचारधाराएँ हैं, मनुष्य की हालत बदलने के जितने शास्त्र हैं, उन सबका झूठापन, उन सबकी निरर्थकता इस बात की पुष्टि करती है कि जब तक मनुष्य की प्रकृति में कोई आमूल परिवर्तन नहीं होता, तब तक बाहर की व्यवस्था को बदल देने से उसके जीवन में किसी प्रकार का चैन और निश्चितता आ पाएगी, यह बहुत बड़ी ग़लतफ़हमी है। जब तक मनुष्य का स्वयं अपने से सम्बन्ध स्थापित करने में कोई गहरी समझ नहीं आती, तब तक वह एक छलना से दूसरी छलना में भटकता रहेगा।

सं.क्षि. : भारत में जो उथल-पुथल है, वह अन्य समाजों से किस तरह भिन्न है? यहाँ भी असमानताएँ हैं, अन्तर्विरोध हैं और उन्हें लेकर राजनीतिक उथल-पुथल भी है।

नि.व. : हमारे समाज में जिस प्रकार की समानताएँ हैं, अन्तर्विरोध हैं, वे अपनी प्रकृति में उनसे बिलकुल भिन्न हैं, जो अन्य समाजों में हैं। अपने अन्तर्विरोधों को सुलझाने का वही रास्ता या उपाय नहीं हो सकता, जो कि यूरोप अपने संकट से उबरने के लिए अपनाने की कोशिश करता है। प्रत्येक देश के समाज को अपने जीने-रहने का आर्थिक व्यवस्था के निर्माण का उपाय और हल स्वयं ही करना होगा।

लेकिन जिस बात पर मैं ज़ोर दे रहा हूँ, वह है भारत जैसे परम्परागत समाज में जहाँ परम्परा और धर्म के रहते एक तरह के स्थायित्व का भाव, यूरोप के समाजों की आधारहीनता की तुलना में, कहीं ज़्यादा दिखाई देता है—उस सारी गड़बड़ के बावजूद, जो आज हम देखते हैं। आख़िर भारत में उस तरह का नरसंहार नहीं हुआ है, जो हम इराक, ईरान और आज यूगोस्लाविया में देखते हैं। मैं कारणों में नहीं जाना चाहूँगा। मैं केवल इस भिन्नता को रेखांकित करना चाहूँगा कि भारत में सारी राजनीतिक उथल-पुथल के बावजूद उस तरह की हिंसा नहीं दिखाई देती, जो कि हमें पिछले कुछ वर्षों में साम्यवाद के विघटन के बाद यूरोप में दिखाई दी है या कुछ एशियाई देशों में दिखाई दी है। लेकिन इससे अगर हम यह निष्कर्ष निकाल लें कि भारतीय समाज में मनुष्य का जीवन सुखमय है या उसमें किसी प्रकार को बेचैनी नहीं है, तो यह भी बहुत बड़ी छलना होगी।

सं.क्षि. : आज़ादी के बाद पंडित नेहरू के नेतृत्व में भारत ने जो रास्ता चुना, यह दो स्तरों पर सन्देह के घेरे में है। विकास का जो पश्चिमी मॉडल हमने अपनाया, वह न सिर्फ़ विफल रहा, बल्कि उस दौर की कुछ बुनियादी आर्थिक नीतियों को भी तिलांजलि दी जा रही है। दूसरे, धर्मनिरपेक्षता की नीति को भी गम्भीर चुनौतियों का सामना करना पड़ रहा है, तो आज़ादी के बाद जो रास्ता हमने चुना, उसमें बुनियादी खोट कहाँ थी?

नि.व. : यहाँ हमारे समाज में इतनी असमानताएँ हैं। ये असमानताएँ आर्थिक भी हैं, सामाजिक स्तर पर हैं, शिक्षा के स्तर पर हैं। इन असमानताओं को देखते हुए स्वतंत्रता के बाद हमारे शासक वर्ग ने एक यह हल सोचा था कि अगर हम पश्चिमी मॉडल को अपना लेंगे, तो हर तरह की असमानताएँ दूर हो जाएँगी। अन्तर्विरोध और शोषण की जो पद्धतियाँ हैं, उनका विनाश हो जाएगा। हुआ यह है कि हम पश्चिम का रास्ता अपनाने के चालीस वर्ष बाद न तो केवल अपने जातिगत अन्तर्विरोध दूर कर पाए हैं; बल्कि हमने अपने ऊपर कुछ अन्तर्विरोधों को भी आरोपित कर दिया है, जो कि मूलत: पश्चिमी समाज के अन्तर्विरोध हैं। इस तरह हम एक तरह की दोहरी मार सह रहे हैं। यूरोपीय या अंग्रेज़ी उपनिवेशवाद के आने से पहले भी भारतीय समाज में असमानताएँ थीं, लेकिन उसके अन्दर उन्हें दूर करने के औज़ार भी थे। अन्दरूनी प्रक्रियाएँ थीं, जो हर समाज निकाल लेता है। लेकिन दूसरे वैकल्पिक रास्ते भी थे।

सबसे बड़ा विकल्प तो गांधी जी का था, जिन्होंने केन्द्रीकरण के ख़िलाफ़ अपनी आवाज़ उठाई थी, जिन्होंने पंचायती राज पर बल दिया था, जिसमें भारत एक राष्ट्र होने के बावजूद छोटे-छोटे समुदायों और गाँवों पर आधारित हो, जहाँ एक मनुष्य दूसरे मनुष्य को पहचान सके। भारतीय समाज को खंडित करने की जहाँ आज कोशिशें की जा रही हैं—धर्मनिरपेक्षता के नाम पर या मंडल कमीशन के नाम पर वहाँ गांधी जी या अन्य मनीषियों ने सोचा था कि जब तक हम अपनी जीने की व्यवस्था को इस तरह नहीं बनाते कि मनुष्य एक-दूसरे के साथ रहने की पद्धति सीख सके और उसका एक मैकेनिज़्म तैयार कर सके, तब तक हर तरह के अन्धविश्वास, सन्देह, शक और हिंसात्मक भावनाएँ पनपती रहेंगी।

अपनी समस्याओं का समाधान या छल जब हम बाहर से ढूँढ़ने लगते हैं, तो फिर हमें कठिनाई पेश आती है। एक बीमारी है, जिसका इलाज हम अपने ही समाज में न खोजकर एक ऐसे समाज में ढूँढ़ने की कोशिश करते हैं, जिसकी बनावट, जिसकी परम्पराएँ हमसे अलग हैं। जिसे आप गड़बड़ या उथल-पुथल कहते हैं, वह भारत के परम्परागत समाज में होने वाली आधुनिकता की घुसपैठ के कारण है। आधुनिकता को, इस प्रक्रिया को क्या उलटाया जा सकता है, रोका जा सकता है, संशोधित किया जा सकता है, ये आज ऐसे प्रश्न हैं, जो हमारे राजनीतिज्ञों की चिन्ता के केन्द्र में होने चाहिए, जो दुर्भाग्य से नहीं हैं।

सं.क्षि. : आधुनिकता की इस घुसपैठ का स्वरूप क्या है?

नि.व. : आधुनिकता के जिन तीन प्रतीकों को हमने स्वतंत्रता के बाद ज्यों-का-त्यों अपना लिया, वे थे—समाजवाद, औद्योगिकीकरण और धर्मनिरपेक्षता। समाजवाद इसलिए कि वह बड़े उद्योगों में विकास और प्रगति का रास्ता देखता है।

वह आधुनिकता के सभी प्रतीकों को स्वीकार करके चलता है। यह अकारण नहीं है कि केवल दो या तीन प्रान्तों को छोड़कर साम्यवादी पार्टी हमारे देश में कहीं सफल नहीं है। उसकी कोई व्यापक नींव नहीं पड़ सकी। वह भारतीय मानस को कहीं से भी, किसी तरह से आलोड़ित नहीं कर सकी।

औद्योगिकीकरण का संकट आज स्वयं यूरोप में दिखाई दे रहा है, पर्यावरण पर। उपभोक्ता समाज का जो विकास हुआ और उसमें जो गन्दगी आई है, व्यावसायिकता आई है, उसका बीभत्स रूप हमें यूरोप में दिखता है। इस औद्योगिकीकरण को अगर हम स्वीकार नहीं करते, तो उस तरह की गन्दगी के, व्यावसायिकता के हम आज शिकार नहीं हो पाते।

सं.क्षि. : और धर्मनिरपेक्षता?

नि.व. : धर्मनिरपेक्षता भी आयातित थी यूरोप से, जहाँ सेक्यूलरिज़्म का अपना इतिहास था। यूरोप में चर्च का गहरा प्रभुत्व था समाज पर, अन्य संस्थाओं पर, राजनीति पर, राज्य पर। चार-पाँच सौ वर्षों तक चर्च के इस प्रभुत्व से छुटकारा पाने के लिए समूचे यूरोप ने संघर्ष किया। आदर्श यह था कि चर्च का धार्मिक रूप हो, उसकी भूमिका हो और राजनीति में उसका किसी तरह से कोई हस्तक्षेप हो। यानी जो चीज़ सीजर के लिए, वह सीजर के लिए और जो चर्च के लिए, वह चर्च के लिए। यह एक सीधा-सादा विभाजन बीसवीं शताब्दी में यूरोपीय समाज में हो गया था। यह सहज रूप से राजनीतिशास्त्र का, लोकतंत्र का अभिन्न अंग माना जाता था। दूसरा कारण यह भी था कि यूरोपीय समाज में अनेक कारणों से आधुनिकीकरण कह लीजिए, ईश्वर, धर्म, अलौकिक शक्तियों का क्षय हुआ, उससे आत्माभिमान या आत्मविश्वास की जो बपौती मिली, उसके कारण—मनुष्य में एक तरह का दर्प पैदा हुआ कि वह इस धरती का मालिक है कि यह इस सृष्टि का केन्द्र है कि अगर सब प्राणियों का कोई मापदंड है, तो वह मनुष्य है। फिर यह हुआ कि जो मध्यकालीन विश्वास थे धर्म के, उन सबको सीमित कर लिया। इतवार को अगर वह अपना पारलौकिक जीवन सुधारने के लिए चर्च में जाता है, तो बाक़ी छह दिन ऑफ़िस या घर में वह हर तरह के काम करता है, ताकि दुनिया के सुख प्राप्त कर सके। इस तरह का विभाजन भारतीय जीवन में कभी नहीं था, क्योंकि यहाँ धर्म का अभिप्राय ही वह नहीं था, जो यूरोप में था। यहाँ धर्म का अभिप्राय परालौकिक शक्तियों से अपना सम्बन्ध बिठाना ही नहीं था। धर्म वह पूरी एक शृंखला थी, जो मनुष्य को अपने कर्तव्य निभाने के लिए बाँधती थी। धर्म के कारण ही भारतीय मनुष्य राजनीति में भी अपना वैसा ही रोल अदा करता था, जैसे राजा का रोल होता था। धर्म हमारे समाज के समूचे क्रियाकलाप में रचा-बसा होता है। वह उसके आध्यात्मिक जीवन का कटा हुआ अंश नहीं होता, जैसा कि यूरोपीय समाज में पाया जाता है।

सं.क्षि. : लेकिन आज एक बहुधार्मिक समाज में क्या धर्मनिरपेक्षता की नीति व्यावहारिक और उपयोगी नहीं है?

नि.व. : यह जो हम धर्मनिरपेक्षता की नक़ल करते हैं, यह भारतीय मनीषा, भारतीय परम्परा, भारतीय स्वभाव से कहीं मेल नहीं खाता। यह अचानक नहीं है कि धर्मनिरपेक्षता शब्द कभी गांधी जी ने भी इस्तेमाल नहीं किया था। गांधी जी का यह विश्वास था कि हर हिन्दू, हर मुसलमान देश के विकास में तभी योग दे सकता है, जबकि वह अच्छा हिन्दू, अच्छा मुसलमान बने। वह यह नहीं कहते कि यह अपना हिन्दुत्व छोड़ दे या इस्लामियत छोड़ दे, जो कि धर्मनिरपेक्षता परोक्ष रूप से हमसे माँग करती है। धर्मनिरपेक्षता हमसे वह माँग करती है, जो हमारे चरित्र के विरोध में जाता है। इससे बड़ी भारी विकृति पैदा होती है।

हम बाहरी जीवन में, राजनीतिक जीवन में; व्यावहारिक जीवन में अपने को सेक्यूलर कहते हैं। और भीतरी जीवन में उसमें हर तरह के धार्मिक विश्वासों में जीते हैं, उनका पालन, अनुकरण करते हैं, चाहे हम हिन्दू हों, चाहे मुसलमान हों या ईसाई हों। परिणाम यह होता है कि जहाँ पहले भारतीय समाज में धर्म बाहर और भीतर के पहलुओं के बीच सेतु बनाने का काम करता था, यानी धर्म के आधार पर मनुष्य बाहर के जीवन से भी उतना ही सार्थक सम्बन्ध बनाता था, जितना अपने भीतर के जीवन से, अब यह सम्बन्ध खंडित हो गया। अब मनुष्य अपने भीतर की दुनिया में एक जीवन जीता है और बाहर की दुनिया में दूसरा जीवन जीता है, तो होता यह है कि सेक्यूलरिज़्म के नाम पर हम जिन धार्मिक विश्वासों को दरवाज़े से बाहर निकाल देते हैं, वे ही कहर पूर्वग्रह बनकर पिछली खिड़की से साम्प्रदायिकता की गन्दगी के रूप में भीतर आ जाते हैं।

सं.क्षि. : तथाकथित धर्मनिरपेक्ष राजनीति के जवाब में भारतीय जनता पार्टी जो राजनीति कर रही है, उसके बारे में आप क्या सोचते हैं?

नि.व. : अगर अपने को भारतीय जनता पार्टी इत्यादि से हटाकर केवल धर्म और धर्मनिरपेक्षता के प्रश्न पर विचार करें, तो मैं समझता हूँ, भारतीय बुद्धिजीवी भारतीय राजनीतिक नेताओं के समक्ष वह चिन्तन प्रस्तुत कर सकेंगे, जो इस तह के नीचे दबा है। प्रश्न आज यह नहीं है कि कौन पार्टी धर्मनिरपेक्ष है और कौन धार्मिकता का पालन कर रही है कि किस पार्टी के पास आर्थिक प्रोग्राम है या किस पार्टी के पास आर्थिक प्रोग्राम नहीं है। राजनीतिक घोषणा-पत्र से ही किसी पार्टी की प्रामाणिकता, उसकी ईमानदारी प्रकट नहीं होती। एक राजनीतिक पार्टी की वैधता, उसकी सूझ-बूझ इस बात से प्रकट होती है कि समाज की हर विषमता की उसकी समझ या दृष्टि कैसी है और उसको वह कहाँ तक, कितने गहरे तक देख पाती है।

अब समय आ गया है कि धर्म और विश्वास, परम्परा, समाज जैसे प्रश्नों को बजाय राजनीतिज्ञों पर छोड़ देने के, लेखक और बुद्धिजीवी उनका आज के समय में पार्टी की सीमाओं से ऊपर उठकर अपने चिन्तन और विवेक से उत्तर दें। इससे कांग्रेस को भी मदद मिलेगी और भारतीय जनता पार्टी को भी मदद मिलेगी। हमें इनका विपक्षी बनकर ही नहीं सोचना है। हमें देखना है कि कौन पार्टी किस अधूरे सत्य को लेकर उसकी सम्पूर्णता तक पहुँचने का प्रयत्न कर रही है।

सं.क्षि. : भारतीय मनुष्य के जीवन में धर्म का अनिवार्य स्थान देखते हुए आप धर्म एवं राजनीति के रिश्तों को कैसे परिभाषित करेंगे? क्योंकि बहुसंख्यकों की धर्म के आधार पर राजनीतिक आक्रामकता से अल्पसंख्यक भय महसूस कर रहे हैं।

नि.व. : यह भारत का गौरव रहा है कि जिन्ना साहब की दो राष्ट्रों की नीति के आधार पर विभाजन होने के बावजूद हमारे राष्ट्रीय नेताओं ने अल्पसंख्यकों को, मुसलमानों को एक नेशन के तौर पर स्वीकार नहीं किया, वरना हिन्दुस्तान के दस करोड़ मुसलमान विदेशी माने जाते। राष्ट्रीय आन्दोलन ने जिन्ना साहब की परिभाषा को मानने से इनकार कर दिया। आज जब हम अपने को अल्पसंख्यकों का समर्थक कहकर उन्हें 'विशेष दर्जा' देने लगते हैं, एक वर्ग के रूप में मान्यता देने लगते हैं, तो जो बहुसंख्यक वर्ग है, उसे भी मान्यता देनी होगी। वह अस्सी प्रतिशत है, तो उसका भी एक प्रभुत्व है, जिसके कारण यह नाजायज़ लाभ उठा सकता है समाज में।

जो लोग अल्पसंख्यक वर्ग का अपने को समर्थक कहते हैं, वे बहुसंख्यक वर्ग को अलग वर्ग के रूप में स्वीकार करने से बच नहीं सकते। यही तर्क उन पर भी लागू होता है, जो समाज को जातियों और वर्ग में बाँटकर देखना चाहते हैं और इसी आधार पर उन्हें विशेषाधिकार देना चाहते हैं। कुछ तथाकथित पिछड़ी जातियों को आरक्षण देना कोई रास्ता नहीं है, क्योंकि मंडल कमीशन या आरक्षण एक तो उनके पिछड़ेपन का कोई उपाय नहीं है, दूसरे वह उसी तरह ग़लत है, जिस तरह अल्पसंख्यकों को समूचे राष्ट्र से अलग करके देखना। जब हम इस तरह का विभाजन करने लगते हैं माइनॉरिटी और मेजॉरिटी के नाम पर, तो सहज और स्वाभाविक रूप से उन राजनीतिक शक्तियों को प्रभुत्व मिलने लगता है, जो अपने को बहुसंख्यकों का समर्थक मानती हैं। आप उन्हें दोष नहीं दे सकते।

अगर भारतीय समाज को आप परम्परा में देखेंगे तो आप पाएँगे कि उसमें सहज रूप से उस धर्मनिरपेक्षता के तत्त्व मौजूद थे, जो हमने आज़ादी के बाद अपने संविधान में लागू किये। अगर 'धर्मनिरपेक्षता' का ज़िक्र करने की ज़रूरत भी नहीं पड़ी, सिर्फ़ इसलिए कि भारतीय परम्परा में धर्म का वह संस्थाकेन्द्रित अर्थ नहीं है, जो 'रिलीजन' शब्द में निहित है।

लेकिन विडम्बना यह है और यह महत्त्वपूर्ण है कि अगर आप इस्लाम को इंस्टिट्यूशनलाइज़ (सांस्थानिकीकृत) धर्म मानकर उसे भारतीय समाज में एक अलग और विशेष दर्जा देते हैं, तो स्वाभाविक रूप से तर्क यह कहेगा कि आपको हिन्दुओं को भी अपनी सहज भारतीय अस्मिता को छोड़कर इंस्टिट्यूशनल धर्म के रूप में स्वीकार करना होगा, जो कि वह है नहीं। हिन्दू धर्म की यह प्रवृत्ति ही नहीं है कि वह अपने को इंस्टिट्यूशनलाइज़ करे। इसीलिए मन्दिरों का हिन्दू धर्म में वह स्थान नहीं है, जो मस्जिद या चर्च का इस्लाम या ईसाई धर्म में है। जब मन्दिरों को नष्ट किया जाता है, तो वे दूसरी जगह मन्दिर बना लेते हैं। उनका ईश्वर मन्दिर में नहीं रहता। जब आज हमारे अलीगढ़ और जे.एन.यू. के सेक्यूलरिस्ट यह कहते हैं कि हिन्दुओं का ईश्वर मन्दिर में रहने वाला नहीं है, तो यह बात वे ग़लत नहीं कहते। किन्तु इससे मन्दिरों और मूर्तियों को नष्ट करना जायज़ नहीं हो जाता। भारतीय मनीषा में यह बात कभी थी ही नहीं। वे मन्दिर बनाते थे, लेकिन वह महज़ उनका एक विचार था, वह उनके धार्मिक विश्वासों का बुनियादी आधार या सिद्धान्त नहीं था।

अगर इस्लाम की माँगों को आप इंस्टिट्यूशनलाइज़ेशन के तौर पर स्वीकार कर लेते हैं, तो फिर भारतीय समाज में आपको हिन्दू धर्म को भी इंस्टिट्यूशनलाइज़ धर्म के रूप में स्वीकार कर लेना चाहिए। मन्दिरों को भी वह महत्त्व देना चाहिए, जो आप अन्य धार्मिक स्थलों को देते हैं। आप दोनों तर्क एक साथ नहीं रख सकते। आप यह नहीं कह सकते कि हिन्दू तो भारतीय मनीषा में सहिष्णु रहे हैं और अल्पसंख्यक को इंस्टिट्यूशनलाइज़ विशेषाधिकार प्राप्त होने चाहिए। आपको एक ही बात माननी होगी। हिन्दुओं के विशेषाधिकार को भी उतना ही सम्मान देना होगा। अन्यथा आज उस भारतीय मनीषा को सम्पूर्ण रूप से स्वीकार करना होगा, जिसमें ईसाइयों, मुसहर, बौद्धों और हिन्दुओं का एक जैसा स्थान होगा, किसी को अल्पसंख्यकों या बहुसंख्यकों के रूप में स्वीकार नहीं किया जाएगा।

भारतीय जनता पार्टी की सफलता का कारण ही यह रहा है कि धर्मनिरपेक्ष पार्टियों की जो दोहरी कसौटियाँ थीं, उनकी बहुत तीखी आलोचना हुई और भारतीय नागरिक इस दोहरेपन को समझने लगा। काश, इसे हर तरह व्यक्ति समझता तो यह भारतीय जनता पार्टी की सफलता न होकर उस मनीषा की विजय होती, जो हमने हमेशा से अपनी परम्परा, अपनी अस्मिता से प्राप्त की थी। वह कोई भारतीय जनता पार्टी की बपौती नहीं है। वह हमारी गौरवशाली धरोहर है, जिस पर हर पार्टी को गर्व होना चाहिए। क्यों नहीं हर पार्टी भारतीय परम्परा, भारतीय अस्मिता और अपनी धरोहर को लेकर भारतीय नागरिकों का मत प्राप्त करने की कोशिश करती है? यह सिर्फ़ भारतीय जनता पार्टी पर क्यों छोड़ दिया गया है?

सं.क्षि. : लेकिन राजनीतिक पार्टियाँ अक्सर मुद्दों को इतना सरलीकृत करके प्रस्तुत करती हैं कि जिससे आम जनमानस में उसके गहरे सामाजिक, सांस्कृतिक, दार्शनिक पहलुओं की, अनदेखी होती है और इस कारण ज़्यादातर बहुत सतही सवालों पर ही समाज में बहस या टकराव तक की नौबत आ जाती है?

नि.व. : लोकतंत्र में यह होता है और यह सिर्फ़ भारतीय लोकतंत्र का ही अभिशाप नहीं है कि राजनीतिक पार्टी जीवन के हर सूक्ष्म सत्य को सरलीकृत करके ही प्रस्तुत करती है, लेकिन विकसित देशों में एक दूसरी शक्ति भी काम करती रहती है, जिसे मैं बुद्धिजीवियों और चिन्तकों की भूमिका कहूँगा। वह बराबर सरलीकरण की जो प्रक्रिया राजनीति में चलती रहती है, उसकी तीखी आलोचना करते हुए उस खाई को पाटने का काम करती है, जो जनमानस और राजनीतिक पार्टियों के बीच होती है और जिसकी तरफ़ आपने इशारा किया। जनमानस की क्या आकांक्षा है, क्या अभिलाषा है, क्या स्वप्न है, क्या भूख है, क्या तृष्णा है, इसकी अभिव्यंजना केवल लेखक, बुद्धिजीवी अनेक रूपों में करते रहे हैं और वे भी समाज के उतने ही महत्त्वपूर्ण कांशंस-कीपर रहते हैं, जितना कि समाजसेवी या राजनीतिक नेतागण बल्कि उससे कहीं ज़्यादा।

आपके प्रश्न के उत्तर में मैं यह कहूँगा कि हमारा यह वर्ग अपनी भूमिका निभाने में पूर्णतया असफल रहा है। हमारे लेखक, बुद्धिजीवी, चिन्तक बजाय इसके कि राजनीतिक पार्टियों के सरलीकृत सिद्धान्तों की आलोचना करते हुए उनके राजनीतिक उद्देश्यों और अपनी नियति का विश्लेषण समग्रता में करें, वे किसी-न-किसी दृष्टि से एक या दूसरी पार्टी की पॉपुलरिस्ट नीतियों का ही समर्थन या विरोध करने लगते हैं। इसीलिए हमारे देश का बुद्धिजीवी अग्रणी आलोकित करने वाली शक्ति बनने की बजाय राजनीति का पिछलग्गू बनकर रह गया है। वह अक्सर वामपंथी या भारतीय जनता पार्टी या अन्य के इतना निकट चला गया है कि स्वतंत्र बुद्धिजीवी की वह भूमिका नहीं निभा सका, जो सरलीकरण के विरोध में होती है और उस भारतीय परम्परा, अस्मिता का समग्रता में विश्लेषण करने का जोखिम उठाती है, जिसे राजनीतिक पार्टियाँ बार-बार ओझल करती हैं। जब तक हम उस भूमिका को दोबारा सम्पन्न नहीं करेंगे, तब तक यह जो बहुत बड़ा शून्य हमें दिखाई देता है, यह क़ायम रहेगा और इस शून्य को भरने के लिए ऐसी पार्टियाँ आगे आएँगी, जो लोगों की अभिलाषाएँ तो पूरी नहीं करेंगी, लेकिन जनमानस की आकांक्षाओं का शोषण करने में ज़रूर सफल होंगी।

सं.क्षि. : किन्तु कम-से-कम एक उदाहरण ऐसा है, जहाँ बुद्धिजीवियों ने न सिर्फ़ जनमत बनाया, बल्कि अत्यंत सक्रियतापूर्वक मोर्चा लिया। बड़े बाँधों से होने वाले विनाश के सवाल पर बुद्धिजीवियों ने समाज और राजनीति के बीच बहुत मूल्यवान

भूमिका निभाई, लेकिन तो भी यहाँ यह खाई क्या और गहरी दिखाई नहीं देती, क्योंकि यह प्रश्न किसी भी पार्टी की कार्यसूची में नहीं है?

नि.व. : बहुत सुन्दर प्रश्न है आपका, पर मैं यह कहता हूँ कि राजनीतिक पार्टी पर उसका प्रभाव न भी पड़े, इससे उस भूमिका की सार्थकता नष्ट नहीं हो जाती। क्योंकि अगर कोई पार्टी कुछ करना चाहती है और अगर बुद्धिजीवी उसका विरोध करते हैं या उसके विरोध में पूरा एक अभियान चलता है, तो उसके अनुरूप एक दूसरी पार्टी आगे आ जाती है या फिर उसमें संशोधन करने पड़ते हैं। बाँध बनाने में जो गाँव उजड़ते हैं, उसकी क्षतिपूर्ति भी की जाती है। बाँध तो बनाए जाते हैं, क्षतिपूर्ति के साधनों को भी देखा जाता है। अगर सरकार इन सब चीज़ों के प्रति सचेत होती है, सजग होती है, तो आन्तरिक रूप से ही सही, बुद्धिजीवी उसके संहार को, विनाश को बहुत हद तक सीमित कर पाते हैं, यह कोई कम बात नहीं है। आलोचना का यह मतलब नहीं होता कि आपकी आलोचना राजनीतिक मंच का स्थानापन्न बन जाए, लेकिन दृश्य में वह आलोचना भी अपनी जगह बना लेती है।

सं.क्षि. : आख़िरी सवाल : हमारे समाज में भ्रष्टाचार बहुत है और वह सभी को प्रभावित करता है। यह ऐसी समस्या है, जिसे राजनीतिक पार्टियों ने भी उठाया, यहाँ तक कि एकाधिक चुनाव इस प्रश्न की छाया में लड़े, लेकिन सब व्यर्थ, तो अपने ही बीच की एक बुराई से पूरा समाज क्यों बार-बार हार जाता है?

नि.व. : उन स्थानों में भ्रष्टाचार सबसे अधिक है, जो सरकारी हैं या शासन-तंत्र के नियंत्रण में हैं; हम जितना ही अपने को अधिकाधिक शासन-तंत्र पर, सरकारी संस्थाओं पर निर्भर करते रहेंगे और जितना ही अपनी स्वायत्त संस्थाओं को नष्ट होने देंगे, उतना ही स्वाभाविक रूप से भ्रष्टाचार से मुक्ति प्राप्त नहीं कर सकते। यह जो चीज़ है कि आपको सरकार टुकड़े डाल देती है, उसे आप स्वीकार करते हैं और उस पर जीते हैं, तो पचास लोग उस पर झपटते हैं। अच्छा यह हो कि उसको नागरिक स्वाभिमान की दृष्टि से हम अस्वीकार कर दें और अपने जीवन की शैली को स्वायत्त क्षेत्र में विकसित करना शुरू करें।

आज कॉलेज और विश्वविद्यालयों (यूनिवर्सिटीज़) में भी हमें भ्रष्टाचार मिलता है, लेकिन ऐसे विश्वविद्यालय भी थे, जिन्हें रवीन्द्रनाथ ठाकुर ने शुरू किया—शान्तिनिकेतन; गांधी जी ने शुरू किया, मालवीय जी ने शुरू किया। हमारा राष्ट्रीय आन्दोलन हमारे राष्ट्रीय समाजसेवा संस्थान राज्य या सरकार पर निर्भर नहीं थे, जितने कि आज हैं। यहाँ तक कि हमारा गांधी शान्ति प्रतिष्ठान भी सरकार से अनुदान लेकर चलता है, जो कि सबसे बड़ा अपमान है।

इसका रास्ता मुझे भ्रष्टाचार के ख़िलाफ़ नारा लगाने में नहीं मिलता। इसका रास्ता है कि क्या हम शासन-तंत्र और सरकार के बाहर एक विराट क्षेत्र का विकास कर सकते हैं—वह चाहे संस्कृति का हो, चाहे शिक्षा का हो, विकास का हो—जिस पर सरकार, शासन-तंत्र ही छाया न हो? आप देखेंगे, भ्रष्टाचार की शुरुआत ही सरकारी संस्थाओं से हुई है।

यह जो अभिशाप आज़ादी के बाद हम पर पड़ा, इसका सबसे बड़ा प्रमाण तो हमें मंडल कमीशन में दिखाई देता है। बजाय इसके कि हम पिछड़ी जातियों के विकास के लिए अच्छे स्कूलों-कॉलेजों इत्यादि का निर्माण करते, ताकि वे उतने ही शिक्षित होते, उतने ही विकसित होते और विभिन्न संस्थाओं में अपनी बुद्धि और क्षमता के आधार पर दूसरों के साथ प्रतियोगिता कर पाते, हम उसमें टुकड़े डालकर कहते हैं कि आपको पन्द्रह प्रतिशत, आपको बीस प्रतिशत, आपको तीस प्रतिशत। विकास के नाम पर इससे बड़ा अपमान उनका और क्या हो सकता है? तो आत्मनिर्भरता के जितने भी स्रोत हैं, स्वावलम्बन के जितने क्षेत्र हैं, वे अधिकाधिक संकीर्ण होते जाते हैं और जितने वे संकीर्ण होते जाएँगे, छोटे पड़ते जाएँगे, उतना ही मेरी मानसिक ग़ुलामी का घेरा बढ़ेगा, दूसरों पर मेरी निर्भरता बढ़ेगी और एक नागरिक की हैसियत से मेरा आत्मसम्मान, मेरी आत्मगरिमा नष्ट होगी। आत्मगरिमा के नष्ट हो ज़ाने के बाद आप भ्रष्टाचार के शिकार हैं या भ्रष्टाचार करते हैं, इससे कोई ख़ास फ़र्क़ नहीं पड़ता।

['प्रभात ख़बर' : दीपावली, 1994]

कला का सौन्दर्य सत्य को कई जगह देखने में है

राजेश वर्मा की बातचीत

राजेश वर्मा : 'भारत और यूरोप' में आपने कहा है कि एक भारतीय लेखक की सृजनशीलता इसमें निहित है कि वह भारतीय स्वप्न के यथार्थ को भारतीय यथार्थ की छद्मता से अलग कर सके। भारतीय यथार्थ की छद्मता क्या है? हमारे समय, हमारे ख़ास भारतीय समय को आप कैसे देखते हैं...?

निर्मल वर्मा : सबसे पहले तो समय की अवधारणा वर्तमान में ही प्रमुख रूप से निहित रहती है और वर्तमान के साथ भविष्य और अतीत का क्या रिश्ता होता है, इसका उत्तर हर संस्कृति भिन्न रूप से देती है। भारतीय अवधारणा समय के बारे में कुछ ऐसी रही है कि कालबोध को—ऐतिहासिक समय जिसमें अतीत और भविष्य दो स्वायत्त इकाइयों में बँटा होता है, उसे भारतीय दृष्टि में एक नक़ली विभाजन माना गया है। अतीत हमेशा हमारे वर्तमान में प्रवाहित होता है चाहे वह विस्मृत हो या चेतन रूप से मौजूद हो—और जो अतीत सम्पूर्णतया लुप्त हो गया है, उसका बोध होना या न होना वैसे भी कोई अर्थ नहीं रखता, इसलिए परम्परा को इतना महत्त्व दिया गया है, क्योंकि परम्परा कोई मरी हुई चीज़ या मृत चीज़ या अतीत की चीज़ न होकर एक ऐसा बोध है जो समय के सब खंडों का अतिक्रमण करता हुआ—पार करता हुआ, आज जिसे हम वर्तमान कहते हैं, उसमें उसका अस्तित्व...।

रा.व. : मेरा प्रश्न टाइम की संकल्पना के बारे में नहीं बल्कि यह था कि हमारा जो वर्तमान है, हमारा जो वर्तमान यथार्थ है, उसको आप कैसे देखते हैं?

नि.व. : उसका कोई एक उत्तर तो है नहीं। यथार्थ हमारा, जब मैंने समय का यथार्थ या भारत का (ऐतिहासिक?) यथार्थ कहा था तो एक ओर तो हमें ऐतिहासिक दबावों के नीचे जीने के लिए बाध्य होना पड़ता है। इसमें कई चीज़ों को हम इसलिए न्यायोचित ठहराते हैं क्योंकि वह राष्ट्र के लिए, देश के लिए या तात्कालिक

आवश्यकताओं के लिए अनिवार्य माना जाता है। लेकिन ज़रूरी नहीं कि वह हमें एक बेहतर मनुष्य भी बना सके। मेरा कहने का मतलब यह था कि वर्तमान के दबाव के नीचे हम जिन कामों को करते हैं या करना ज़रूरी समझते हैं, उसके नीचे कभी-कभी वे चीज़ें या वे कर्म, जो हमें करने चाहिए, वे या तो नहीं कर पाते या वे वहीं 'मार्जिनलाइज़्ड' या हाशिये पर हो जाते हैं।

रा.व. : 'कला के जोखिम' में जयप्रकाश पर आपने लिखा है। जयप्रकाश जी ने एक आन्दोलन को लीड (नेतृत्व प्रदान) किया था। भारतीय जीवन की निराशाएँ थीं, उसी से वह आन्दोलन पैदा हुआ था। आगे के, 1977 से अब तक के लगभग 20 साल में राजनीतिक, सामाजिक और आर्थिक दुश्चक्र तेज़ ही हुआ है, निराशाएँ सघन ही हुई हैं, इसके बावजूद भारतीय समाज में कोई वैसा बड़ा आन्दोलन नहीं हुआ है तो इसके कौन-से कारण हो सकते हैं? आख़िर ऐसा क्यों है कि एक समाज उत्तरोत्तर बदतर स्थिति में जा रहा है और एक आन्दोलन विफल हो चुका है, लेकिन वैसे किसी बड़े आन्दोलन की कहीं से कोई सम्भावना नज़र नहीं आती?

नि.व. : जब जयप्रकाश जी ने आन्दोलन किया था, उस समय सत्ता के बारे में उन्होंने कुछ ठोस आलोचनाएँ की थीं। उन्होंने कहा था कि जिस राष्ट्रीय आन्दोलन के आदर्श को लेकर जिस समाज की हमने परिकल्पना की थी, वह नेहरू जी के बाद या नेहरू जी के समय में ही धीरे-धीरे या तो विकृत होती गई या भ्रष्ट होती गई। उन्होंने इस बात की ओर संकेत किया था कि ऊपरी तौर पर हमारा लोकतांत्रिक ढाँचा वे मर्यादाएँ तो पूरी करता है जो पार्थिव रूप से हमें दिखाई देती हैं या...उनका मूल्य है लेकिन हमारी सत्ता के आचरण में उनका कोई मूल्य नहीं है, न ही उनके प्रति कोई आदर रह गया है। जयप्रकाश जी ने इस बात की ओर भी हमारा ध्यान आकृष्ट किया था कि हमारी मौजूदा सत्ता के भीतर सामाजिक, राजनीतिक—हर क्षेत्र में एक तरह का कलुषित भ्रष्टाचार फैलता जा रहा है पर उसके रहते हुए, जिन लोकतांत्रिक मान्यताओं के आधार पर राष्ट्रीय आन्दोलन का स्वप्न था, गांधी का स्वप्न था, एक नये भारत का स्वप्न था, वह बिलकुल धूमिल पड़ गया। इसलिए उन्होंने अपने आन्दोलन को किसी एक ख़ास मुद्दे पर सीमित नहीं किया था यानी केवल सामाजिक रूप से क्रान्ति करने में या राजनीतिक रूप में सुधार करने में वह हमारे समूचे आचरण, सत्ता के समूचे आचरण के भीतर एक आमूल परिवर्तन करना चाहते थे, इसीलिए उन्होंने उसे सम्पूर्ण क्रान्ति का नाम दिया था। उस समय यह बात केवल हवाई नहीं थी क्योंकि अगर जयप्रकाश जी केवल सिद्धान्तकार के तौर पर यह बात कहते, जैसे कि कम्यूनिस्ट समय-समय पर कहते रहे हैं या अनेक बुद्धिजीवी वामपंथी कहते रहे हैं, तो उनकी कोई बात कुछ लोग सुनते, कुछ न सुनते, वह केवल एक ड्राइंग रूम बहस बनकर रह जाती, लेकिन इंदिरा गांधी जी

के समय तक आते-आते इस चीज़ का बोध कि कहीं हमारे लोकतंत्र के भीतर एक कलुष, एक पाप, एक ग़लती कहीं उत्पन्न हो गई है, इसका अहसास सभी पार्टियों के भीतर...।

रा.व. : और बल्कि आपने उसे सम्पूर्ण पाप कहा है...।

नि.व. : हाँ, तो जब इस तरह का अहसास सार्वजनिक रूप से लोग शेयर करने लगते हैं, साझा करने लगते हैं तो उन पार्टियों के अपने अलग-अलग उद्देश्य भले ही हों, पार्टी के भीतर उस चेतना का असर पड़ने लगता है। इसलिए जयप्रकाश जी ने चेतना के उस बिन्दु पर सम्पूर्ण क्रान्ति को आवाज़ दी थी, जिसे सब लोग, अपने-अपने राजनीतिक, सामाजिक मतभेद रखते हुए भी, कम-से-कम इस बिन्दु पर एकमत थे। यही कारण था कि स्वतंत्रता के बाद, शायद गांधी जी के आन्दोलन के बाद, पहली बार भारत में इतनी सम्पूर्ण जागृति का उन्मेष हुआ था और जयप्रकाश जी इसी जागृति के ही प्रतीक माने जाते थे। इस लिहाज़ से उसने एक सामूहिक भारतीय स्वरूप धारण किया था। बाद में, क्योंकि यह चेतना विशृंखलित हो गई और जिन दोषों के प्रति जयप्रकाश जी एक तरह का नैतिक, बहुत ही गहरा नैतिक आक्रोश और वेदना और विक्षोभ प्रकट करते थे, उन सब प्रवृत्तियों को लोकतंत्र का ही अंग या लोकतंत्र की ही एक मौजूदा वर्तमान स्थिति, यथास्थिति को स्वीकार करने की प्रवृत्ति हमारे भीतर हुई। यह एक बहुत बड़ा परिवर्तन था। पहले जैसे भ्रष्टाचार को एक असाधारण दोष माना जाता था, बाद में यह माना जाने लगा कि लोकतंत्र में भ्रष्टाचार तो होता ही है। अगर हम उन चीज़ों को, जो लोकतंत्र की मर्यादाएँ भंग करती हैं, उन्हें ही लोकतंत्र का अंश मानने लगें तो फिर किसी तरह के आन्दोलन, किसी तरह के विद्रोह या विरोध का प्रश्न नहीं होता...।

रा.व. : लेकिन यह तो जो सत्ता है, राजनीति है, जिसे राजनीति का व्यवसाय कहा है, वह उन दोषों को लोकतंत्र का अंश मानने लगा है, लेकिन आम जनता के स्तर पर वह चेतना चाहे जितनी विशृंखलित हो, वह तो होगी। पिछले लगभग 20 साल में वह छटपटाहट विलुप्त-सी क्यों दिखती है? कहीं कोई वैसा आन्दोलन या उसकी सम्भावना भी नहीं दिखती। इसके क्या कारण हो सकते हैं? यह तो ठीक है कि पॉलिटिकल मैनेजमेंट की शायद आपने बात कही कि पॉलिटिक्स ने चीज़ों को मैनेज कर रखा है। लेकिन जनता के स्तर पर क्या विश्वास का संकट है, राजनीतिक ताक़तों में भरोसे का...?

नि.व. : इस प्रश्न का उत्तर तो सीधा-सा यही है कि परिवर्तन की आकांक्षा अगर सत्ता के लिए हो, पावर के लिए हो, तो इस तरह का नैतिक आन्दोलन जो जयप्रकाश जी ने किया था या गांधी जी ने किया था, वह नामुमकिन है। क्योंकि फिर लोकतंत्र में वह

हर पार्टी या हर दल जिस चीज़ को उठाता है, वह इसलिए नहीं कि वह हमारे समूचे देश या जनता के हित के लिए है, बल्कि वह हर तकलीफ़ को, हर वेदना को...।

रा.व. : कैश पर लेता है शायद...।

नि.व. : हर कमी को, हर न्यूनता को शतरंज का मोहरा बनाकर उसे, अपने उस असन्तोष को अपने सत्ता में आने की प्रक्रिया को तेज़ करने का एक साधन मान लेता है और जब ऐसी बात होती है तो सामूहिक चेतना की बात जो मैंने कही थी, वह विशृंखलित ही रहती है। उसमें किसी तरह से, हर पार्टी अपने स्वार्थों से ऊपर उठकर एक राष्ट्रीय परिप्रेक्ष्य में चीज़ों को देखना बन्द कर देती है। और जब यह होता है तो ज़ाहिर है कि विरोध या संघर्ष, चेतना के स्तर पर न होकर पावर के परिप्रेक्ष्य में होने लगता है।

रा.व. : ऐसे में, क्या साहित्य से कोई आशा है? क्या वह इस विशृंखलन के बरअक्स चेतना के संगठन का कोई उपक्रम कर सकता है?

नि.व. : साहित्य चेतना को संगठित नहीं करता। संगठित करने की शक्तियाँ केवल वही होती हैं जो अपने में संगठित होती हैं—राजनीति में या समाज में। साहित्य केवल हमें उन मूल्यों के प्रति सचेत करता है, जिन मूल्यों से मनुष्य और सत्ता के ढाँचे के बीच में एक सन्तुलन बराबर बैठा रहता है। उदाहरण के तौर पर, अभिव्यक्ति की स्वतंत्रता, यह एक मूल्य है। हमारे संविधान में इसे स्वीकार किया गया है। प्रेस में, साहित्य में इस अभिव्यक्ति की स्वतंत्रता को महत्त्व दिया गया है। लेकिन हम देखते हैं, मौजूदा हालात में, यथार्थ में, जिस यथार्थ की बात आपने कही थी कि शब्द बोलने की स्वतंत्रता संविधान द्वारा ज़रूर प्राप्त है, किन्तु कौन-सा शब्द हमारे जीवन की सच्चाई को प्रतिध्वनित करता है या उसका प्रतिनिधित्व करता है? उस शब्द को बोलने का विवेक अगर न हो तो वह स्वतंत्रता भी कोई मायने नहीं रखती।...इस दृष्टि से एक साहित्यकार उन मूल्यों की ओर हमारा ध्यान आकृष्ट करता है जो मौखिक रूप से या औपचारिक रूप से उपलब्ध हैं लेकिन जो हमारे जीवन के यथार्थ में कार्यान्वित नहीं होते। मेरे ख़याल में एक लेखक का कर्तव्य यह होता है कि वह नागरिक को बराबर उस खाई के प्रति, जो उसकी चेतना के बीच में खुदती जाती, बड़ी होती जाती है, सचेत करवाता रहे।

रा.व. : राजनीति का, विचारधाराओं का, जिन रचनाकारों के लिए, कलाकारों के लिए कोई महत्त्व नहीं है, उनके लिए साहित्य का भी कोई महत्त्व है, इस पर आपने एक जगह सन्देह व्यक्त किया है। लेकिन आगे उसी लेख में आप कन्संट्रेशन कैम्प, नीग्रो सेग्रिगेशन (अलग रखने), हिन्दुस्तान की ख़ास ग़रीबी का ज़िक्र करते हुए

कहते हैं कि यह 'टोटल टेरर' की स्थिति है। लेकिन आप यह भी कहते हैं कि ये स्थितियाँ हैं, समस्याएँ नहीं। सन्दर्भ हैं, विषय नहीं। विषय क्या है?

नि.व. : मैंने उसी लेख में कहा था, जिसकी आज चर्चा कर रहे हैं कि एक लेखक के लिए विषय कुछ भी हो सकता है। ज़रूरी नहीं कि एक विषय राजनीतिक रूप से महत्त्वपूर्ण हो, इसीलिए उससे सम्बद्ध कहानी या कविता भी महत्त्वपूर्ण होगी। कोई विषय सामयिक रूप से भले गहरा महत्त्व रखता हो, लेकिन इससे यह निष्कर्ष नहीं निकलता कि जब तक आप उस विषय को अपनी कहानी या कविता का केन्द्र नहीं बनाएँगे, तब तक वह कहानी या कविता महत्त्वपूर्ण नहीं होगी।

रा.व. : नहीं, लेकिन क्या वह विषय, जो समय का केन्द्रीय प्रश्न हो, वह कहीं से समकालीन साहित्य में रिफ़्लैक्ट होगा क्या...?

नि.व. : वह रिफ़्लैक्ट होगा उस कृति से, जो कि वह कहानी या कविता चुनती है अपने लिए और वह विषय कुछ भी हो सकता है। मैंने यह कहा था कि विषय कुछ भी हो सकता है, लेकिन चुनने के बाद लेखक की चेतना में वह सब मौजूद होना चाहिए जो उसके इर्द-गिर्द हो रहा है।

रा.व. : लेकिन आम तौर पर आपकी कहानियों में पात्रों का, स्वयं कहानी की 'समय और दिक्' में अवस्थिति का पता नहीं चलता; उसके सामाजिक, राजनीतिक और आर्थिक सन्दर्भ स्पष्ट नहीं होते। ऐसे में अन्ततः लगता यह है कि हर आदमी कुछ भी करने और सोचने को स्वतंत्र है—तमाम समाजार्थिक विषमताओं के बावजूद...!

नि.व. : हर कहानी या हर सृजनशील कर्म अपनी ज़मीन या अपना परिवेश ख़ुद स्थापित करता है। जब आप किसी कविता को पढ़ते हैं तो कविता के भीतर उन भावों को उन्मेषित और संप्रेषित करने का जो समूचा माध्यम है, जो शब्द है, वही उस कविता का परिवेश बन जाता है।

रा.व. : रचना में उन्मेषित और उससे संप्रेषित भाव का ऐतिहासिक सत्य से क्या और कैसा सम्बन्ध होता है?

नि.व. : बहुत गहरा सम्बन्ध होता है, लेकिन यह ज़रूरी नहीं कि वह हमेशा प्रत्यक्ष रूप से सामने आए। कोई कविता सीधे-सीधे राजनीतिक विषय से या किसी ऐतिहासिक घटना से सम्बन्धित न होकर भी जिस परिवेश की रचना करती है, कहीं-न-कहीं उस कविता को पढ़ते हुए उस ऐतिहासिक और राजनीतिक और सामाजिक सन्दर्भ की अनुगूँज हमें मिलती है। किस रूप में मिलती है और किस रूप में हम उसे ग्रहण कर पाते हैं, यह हर कविता की विशिष्टता पर निर्भर करता है।

इसका कोई फ़ॉर्मूला तो है नहीं। निराला की कविता, चाहे वह कितनी ही व्यक्तिगत पीड़ा को व्यक्त करते हुए लिखी गई हो, उसमें निराला का ही परिवेश नहीं आता, जिस समय में वह लिखी गई है, वह समूचे सन्दर्भों के साथ...।

रा.व. : शायद आपका आशय यह है कि वह जो व्यक्तिगत पीड़ा भी है, वह एक वृहत्तर समाज की पीड़ा से संवाद की स्थिति में है...।

नि.व. : और हर कवि अपने-अपने ढंग से यह डायलॉग या वार्तालाप करता है। हम इसके बारे में यह नहीं कह सकते कि इसकी कोई लगी-बँधी लीक है। इसीलिए इस बारे में हमें काफ़ी सचेत होना चाहिए। वह जो प्रगतिशील या जो हमारे यहाँ एक तरह की विचारधारा रही है कि हर कविता या कहानी का सीधा सम्बन्ध राजनीतिक, सामाजिक या ऐतिहासिक विपयों से हो, मैं समझता हूँ, इससे हम कविता के मर्म को समझने में असमर्थ रहते हैं। इस तरह का सीधा सम्बन्ध किसी भी अच्छी कविता और उसके ऐतिहासिक सन्दर्भ में होता नहीं।

रा.व. : 'परिन्दे' आपकी बहुत पुरानी कहानी है, पहले संग्रह की। उसमें और बाद की कहानियों में जो फ़र्क़ मुझे लगता है कि 'परिन्दे' में लतिका की स्मृति, अपने मृत प्रेमी नेगी के प्रेम की स्मृति, उसे बहुत ही संवेदनशील बनाती है जो होस्टल में उसके व्यवहार, ख़ास तौर पर जूली के साथ, रेजीमेंट के उसके प्रेमी का ख़त जूली को लौटा देने के फ़ैसले में बहुत स्पष्ट है। स्मृति की आपकी कहानियों में बहुत ही केन्द्रीय भूमिका है, लेकिन 'परिन्दे' के बरअक्स बाद की कहानियों में स्मृतियों की सम्बन्ध-धारणा धीरे-धीरे, लगता है, छूटती जा रही है। मुझे लगता है, बाद की कहानियों में, कहानी के पूरे पाठ में, उसके ट्रीटमेंट में स्मृति की यह भूमिका नहीं दिखती।

नि.व. : बाद की कहानियों में क्या दिखता है...?

रा.व. : उनमें जो स्मृति है, पात्रों को अपने अकेलेपन में, अपने एकान्त में चले जाने की सुविधा देती है, और संवाद की स्थिति नहीं बन पाती।

नि.व. : संवाद की स्थिति समाप्त नहीं होती, बाद की कहानियों में संवाद का स्वरूप बदलता है और इसी दृष्टि से आपको 'परिन्दे' कहानी का स्वरूप, जो कि 30 वर्ष पहले लिखी गई थी और 10-15 वर्ष पूर्व जो नई कहानियाँ लिखी गईं, उनके अन्तर को देखना चाहिए। हर कहानी अघना एक अलग स्वरूप और विषय लेकर आती है और उसके मुताबिक़ अपना फ़ार्म रचती है। इस फ़ार्म में संवाद, पात्र, परिवेश—उनका सम्बन्ध वही नहीं रहता जो कि पिछली कहानियों में रहता है।

बिना किसी संवाद के कोई भी कहानी, कहानी नहीं बनती—चाहे वह संवाद व्यक्ति का स्वयं अपने से ही क्यों न हो। संवाद का स्वरूप ज़रूर बदल सकता है, लेकिन संवाद का अभाव—यह असम्भव है।

रा.व. : आपकी कहानियों में जो चीज़ बहुत आकर्षित करती है, वह ब्योरे हैं। हिन्दी कहानियों में यह विरल है। भीष्म जी की कहानियों में है, उदय प्रकाश में है...लेकिन भीष्म जी के यहाँ जो पूरा कथानक है, उसे व्यक्त करने में ब्योरों का इस्तेमाल है। जबकि आपके यहाँ, सैद्धान्तिक तौर पर भी आपने कहा है कि 'नगण्य चीज़ों पर विस्मय करने की सामर्थ्य में ही आत्मा अपने स्वगत वचन बोलती है।' कहीं यही कारण तो नहीं कि आपकी कहानियों में कई बार ब्योरे किसी घटना, मनोभाव या अनुभव से व्यक्त करने के कलात्मक उपक्रम का हिस्सा नहीं दिखते, वे एक ख़ास दिशा में निर्देशित नहीं दिखते...।

नि.व. : कहानी की दिशा में किस तरह से कोई ब्योरा अपना योगदान देता है, उस ब्योरे का सम्बन्ध या उसका महत्त्व इस पर भी निर्भर करता है। मेरे ख़याल में ब्योरे का यही अर्थ रहता है कहानी में। अगर एक ब्योरे का कहानी की आन्तरिकता से कोई सम्बन्ध नहीं है तो मैं समझता हूँ कि वह निरर्थक है।

रा.व. : हमारे समय में, हमारे समाज में जो विभिन्न शक्तियाँ मनुष्य की भावनाओं को छद्म बना रही हैं, उन शक्तियों के ख़िलाफ़ संघर्ष का कोई रास्ता कथा से, साहित्य से, कला से होकर गुज़रता है या नहीं और इसी के साथ यह भी कि इस युग में ऐसी शक्तियों की पहचान और उनसे संघर्ष की चुनौती ही क्या कथानक की खोज और साधना का भी सवाल नहीं है?

नि.व. : हर युग में, जिसे आपने कथानक कहा, उसमें एक व्यक्ति की तलाश छिपी होती है ताकि वह अपने सत्य को प्राप्त कर सके। लेकिन सत्य को अकेले में प्राप्त करना असम्भव है। कथा में कला का सौन्दर्य है ही इसलिए कि वह सत्य को एक जगह अवस्थित न करके अनेक जगहों में देखने का उपक्रम करती है। ऐसे समय होते हैं, जहाँ पर उन अलग-अलग स्थानों में एक तरह का सामंजस्य मौजूद रहता है...जैसा कि मध्यकालीन समाज में। कुछ समय ऐसा आता है जैसा कि आधुनिक समय है, जहाँ इस तरह के बिन्दुओं के बीच का सामंजस्य या हार्मोनी लुप्त होने लगती है और उसके अनेक ऐतिहासिक कारण हो सकते हैं। वैयक्तिकता का प्रभुत्व उसमें सबसे अधिक महत्त्व रखता है। ऐसे में कलाकार की चुनौती ही बदल जाती है। वह इन विशृंखलित बिन्दुओं के बीच में उन शक्तियों का विरोध करता है जो झूठा सामंजस्य स्थापित करने की कोशिश करती हैं, चाहे आइडियोलॉजी के द्वारा या नये समाज की परिकल्पना करके या किसी दर्शन को आरोपित करके।

यह कलाकार इन सब ऊपरी दर्शनों, सिद्धान्तों, विचारधाराओं के झूठे सम्बन्धों या सामंजस्य करने के प्रयत्नों के कुहासे को भेदकर दिखाने की कोशिश करता है कि इस तरह का कोई सम्बन्ध यथार्थ में मौजूद है ही नहीं। इस लिहाज़ से वह एक निषेधात्मक भूमिका अदा करता है, झूठी 'हार्मोनी' या झूठा सामंजस्य प्रस्तुत करने की बजाय जो सामंजस्य प्रस्तुत किये जाते हैं, उनके झूठेपन को या उनके प्रपंच को भेदता है। अगर कलाकार यह कर पाता है तो मैं समझता हूँ, अपनी कला में वह सार्थक नतीजों को जन्म दे सकता है।

रा.व. : यानी कलाकार का धर्म ऐसे में छद्म को भेदना है।

नि.व. : हाँ।

रा.व. : हिन्दी में आम तौर पर विमर्श और ख़ास तौर पर कहानी की आलोचना की स्थिति दयनीय है, इसके बावजूद आप लगभग लगातार आलोचना को उत्तेजित करते रहे हैं। इधर आपकी कहानियों में मौसम के नामोल्लेख, शब्दों के नामोल्लेख, एक ही उपमा के बार-बार इस्तेमाल आदि के सन्दर्भ में एक तरह की कथा-रूढ़ि की शिकायत की गई है। 'इतनी बड़ी आकांक्षा' में फ़ौजी को महसूस होता है कि वह हवा में तनी रस्सी पर चल रहा है और नीचे खड़ी महिला उसे तमाशबीन की तरह देख रही है कि वह बीच में ही गिर जाएगा या पूरी रस्सी पार कर जाएगा! 'सूखा' में भी मुझे याद आता है कि डॉ. देव के सन्दर्भ में जब वह अपना पेपर ठीक से नहीं पढ़ रहे होते हैं तो इसी तरह एक सर्कस के खिलाड़ी की याद की जाती है कि 'क्या वह रस्सी से कूदकर रस्सी तक जा पाएगा?' ऐसे ही आपके यहाँ बेंगाटोल का खेल कई बार कई तरह से...।

नि.व. : यह रूढ़ि की बात नहीं है, यह पुनरावृत्ति की बात है। अगर किसी बिम्ब या उपमा की पुनरावृत्ति होती है तो ज़ाहिर है कि वह कमज़ोरी का द्योतक है। हर लेखक को इस तरह की पुनरावृत्तियों से बचना चाहिए। लेकिन ख़तरा तब उत्पन्न होता है, जबकि वह बिम्बों की या कहावतों की या उपमाओं (सिमलीज) की पुनरावृत्ति न होकर अगर कथानक में या एक कहानी में जिस सत्य को पा लिया गया है या जिसकी झलक पा ली गई है और वह कहानी सफल हो गई है, उसी सफलता को भुनाने के लिए उसकी पुनरावृत्ति दूसरी कहानी में करना...ताकि पाठकों के उन्हीं संवेदनों को पुनः छुआ जाए जो कि उसकी पिछली सफल कहानी में किया गया था, मैं इसे बहुत ख़तरनाक मानता हूँ।

रा.व. : भुनाने के लिए तो नहीं, लेकिन...

नि.व. : भुनाना ज़रा सख़्त शब्द हो जाता है लेकिन यह एक तरह से उस जोखिम से अपने को बचाना है जो हर कहानी प्रस्तुत करती है एक लेखक के सामने और जो एक बिलकुल नया क्षेत्र होता है। अनुभव का, उसे उस क्षेत्र में प्रवेश करने का साहस करना चाहिए। उसकी ऊर्जा बराबर विकासमान रहे, इसके लिए उत्तरोत्तर नये जोखिमों को उठाना एक कलाकार का नैतिक उत्तरदायित्व है, सृजनात्मक उत्तरदायित्व तो होना ही चाहिए।

रा.व. : आपने अभी अनुभव के नये-नये क्षेत्रों के संधान की बात की। इस सन्दर्भ में एक बात कि आपकी कहानियों के अनुभव के क्षेत्र भी बहुत सीमित लगते हैं। मुझे याद है कि आपने लिखा है कि यह ज़रूरी नहीं कि एक लेखक हर वर्ग के, समाज के हर तबक़े के लोगों के अनुभव से बावस्ता हो। लेकिन आपकी कहानियों का ताल्लुक़ जिस ख़ास वर्ग से है, उसके भी बहुत सीमित अनुभव हैं आपकी कहानियों में। कहा गया है कि इस अर्थ में भी आपकी कहानियों में दुहराव बहुत है...।

नि.व. : कहाँ एक लेखक की कहानियों में दुहराव आता है, उसका अनुभव रूढ़ि बनता है और कहाँ वह अनुभव के एक नये आयाम को छूता है—जब तक इसका समुचित विश्लेषण न किया जाए तब तक यह बहुत एकांगी क़िस्म का आरोप है।

रा.व. : निर्मल जी, एक आख़िरी सवाल। शायद 'पूर्वग्रह' की किसी बातचीत में आपने रघुवीर सहाय पर कहा था कि वह सत्ता पर अपना कोई ख़याल, अपना कोई भाव प्रकट नहीं करते, उस पर कोई टिप्पणी नहीं करते, अपनी रचनाओं में...?

नि.व. : नहीं, सत्ता पर तो उन्होंने बहुत टिप्पणी की है। सारी कविताएँ उन्होंने सत्ता का क्रिटिसिज़्म करते हुए, आलोचना करते हुए, व्यंग्य करते हुए लिखी हैं...।

रा.व. : मुझे वह सन्दर्भ ठीक-ठीक याद नहीं है लेकिन शायद उसी में आपने यह भी कहा है कि उनके यहाँ जो प्रवाह है, वह उन्हें अमूर्त भी कर देता है...।

नि.व. : नहीं-नहीं, मेरे ख़याल में मैंने ऐसा नहीं कहा है!

['आजकल' : जुलाई, 1996]

समकालीन गद्य पिछड़ रहा है

रवीन्द्र त्रिपाठी की बातचीत

रवीन्द्र त्रिपाठी : निर्मल जी, पिछले कुछ बरसों से आप पर हिन्दूवादी होने का आरोप लगता रहा है। आपकी प्रतिक्रिया?

निर्मल वर्मा : मुझे ऐसे आरोपों को सुनकर हँसी आती है। ऐसा आरोप मुझ पर मार्क्सवादी लगाते रहे हैं। यह विचार के स्तर पर विरोध नहीं है बल्कि मेरे चिन्तन पर एक तरह का ठप्पा लगाया जाना है। वामपंथी अक्सर यह करते रहे हैं। जब कोई उनकी विचारधारा की भेड़चाल में शामिल नहीं होता है तो वे इसी तरह का आरोप लगाते हैं। दिलचस्प यह है कि ये लोग कभी मुझ पर यह आरोप लगाते रहे कि मैं यूरोपीय विचारधारा और यूरोप से आक्रान्त रहा हूँ और पश्चिम से प्रभावित हूँ।

वास्तविकता यह है कि उन्हें भारतीय संस्कृति के भीतर जितने सम्प्रदाय विकसित हुए हैं—बौद्ध धर्म, हिन्दू धर्म, इस्लाम, ईसाई धर्म उनमें किसी के प्रति कोई गहरा लगाव नहीं है। अज्ञान से असहिष्णुता उत्पन्न होती है जिसे वे सेक्यूलरिज़्म का नाम देते हैं। भारतीयता को 'हिन्दुत्व' में घटाना उस तथाकथित सेक्यूलर विचारधारा की उपज है जिसे हमने आज़ादी के बाद के भारत में एक सरकारी 'आइडियोलॉजी' के रूप में स्वीकार किया है। मैं उसका अंग नहीं हूँ।

यह ज़रूर है कि मैं आज के यूरोप के संकट के विकल्प के रूप में भारतीय संस्कृति को रखता हूँ। मुझे लगता है, यूरोपीय सभ्यता जिस बीहड़ और क्रूर दौर में है, उसके सवालों से हमें टकराना पड़ेगा। इन्हीं सवालों से टकराते हुए मैंने कुछ निबन्ध लिखे हैं। यूरोपीय सभ्यता का भारत के समाज पर असर पड़ा है। उसके कारण हमारे समाज में किस तरह की फाँकें और दरारें पड़ी हैं, उस पर मैंने विचार किया है। मुझे यह लगता है कि पिछले दो सौ साल में भारत ने अपनी सनातन अस्मिता को खो दिया है। आज हमें पश्चिमी समाज की चुनौतियों और दबावों से निपटना है। यह भारतीय चिन्तन के माध्यम से ही हो सकता है। भारतीय चिन्तन में हिन्दू चिन्तन भी शामिल है।

लेकिन सिर्फ़ हिन्दू ही नहीं बौद्ध, जैन और पिछले चार सौ सालों का भारतीय इस्लामी चिन्तन भी शामिल है। इस तरह से भारतीय संस्कृति एक संश्लिष्ट संस्कृति है। चूँकि हिन्दू तत्त्व-चिन्तन की जड़ें सबसे अधिक प्राचीन और सनातन अन्तर्दृष्टियों में निहित हैं—जिसमें साकार और निराकार आस्थाएँ अन्तर्गुंफित हैं—उसका रंग भारतीय संस्कृति पर स्वाभाविक रूप से सबसे ज़्यादा गहरा है। इस ऐतिहासिक तथ्य से कौन इनकार करेगा? आधुनिक समय में उसकी इस गौरवशाली परम्परा के प्रति हमारा ध्यान गांधी, अरविन्द, विवेकानन्द और रवीन्द्रनाथ ठाकुर ने खींचा था। आधुनिक हिन्दी साहित्य में यह काम रामचन्द्र शुक्ल, हजारीप्रसाद द्विवेदी, निराला, अज्ञेय आदि ने किया। लेकिन क्या यह काफ़ी है?

र.त्रि. : आप सेक्यूलरवादी (धर्मनिरपेक्षवादी) विचारधारा के भी आलोचक हैं। इसकी वजह?

नि.व. : सेक्यूलरवादी विचारधारा यूरोप की विशिष्ट ऐतिहासिक परिस्थितियों में उपजी थी। उस यूरोप में जहाँ धार्मिक जीवन अलग और लौकिक जीवन अलग होता है। वहाँ का धार्मिक जीवन चर्च से नियंत्रित होता रहा है। इसीलिए सेक्यूलरवादी विचारधारा की ज़रूरत पड़ी जिसमें चर्च का नियंत्रण नहीं हो। लेकिन भारत में धर्म और लौकिक जीवन कभी अलग नहीं रहा। विदेशी अवधारणा को हमें जस का तस स्वीकार नहीं कर लेना चाहिए।

गांधी जी को यह लगा था कि पश्चिमी ढंग का लोकतंत्र हमारे अनुकूल नहीं है। उन्होंने ग्राम पंचायत के विचार को सामने रखा। आज सभी लोग ग्राम पंचायत केन्द्रित लोकतंत्र के महत्त्व को मानने लगे हैं। कला, साहित्य और सौन्दर्यशास्त्र में भी भारत की अपनी परम्परा रही है जिसकी ओर अरविन्द और कुमारस्वामी ने हमारा ध्यान दिलाया था। चिन्तन की यह परम्परा पश्चिम से अलग है। लेकिन पिछले दो सौ साल में उपनिवेशवाद के कारण हमारी भारतीय चिन्तन परम्परा को धक्का पहुँचा। इसे बचाने के लिए हमें वैचारिक रूप से सक्रिय होना होगा। मेरा संकेत वैचारिक स्वराज की ओर है, किसी मतवाद की स्थापना नहीं।

र.त्रि. : लेकिन आपको यह नहीं लगता है कि सेक्यूलरवाद का विरोध आज हिन्दूवादी ताक़तें ही ज़्यादा कर रही हैं?

नि.व. : यह इस कारण हो रहा है कि सेक्यूलरवादी भी छद्म सेक्यूलरवादी है जो सेक्यूलरवादी हैं वे समान नागरिक संहिता के मामले पर सेक्यूलरवादी नहीं होते। शाहबानो के मामले पर क्या हुआ? राजीव गांधी ने सर्वोच्च न्यायालय के निर्णय को नहीं माना। होना यह चाहिए कि यदि आप सेक्यूलरवादी हैं तो इस तरह के कठमुल्लावाद का विरोध करें। हमारा संविधान सेक्यूलर है पर उसका पालन नहीं होता।

जहाँ कहीं मुसलमानों का मुद्दा होता है, सेक्यूलरवादी कठमुल्लाओं के आगे घुटने टेक देते हैं। सलमान रुश्दी का मामला लीजिए। सिर्फ़ मुस्लिम कठमुल्लाओं को ख़ुश करने के लिए 'द सैटनिक वर्सेस' पर प्रतिबंध लगा दिया गया। आज उसी का दुष्परिणाम यह हुआ है कि हुसैन की पेंटिंग को हिन्दूवादी ताक़तें जला रही हैं। छद्म सेक्यूलरवाद से कठमुल्लाओं को ही बल मिलता है। मुसलमानों का वोट पाने के लिए सेक्यूलरवाद को छोड़ दिया जाता है तो उसके दुष्परिणाम भी होंगे।

र.त्रि. : बातचीत को थोड़ा साहित्य की ओर मोड़ें। आपने आलोचनात्मक लेखन भी काफ़ी किया है। आपको नहीं लगता कि हिन्दी में मार्क्सवादी आलोचना ज़्यादा ताक़तवर होकर उभरी है और उसकी तुलना में ग़ैर-मार्क्सवादी आलोचना उतनी सशक्त नहीं है?

नि.व. : हिन्दी की शुरुआती आलोचना तो मार्क्सवादी नहीं है। रामचन्द्र शुक्ल और हजारीप्रसाद द्विवेदी तो मार्क्सवादी नहीं हैं। उनके बाद भी देखें तो मार्क्सवादी आलोचना में दो ही बड़े नाम हैं—रामविलास शर्मा और नामवर सिंह, जबकि ग़ैर-मार्क्सवादी आलोचना में नन्ददुलारे वाजपेयी, विजयदेव नारायण साही, रमेशचन्द्र शाह, रामस्वरूप चतुर्वेदी और अशोक वाजपेयी ने बहुत अच्छी आलोचना लिखी है। यह भी देखिए कि मुक्तिबोध जैसे मार्क्सवादी कवि के बारे में ग़ैर-मार्क्सवादी आलोचकों ने बहुत अच्छी आलोचना लिखी है। ऐसे अनेक प्रगल्भ आलोचक हैं जो सिर्फ़ पुस्तकों और रचनाओं के प्रति अपना दायित्व निभाते हैं। मलयज, शाह, मदन सोनी इसी श्रेणी में आते हैं। इस तरह ग़ैर-मार्क्सवादी आलोचना के कई रंग हैं। वैसे आलोचना को राजनीतिक ख़ेमों में बाँटना असंगत भी है और मूर्खतापूर्ण भी।

हमारे विश्वविद्यालयों और अकादमियों में अधिकांश सेक्यूलरवादी सोच वाले मार्क्सवादी बैठे हुए हैं। वे पाठ्यक्रम बनाने से लेकर हर निर्णय अपने मतवाद के मुताबिक़ करते हैं। सरकार जब किसी संस्थान में कोई नियुक्ति करती है तो यह देखती है कि यह आदमी सेक्यूलरवादी है या नहीं। हम चाहें तो कह सकते हैं कि उन्होंने अपने लिए आरक्षण की कंस्टिच्यूएंसी स्थापित कर ली है जिसके कारण एक व्यक्ति की गुणवत्ता पर उतना नहीं, जितना 'पार्टनर, आपकी पॉलिटिक्स क्या है' पर ज़ोर दिया जाता है। यह लोकतंत्र के लिए उतना ही घातक है, जितना शिक्षा और साहित्यिक संस्थाओं के लिए।

र.त्रि. : समकालीन हिन्दी साहित्य का परिदृश्य कैसा लगता है आपको? ख़ास कर विश्व साहित्य के सन्दर्भ में?

नि.व. : दुःख की बात यह है कि आज हिन्दी का सृजनात्मक लेखन उस स्थिति में नहीं है जिसे हम श्रेष्ठ कह सकें। हिन्दी में साहित्य पर बात ज़्यादा होती है,

लेखन पर कम ध्यान दिया जाता है। गोष्ठियाँ, लोकार्पण और परिसंवाद ही ज़्यादा होते हैं। इस सबके बावजूद कुछ ऐसी प्रवृत्तियाँ भी हैं जो अच्छी हैं। आज का हिन्दी लेखक विदेशी लेखन से आतंकित नहीं है। वह उससे प्रभावित है पर सम्मोहित नहीं। पश्चिमी लेखन से उसका सम्बन्ध खुला हुआ और निर्बंध है। इस तरह के लेखक भारतीय लेखन की रूढ़ियों से भी मुक्त हुए हैं, यह अच्छी बात है। दरअसल आज का साहित्य आत्मकेन्द्रित नहीं हो सकता। उसे अपने दरवाज़े खुले रखने होंगे।

र.त्रि. : रेणु के उपन्यासों पर लिखते हुए आपने स्थापित किया था कि उन्होंने प्रेमचन्दीय ढाँचे से उपन्यास को बाहर निकाला। क्या परवर्ती हिन्दी उस दिशा में आगे बढ़ी?

नि.व. : यह सही है कि रेणु ने हिन्दी उपन्यास की प्रेमचन्द के ढाँचे से बाहर निकाला। उन्होंने एक मुक्ति का अहसास कराया। लेकिन वह नकारात्मक विरोध नहीं था। इसमें एक नयेपन का अहसास था। जो उस दौर की 'नई कहानी' ने भी कराया था। बाद में कई ऐसे उपन्यास लिखे गए जो अपने ढंग से नया अहसास कराते हैं। जैसे धर्मवीर भारती का 'सूरज का सातवाँ घोड़ा', विनोद कुमार शुक्ल के उपन्यास 'नौकर की क़मीज़' और 'खिलेगा तो देखेंगे', रमेशचन्द्र शाह के आरम्भिक उपन्यास 'गोबर गणेश' और 'क़िस्सा ग़ुलाम', मनोहर श्याम जोशी का 'कसप', शानी का 'काला जल', मंज़ूर एहतेशाम का 'सूखा बरगद'। ज्योत्स्ना मिलन का उपन्यास भी 'अ अस्तु' मुझे अच्छा लगा। सुरेन्द्र वर्मा का उपन्यास 'मुझे चाँद चाहिए' भी बहुत अच्छा उपन्यास है। लेकिन इधर उत्तर-आधुनिकतावादी उपन्यास भी लिखे जा रहे हैं। मुझे नहीं लगता कि वे हमारे समाज के अनुभवों के बारे में कुछ ज़्यादा बता पाते हैं या कलात्मक दृष्टि से कुछ नया हासिल कर पाते हैं।

र.त्रि. : आपने 'नई कहानी' की चर्चा की। क्या आपको नहीं लगता कि 'नई कहानी' ने जिस नयेपन का अहसास कराया था, वह आज की कहानी नहीं करा पा रही है?

नि.व. : 'नई कहानी' के दौर में अमरकान्त, उषा प्रियम्वदा, मोहन राकेश जैसे कहानीकारों ने एक भूचाल-सा ला दिया था। बाद की पीढ़ी में ज्ञानरंजन और दूधनाथ सिंह ने बड़ी अच्छी कहानियाँ लिखीं। लेकिन आगे चलकर ज्ञानरंजन राजनीति में ज़्यादा सक्रिय हो गए और दूधनाथ सिंह ने कहानी लिखना लगभग स्थगित कर दिया। उसके बाद कहानी में ठहराव-सा दिखा। लेकिन इधर कुछ नये कहानीकार ज़रूर आए हैं जिनसे कहानी में नई सम्भावना दिखती है। जैसे उदय प्रकाश, उदयन वाजपेयी, ध्रुव शुक्ल, जयशंकर आदि।

र.त्रि. : आप तो कविता के भी गहरे पाठक हैं। आज की कविता कैसी लगती है आपको? क्या आपको यह नहीं लगता कि आज के हिन्दी गद्य में वह जीवन्तता नहीं है जो पिछले बीस-पच्चीस साल पहले तक थी?

नि.व. : आज की कविता में मुझे कहानी-उपन्यास की तुलना में ज़्यादा सम्भावना दिखती है। दरअसल समकालीन हिन्दी गद्य थोड़ा पिछड़ रहा है। इसकी वजह यह है कि गद्य के लिए जो धैर्य और अवकाश चाहिए, वह आज के लेखक के पास नहीं है। अच्छे गद्य के लिए तकनीकी परिश्रम भी करना पड़ता है और अनुभव की सम्पदा की ज़रूरत होती है। एक ऐसी जीवन-शैली बनानी पड़ती है जिसमें लिखने पर ज़्यादा-से-ज़्यादा समय दिया जा सके। एक गद्य लेखक को सम्पूर्ण लेखक होना पड़ता है। लेकिन आज हिन्दी में सम्पूर्ण लेखक होना मुश्किल हो गया है। आज के लेखक को जीविका के लिए या तो पत्रकार होना पड़ता है या कोई नौकरी करनी पड़ती है। ऐसे में गद्य की संस्कृति का मुरझाना स्वाभाविक है। जब लेखक के पास बाहर और भीतर का पर्याप्त 'स्पेस' न हो तब तक अच्छा गद्य नहीं लिखा जा सकता। यह दुर्भाग्य है कि हिन्दी में इस तरह का 'स्पेस' सिकुड़ता जा रहा है। इसलिए गद्य जीवन्तता खो रहा है। हमारे जीवन से एकान्त चिन्तन भी विलुप्त हो रहा है जो अच्छे गद्य के लिखे जाने की अनिवार्य शर्त है।

र.त्रि. : इधर आप क्या लिख रहे हैं?

नि.व. : आजकल एक उपन्यास लिख रहा हूँ जिसमें भारत के अतीत और वर्तमान से जुड़े दार्शनिक सवालों को उठाया गया है। पर किसी भी हालत में इसे दार्शनिक उपन्यास नहीं कहा जाना चाहिए।

र.त्रि. : आपका आधुनिक चित्रकला से भी लगाव है। भारत की आधुनिक चित्रकला पर पश्चिम से प्रभाव का आरोप लगता रहा है। आप आधुनिक भारतीय चित्रकला की उपलब्धियों का किस ढंग से आकलन करते हैं?

नि.व. : आधुनिक भारतीय कला ने इस सदी में एक लम्बी दूरी तय की है। आधुनिक भारतीय चित्रकला के तीन शुरुआती बिन्दु रहे—अमृता शेरगिल, बंगाल स्कूल और प्रोग्रेसिव आर्ट ग्रुप। अमृता शेरगिल पश्चिम से प्रभावित थीं, फिर भी उनका और बंगाल स्कूल का भावबोध अजंता एलोरा की पेंटिंग से प्रभावित था। दोनों की चित्रकला में भारतीय होने का आग्रह था और इसे लेकर दोनों अतिरिक्त सचेत भी थे। यह राष्ट्रीय आन्दोलन का भी दौर था जिसने बंगाल स्कूल की कला को भारतीयता के प्रति आग्रही बनाया था। बंगाल स्कूल पर भारतीयता का गहरा दबाव था। रवीन्द्रनाथ ठाकुर एकमात्र अपवाद थे जिन्होंने भारतीयता को सहज रूप

से अभिव्यक्त किया था, किसी बाहरी दबाव की तरह नहीं। भारतीयता का दबाव होने की वजह से बंगाल स्कूल की कला पश्चिम की प्रयोगशीलता से विमुख ही रही। उसमें आधुनिक जीवन के अनुभव भी नहीं आ सके। प्रोग्रेसिव आर्ट ग्रुप की कला पर पश्चिम का गहरा असर था। ख़ास कर सूजा और अकबर पदमसी जैसे लोगों पर। इसमें पश्चिमी कला में निहित आधुनिक मनुष्य की छटपटाहट तो थी लेकिन वह भी सचेत रूप में थी, सहज रूप में नहीं। यानी बंगाल स्कूल पर परम्परा का दबाव था तो प्रोग्रेसिव आर्ट ग्रुप पर पश्चिम का। मक़बूल फ़िदा हुसेन प्रोग्रेसिव कला से जुड़े एकमात्र कलाकार हैं जो पश्चिम से उतने आक्रान्त नहीं रहे और उनमें सहज भारतीयता है।

इसके बाद कला में जो नई पीढ़ी आई स्वामीनाथन, रामकुमार आदि की—उस पर न परम्परा का दबाव रहा, न पश्चिम का। उनकी कला एक ही साथ सहज रूप से भारतीय है और पश्चिम के प्रति खुला दृष्टिकोण रखने वाली भी। स्वामीनाथन ने आदिवासियों की रंग-पद्धति का भी उपयोग किया और तांत्रिक कला का भी। आज का कलाकार पिकासो को भी सहज रूप से लेता है और भारतीय लोकपरम्परा के कलाबोध को भी। इस तरह आज की भारतीय कला ज़्यादा प्रौढ़ है और समकालीन पश्चिमी कला की तुलना में कमतर नहीं है।

र.त्रि. : आख़िरी सवाल यह कि अभी आप पटना से तिब्बत पर हुए एक सम्मेलन में भाग लेकर लौटे हैं। तिब्बत की समस्या को ऐतिहासिक परिप्रेक्ष्य में आप किस तरह रखते हैं?

नि.व. : एक लम्बे समय तक यही समझा जाता रहा कि तिब्बत चीन का हिस्सा है। यह धारणा अंग्रेज़ों की बनाई हुई है जिन्होंने अपने व्यापार के लाभ के लिए तिब्बत पर चीन के अधिकार की धारणा को प्रचारित किया। अंग्रेज़ों ने तिब्बत में अपने व्यापार को बढ़ाने के लिए चीनी शासकों के प्रमाण-पत्र का सहारा लिया और पूरी दुनिया में यह मिथक पैदा किया कि चीन का तिब्बत पर राजनीतिक अधिकार है।

यह सही है कि चीन की केन्द्रीय सत्ता हमेशा तिब्बत में चीनी सेना भेजती रही पर अपने मक़सद में हमेशा नाकाम रही। बाद में 17वीं सदी में मांचू सम्राट ने यह स्वीकार भी कर लिया कि तिब्बत की स्वतंत्र अस्मिता है। लेकिन 1951 में कम्यूनिस्ट शासन होने के बाद चीन की विस्तारवादी नीति ने फिर तिब्बत पर अधिकार जताना शुरू कर दिया। इसी वजह से दलाई लामा को वहाँ से भारत आना पड़ा।

दलाई लामा के समानान्तर कम्यूनिस्ट शासन ने वहाँ पंचम लामा को प्रोत्साहित किया।

नेहरू के मन में चीन को लेकर भ्रम था। वे यह सोचते थे कि चीन की कम्यूनिस्ट पार्टी तिब्बत में मानव अधिकारों का उल्लंघन नहीं करेगी। दलाई लामा ने जब उनसे बात की तो नेहरू जी ने कहा कि मैं चीन से बात करूँगा। उन्होंने बात की भी पर उसका असर उलटा पड़ा। तिब्बत पर चीनी कम्यूनिस्ट शासन का आतंक बढ़ गया। हालाँकि संयुक्त राष्ट्र में जब चीन की सदस्यता पर विवाद हुआ तो भारत ने चीन की सदस्यता का समर्थन किया था। लेकिन फिर भी चीन ने भारत और तिब्बत के बीच के दोस्ताना सम्बन्ध को अच्छे ढंग से नहीं लिया। फिर क्या हुआ, यह सभी जानते हैं।

पाँच हज़ार शिष्यों के साथ दलाई लामा को भारत में शरण लेना पड़ा। उन्हें यह डर था कि चीनी शासक उन्हें ख़त्म न कर दें। उस समय तक तिब्बत भारत और चीन के बीच एक बफर स्टेट था। लेकिन चीन की विस्तारवादी नीति ने उसे अपने अधिकार में ले लिया। चीन के मार्क्सवादी शासक ऐतिहासिक भौतिकवाद में अंधविश्वास रखने की वजह से तिब्बत को एक पिछड़ा हुआ समाज मानते थे और उसे प्रगति के रास्ते पर लाना अपना दायित्व। उन्होंने तिब्बत को सुसंस्कृत बनाने के नाम पर उसकी सांस्कृतिक अस्मिता को ख़त्म करना शुरू किया। वहाँ चीन का दमन चक्र चलना शुरू हुआ जिसकी आड़ में वहाँ के पुस्तकालय नष्ट कर दिये गए। शताब्दियों पुरानी पांडुलिपियों के मूल्यवान कलात्मक मुखपृष्ठ अमेरिकी बाज़ार में बेच दिये गए। तिब्बती मठों को नष्ट कर दिया गया। यही नहीं, चीन ने जो आणविक प्रयोग किये, उसके कचरे तिब्बत की नदियों में डाले गए। इसके अलावा पश्चिमी देशों ने जो आणविक प्रयोग किये, उसका कचरा भी चीन की स्वीकृति से तिब्बत की नदियों में डाला जा रहा है। इससे न सिर्फ़ तिब्बत की नदियों का बल्कि हिमालय से निकलने वाली भारत की नदियों का पानी ज़हरीला हो रहा है।

तिब्बत में लाखों चीनियों को बसाया गया जिनकी संख्या मूल तिब्बतियों से ज़्यादा है। इस तरह वहाँ की मूल तिब्बती जनसंख्या चीनी जनसंख्या से कम हो गई है। इस तरह तिब्बत के पर्यावरण, भाषा, संस्कृति और सम्प्रभुता को ख़त्म किया जा रहा है। ऐसे में भारतीय बुद्धिजीवियों का कर्तव्य बनता है कि तिब्बत की आज़ादी के पक्ष में अपनी आवाज़ उठाएँ। भले ही वह आवाज़ धीमी हो, पर वह असरदार होगी।

['जनसत्ता सबरंग' : 10 नवम्बर, 1996]

साहित्य और विश्व-दृष्टि

गिरधर राठी की बातचीत

गिरधर राठी : निर्मल जी, एक रचनाकार के रूप में आपने कहानियाँ, उपन्यास, यात्रा-संस्मरण लिखे हैं। साथ ही साथ आप वैचारिक निबन्ध या चिन्तनपरक लेखन भी करते रहे हैं और इन दोनों ही रूपों में आपको हिन्दी जगत में और व्यापक रूप से साहित्य जगत में जाना जाता है। क्या आपको लगता है कि वैचारिक क़िस्म के लेखन में और जिसे हम रचनात्मक विधा कहते हैं, इन दोनों के लेखन में कुछ अलग तरह की आन्तरिक शक्तियाँ काम आती हैं?

निर्मल वर्मा : मैं यह तो नहीं कहूँगा कि उनके पीछे जो शक्तियाँ सक्रिय होती हैं—एक निबन्ध के या कहानी लिखने के पीछे—उनमें आपस में किसी तरह का अन्तर्विरोध होता है, या वे एक-दूसरे से अलग होती हैं। एक लेखक के भीतर चिन्तन-संसार, अनुभव करने का संसार, अनुभूतियों का क्षेत्र इतने जुड़े, अन्तर्गुंफित होते हैं कि उन्हें अलग-अलग करके देखना असम्भव होगा इसलिए मैं सोचता हूँ कि जिस चिन्तन और अनुभूति-संसार से मेरी कहानियाँ और उपन्यास आए हैं, उसी से मेरे निबन्ध व चिन्तन-प्रधान जो मेरे लेख हैं, वे आए हैं। यह कहते हुए यह बात ज़रूर है और मैं इसमें जोड़ना चाहूँगा कि कहानी या उपन्यास लिखते हुए मेरे मन में जो शक्तियाँ बराबर काम कर रही होती हैं, वह भाषा का प्रभुत्व है। कहानी लिखने से पहले कभी कोई एक वाक्य लिखने के दौरान दिमाग़ में गूँज जाता है और वह वाक्य कैसे मेरे दिमाग़ में आया, इसके पीछे कोई तर्कशक्ति नहीं है—लेकिन इस वाक्य में मुझे पूरे एक कथा-संसार की पीठिका आलोकित करती है और जब मैं कमरे में जाता हूँ तो उस एक काव्य में रची हुई दुनिया को धीरे-धीरे मैं दूसरे-तीसरे वाक्य में बहाने की कोशिश करता हूँ, ताकि मैं उस एक अकेले वाक्य का पड़ोस जोड़ पाऊँ। कहानी वाक्यों का, शब्दों का एक घोंसला बनाती है जिसमें से कहानी, उपन्यास या कविता जन्म लेती है।

गि.रा. : यह बहुत दिलचस्प बात है निर्मल जी, क्योंकि भाषा का जो प्रयोग है, यह सही है कि विधाओं के बीच शायद उस तरह का अन्तराल अब नहीं देखते, जैसा पहले देखा करते थे। एक विधा दूसरी विधा में चली गई है।

लेकिन भाषा के प्रयोग के स्तर पर तो आप भी देखते होंगे कि अख़बार की भाषा या इलेक्ट्रॉनिक मीडिया की भाषा है, एक दार्शनिक की भाषा है, वैज्ञानिक या चिन्तक की भाषा है तो क्या चिन्तनपरक लेखन में कुछ दूसरी तरह की भाषा या उसका प्रयोग...?

नि.व. : मैं कहने ही जा रहा था। क्योंकि जो भाषा की बात मैंने कहानी पर कही है, उसका उतना प्रभुत्व चिन्तनपरक लेखों में कम-से-कम मेरे लिए नहीं होता। मेरे लिए निबन्ध की शुरुआत एक वाक्य से शुरू नहीं होती या एक शब्द से नहीं होती जैसे कि कभी-कभी कहानी में होती है बल्कि एक विचार से शुरू होती है और वह विचार बहुत कुछ मेरे अनुभूति-क्षेत्र में होता हुआ भी उसका जो प्रमुख रूप है, वह मेरे बौद्धिक चिन्तन से जुड़ा हुआ होता है। बौद्धिक अवधारणाओं या विचारों को किस तरह से हम या मैं एक समस्या के रूप में अपने निबन्ध में प्रस्तुत करता हूँ और यह समस्या न केवल मेरे अपने व्यक्तिगत जीवन की है क्योंकि कहानियाँ कभी-कभी बहुत कुछ व्यक्तिगत अनुभवों पर आधारित होती हैं—लेकिन यह समस्या जिसे मैं निबन्ध में उठाने की कोशिश कर रहा हूँ, केवल मुझ तक सीमित नहीं है, यह मेरे समाज, मेरे देश, मेरे समय में रहनेवाले अन्य लोगों को भी अलग-अलग रूप से उत्प्रेरित करती है, आक्रान्त करती है और जैसा आपने अभी कहा, उसका समाधान वे कभी अख़बारों में देखते हैं, कभी रेडियो या टेलीविज़न पर देखते हैं। लेकिन एक लेखक का निबन्ध तात्कालिक रूप से उतना नहीं देता जितना मीडिया वाले देते हैं। एक निबन्ध की ख़ूबसूरती ही यह है कि वह पाठक को तात्कालिक दबावों से साक्षात् करवाए तो उनके उत्तरों या समाधानों के लिए इतनी स्पेस (Space) दे सके कि वे उसके चारों तरफ़ देखकर ख़ुद अपनी राय बना सकें।

गि.रा. : निर्मल जी, तो इसमें कुछ ऐसे सवाल ज़रूर आपके मन में हैं जिन्हें आप हूबहू रचनाओं में यानी कहानी, उपन्यास में नहीं ला पाए या जिन्हें आपने नहीं लाना चाहा, किस तरह के ऐसे मुद्दे हैं—उदाहरण के लिए, आपका अपना ही उपन्यास है 'रात का रिपोर्टर'। वहाँ तो एक बहुत ही बड़ा सार्वजनिक प्रश्न है—आपातकाल जो कहीं-न-कहीं पृष्ठभूमि में है। आपकी कहानी 'लन्दन की एक रात'—जिसमें इंग्लैंड या पूर्व-पश्चिम में नस्ली भेदभाव कहीं पृष्ठभूमि में है तो ऐसे और कौन-से सवाल हैं जो आपको लगते हैं कि वे एक बौद्धिक क़िस्म की भाषा में ही आने चाहिए?

नि.व. : मैं समझता हूँ कि धर्म का प्रश्न है, धर्म और धर्मनिरपेक्षता का—हमारे समाज में इतिहास की क्या भूमिका रही है, संस्कृति की अपनी क्या लय होती है, पश्चिम की संस्कृति से उसका रूप और गठन कैसे अलग रहा है। हम आज जिस सभ्यता की उपज हैं—जिसे हम भारतीय सभ्यता कहते हैं—वह कहाँ तक शुद्ध और पवित्र सभ्यता है—कहाँ वह पश्चिम से प्रभावित सभ्यता है—ये सब प्रश्न ऐसे हैं जिनका कलाकारों ने अलग-अलग तरह से सामना किया है। रवीन्द्रनाथ ठाकुर ने इन्हीं प्रश्नों को अपने 'गोरा' जैसे उपन्यास में और अन्य उपन्यासों में उठाया है लेकिन दूसरी तरफ़ यही प्रश्न बंकिमचन्द्र ने और लेखकों ने—ख़ुद अज्ञेय और जैनेन्द्र ने अपने निबन्धों में भी उठाया है। मेरा कहने का मतलब यह है कि जहाँ आप 'लन्दन की एक रात' या 'रात का रिपोर्टर' का उदाहरण देते हैं, वहाँ पर लिखते समय मेरे मन में न तो आपातकाल की विभीषिका थी और न 'लन्दन की एक रात' का नस्ल-भेद था। वह बहुत कुछ मेरे अपने व्यक्तिगत अनुभवों के आधार पर एक तरह का चित्र था जो अंकित हो गया था। जब लोग मुझसे कहते हैं कि 'लन्दन की एक रात' को पढ़ते हुए उन्हें लगता है कि यह 'ब्लैक डिस्क्रिमिनेशन' पर है तो मुझे कभी-कभी काफ़ी आश्चर्य होता है क्योंकि पाठक को यह सन्देश भले ही मिले लेकिन यह सन्देश मेरे मन में नहीं था, जब मैंने यह कहानी लिखना शुरू की थी।

गि.रा. : यह टिप्पणी आपकी दिलचस्प है। यूरोप को आपने बहुत अच्छी तरह से जाना है—यूरोप और अमेरिका को और भारत को, तो ज़ाहिर है, आप जानते ही हैं—और 'भारत और यूरोप : प्रतिश्रुति के क्षेत्र', आपकी प्रसिद्ध पुस्तक है जिस पर आपको हाल ही में मूर्तिदेवी सम्मान भी मिला। क्या लगता है आपको कि यूरोपीय संस्कृति और भारतीय संस्कृति—ये दो अलग-अलग छोरों पर हैं या इनमें सिर्फ़ टकराव है या कहीं मेल-जोल भी सम्भव है...?

नि.व. : एक तरह से तो दोनों का सरोकार एक ही प्रतीक है और वह है—मनुष्य। दोनों सभ्यताएँ मनुष्य की मुक्ति या प्रगति के बारे में ही सोच-विचार करती हैं। ऐसे साधन जुटाती हैं ताकि वे एक अच्छी, मुक्त, स्वतंत्र ज़िन्दगी बिता सकें। लेकिन और यह दिलचस्प बात है—अच्छा जीवन क्या होता है, स्वतंत्र व्यक्ति कौन होता है, पवित्रता से हमारा क्या आशय है, प्रगति और विकास क्या हमेशा ही मनुष्य को सुख दे सकते हैं?—ये प्रश्न संस्कृति के प्रश्न हैं और भारतीय सभ्यता ने इन प्रश्नों का जो उत्तर दिया है, वह यूरोप की सभ्यता के उत्तरों से नितान्त रूप से भिन्न रहा है—यह मैंने अपनी इस पुस्तक में विश्लेषित करने की कोशिश की है। मैं उदाहरण के तौर पर आपको एक बहुत छोटी-सी मिसाल देता हूँ। भारत में हम नदी में नहाने जाते हैं—चाहे वह कितनी ही प्रदूषित क्यों न हो। आजकल जैसे कि हमारे देश की अधिकांश नदियाँ हो गई हैं—लेकिन एक भारतवासी के लिए नदी

सिर्फ़ एक बहता हुआ जलप्रवाह ही नहीं है। नदी के साथ, गंगा के साथ, नर्मदा के साथ कहीं उसके भीतर एक पवित्रता-बोध, स्मृतियों का एक ऐसा आलोक छिपा होता है कि वह उसे समझा नहीं सकता, क्योंकि वह उसके पूर्वजों से उसके पास आया है जिसके कारण हिमालय सिर्फ़ एक पहाड़ नहीं है, गंगा सिर्फ़ एक नदी नहीं है—यह बोध यूरोप में बिलकुल नदारद है। क्योंकि वहाँ पर प्रकृति मनुष्य के उपभोग का साधन रही है—यह एक बुनियादी अन्तर है—भारतीय संस्कृति और यूरोपीय संस्कृति में। एक भारतीय व्यक्ति कभी भी नहीं सोचता कि वह प्रकृति को शोषण का साधन बनाए, अपने विकास के लिए...।

लेकिन यूरोपीय व्यक्ति के लिए चाहे जीव-जन्तु, पर्वत या नदियाँ हों, सब उपभोग की वस्तुएँ हैं। जिनका जितना हो, वह शोषण कर सकता है—उसमें उसका उतना प्रभुत्व और विकास सम्भव हो पाता है।

गि.रा. : निर्मल जी, यह निश्चय ही एक बहुत बुनियादी अन्तर है जिसे आपने रेखांकित किया, बल्कि 'हिन्द स्वराज' में गांधी जी तो पश्चिम की सभ्यता को एकदम अस्वीकार कर देते हैं—लेकिन दूसरी तरफ़ आप यह भी देख रहे हैं कि पश्चिमी दार्शनिकों, विचारकों, चिन्तकों ने उतनी ही शिद्दत से भारतीय संस्कृति, सभ्यता या पौर्वात्य—अफ्रीका, लैटिन अमेरिका, एशिया का जो कुछ है, उसे तिरस्कृत किया है, उसे अपने से हीन बताया है। क्या यह तीखा अस्वीकार ही आज की हक़ीक़त है? अगर बुनियादी अन्तर है तो यह कि कहीं इन हज़ारों वर्षों के अनुभवों के बाद क्या हम उसी आदिम पवित्रता और पावनता के उदाहरण अपने जीवन में और समाज में देख रहे हैं?

नि.व. : आपने जो अभी बात कही है, वह तो कोई नई बात नहीं है। मध्यकाल से—सोलहवीं शताब्दी से जब से यूरोप में विज्ञान का विकास हुआ है और यूरोपीय सभ्यताओं में एशिया और अफ्रीका के देशों को ग़ुलाम बनाना शुरू कर दिया है, तभी से उनके मन में यह एक स्पष्ट विश्वास था। यहाँ तक कि उनके चिन्तक कार्ल मार्क्स थे जो वैसे तो मुक्ति की बात करते हैं लेकिन उनके मन में यह गहरा विश्वास था कि एशियाई सभ्यताएँ, अफ्रीका की संस्कृतियाँ यूरोप से कहीं पिछड़ी हुई हैं कि वे अपने भीतर अगर अच्छा परिवर्तन चाहती हैं, विकास का रास्ता चुनना चाहती हैं तो उन्हें यूरोप के विज्ञान और दर्शन का मार्ग अपनाना पड़ेगा। आज दिलचस्प बात यह हुई है कि अब यूरोप वाले यह कहते हैं कि अब हमें इन संस्कृतियों से कोई लेना-देना नहीं है। आपने पढ़ा होगा कि आज के जो यूरोपीय समाजशास्त्री हैं, वे कहते हैं कि एशिया और अफ्रीका को उनके भाग्य पर छोड़ देना चाहिए। हमें यूरोप की प्रगति और विकास पर ही अपना ध्यान केन्द्रित करना चाहिए। कितनी दिलचस्प बात है कि सैकड़ों साल तक हमारी सभ्यताओं को प्रदूषित करके,

उनका शोषण करने के बाद आज यूरोप और अमेरिका महाशक्तियों के रूप में प्रकट हो गए हैं और उन्हें हमारी कोई ज़रूरत महसूस नहीं होती है।

गि.रा. : लेकिन क्या हमें उनकी ज़रूरत महसूस होती है? इन चार-पाँच सौ वर्षों के संघर्ष और सहवास के बाद क्या आपको लगता है कि तीसरी दुनिया बहुत शिद्दत से चाहती है कि जो पाश्चात्य उपकरण हैं, उपलब्धियाँ हैं, वे उसे प्राप्त हों?

नि.व. : यह तो इस पर निर्भर करता है कि हम अपने बारे में कितना जानते हैं, हमारी ज़रूरतें क्या हैं, हमारी आध्यात्मिक और भौतिक आवश्यकताएँ क्या हैं। जब तक हम इस बात को नहीं पहचानेंगे तब तक पश्चिम से क्या लें और क्या न लें, इसका विवेक कैसे प्राप्त कर सकते हैं? गांधी जी यह कहा करते थे कि जब तक भारतीय मनुष्य के भीतर आत्मबोध उत्पन्न नहीं होगा, तब तक वह विवेक क्या कर पाएगा कि विज्ञान से, यूरोप की सभ्यता से उसे क्या चुनना चाहिए जो उसकी अपनी आवश्यकताओं के लिए ज़रूरी हो? मैं यह मानता हूँ और यह मेरा पक्का विश्वास है कि हमने यूरोप से बहुत कुछ सीखा है—उसके संगीत से, साहित्य से। उसने हमें कैसे स्वतंत्रता का बोध दिया है, वह इसीलिए दिया है क्योंकि हमने बिना किसी पूर्वग्रह के उन संस्कृतियों के सुन्दर उपादानों को आत्मसात् किया है। ग़ुलाम व्यक्ति कभी भी स्वतंत्र रूप से चुनाव नहीं कर सकता, यह बात हमें समझनी चाहिए। हममें से अधिकांश भारतीय बुद्धिजीवी इसी मानसिक ग़ुलामी में जीते हैं।

गि.रा. : यह बात तो बिलकुल सही है। आपने बड़ा अच्छा शब्द कहा : आत्म-बोध। साहित्य का एक काम शायद आत्मबोध जगाना भी होता है। मेरे मन में दो सवाल उठ रहे हैं। पहला तो यह कि क्या पाश्चात्य दार्शनिक आधार हमसे बहुत अलग है, लेकिन उनकी जो साहित्यिक दृष्टि है, उसमें उतना त्याज्य नहीं है जितना कि दार्शनिक, वैज्ञानिक क्षेत्र में है? दूसरा सवाल यह कि जैसा आपने टैगोर के उपन्यास 'गोरा' का उदाहरण भी दिया। चूँकि आप हिन्दी के लेखक हैं और अपनी भाषा में ही परम्परा का चयन एक तरह से हर बड़ा लेखक करता है। तो क्या आपको लगता है कि उस तरह का आत्मबोध पैदा करने वाला कोई साहित्य हिन्दी में है जिससे जुड़ना या जुड़कर भी अपना एक अलग रुख़ रखना चाहते रहे हैं?

नि.व. : मैं अपने व्यक्तिगत जीवन का उदाहरण दूँ तो मुझे आत्मबोध यूरोप और भारतीय, दोनों ही कलाकारों से प्राप्त हुआ है। मैं यूरोपीय लेखकों और कवियों का उतना ही ऋणी हूँ जितना कि भारतीय मनीषियों और लेखकों का। बचपन से आज तक किसी भी किताब को पढ़ते हुए, उसका रसास्वादन करते हुए मेरे मन में कभी यह भाव नहीं आया कि मैं रूसी कथाकार को पढ़ रहा हूँ, इसलिए यह मेरे लिए पराया है। किसी सत्रहवीं शताब्दी के लेखक को पढ़ रहा हूँ जिसने इटली में

कहानियाँ लिखी हैं, इसलिए यह मेरे लिए अजनबी है या तुलसीदास और कबीर को पढ़ रहा हूँ जो मेरी अपनी ही परम्परा के कवि हैं, जिनका मैं रसास्वादन करता हूँ। यह कहने में मुझे बिलकुल हिचक नहीं है कि मेरा एक लेखक का व्यक्तित्व जैसा भी बन पाया है, जो भी संस्कार मेरे भीतर पिछले तीस वर्षों में एक लम्बे लेखकीय जीवन में विकसित हुए हैं, वे केवल भारतीय परम्परा में लिखने वाले रचनाकारों द्वारा ही विकसित नहीं हुए हैं—हालाँकि उनकी भाषा के प्रति मेरे मन में गहरा ज़िम्मेदारी का बोध रहा है। मेरे लिए जैनेन्द्र, अज्ञेय, प्रसाद और प्रेमचन्द उतने ही महत्त्वपूर्ण हैं जितने कि टॉल्स्टॉय, चेख़ॅव या फ़ॉकनर।

आपने बहुत सुन्दर बात कही थी कि यूरोप के महान लेखकों ने या अमेरिका के लेखकों ने एक ऐसी आकांक्षा को अपने साहित्य में व्यक्त किया है जो मनुष्य का स्वप्न और आकांक्षा है। वह किसी एक ख़ास वर्ग या किसी जाति विशेष की प्रवृत्ति का प्रदर्शन नहीं है।

अजीब बात यह है कि इन लेखकों ने और हमारे देश के लेखकों ने इस असीम, इस विराट सौन्दर्य को अपने साहित्य में इसीलिए लिया है क्योंकि उनकी जड़ें अपने ही साहित्य की परम्परा में जमी हुई हैं। कोई इन जड़ों से अलग होकर सार्वभौमिक नहीं बनता। 'गोरा' को अगर आज पसन्द करते हैं तो इसलिए कि टैगोर की जड़ें बांग्ला साहित्य में गहरे जमी हैं—हम केवल अपनी जड़ों में रहकर ही दूसरे देशों व दूसरी संस्कृतियों तक पहुँच पाने की क्षमता प्राप्त करते हैं। इसलिए अनुवादों का महत्त्व हमारे जीवन में कितना गहरा है, यह तो आप भी जानते ही हैं। अनुवादों के माध्यम से ही इन संस्कृतियों के जो आभूषण हैं या इनकी जो देन है—इनसे हम साक्षात्कार कर पाए हैं—मैं नहीं समझता कि एक लेखक के लिए कभी भी रंग-भेद, जहाँ तक साहित्य का सवाल है या उसके रसास्वादन का सवाल है, कोई महत्त्व रखता है।

गि.रा. : साहित्य का यह एक विश्वजनीन स्वरूप है जिसकी परिकल्पना और आकांक्षा जर्मन कवि गेटे वग़ैरह ने लगभग दो सौ साल पहले की थी। लेकिन दूसरी तरफ़ कहीं आपको यह नहीं लगता कि जड़ों की तरफ़ लौटने की जहाँ बात की जाती है, जो कि बहुत आवश्यक भी है....अगर हम एक ख़ास परम्परा से आ रहे हैं...तो क्या यह दो परम्पराएँ हैं—पाश्चात्य और भारतीय, उस मनुष्य के स्वरूप में, उसके स्वप्न और आकांक्षाओं में, उसके संघर्षों में किसी तरह का कोई अन्तर नहीं दिखाएँगे?

नि.व. : अन्तर?

गि.रा. : उन परम्पराओं के कारण क्या उस मनुष्य की परिकल्पना में भी कोई अन्तर होगा या नहीं होगा?

नि.व. : अवश्य होगा, उदाहरण के तौर पर कोई एक परम्परा मेरे सारे व्यक्तित्व के हिस्सों की पिपासा को नहीं बुझा सकती। शेक्सपियर के नाटकों में जो ईर्ष्या, प्रेम की जो आक्रामकता है, उसकी 'इंटेंसिटी' है, वह मुझे अपने काव्य में नहीं दिखाई देती। उसके लिए मैं जर्मनी के कम्पोज़र्स और इंग्लैंड के लेखकों के सम्पर्क में आता हूँ तो मुझे लगता है कि मेरे कई हिस्से जो सूखे पड़े रह गए थे, उनको यह लेखक अपनी कृतियों से रसाप्लावित करते हैं। मेरा अपना साहित्य जर्मन लेखक या आइसलैंडी लेखक पसन्द करता है तो इसलिए क्योंकि इस तरह की साहित्यिक कृतियाँ उन्हें उस अनुभव के आयामों से साक्षात् करवाती हैं जो उन्हें उनकी परम्परा में उपलब्ध नहीं है।

गि.रा. : निर्मल जी, एक और बात सूझ रही है कि आप पिछले चालीस-पैंतालीस वर्षों से लिख रहे हैं और ज़ाहिर है कि आपके पाठक चाहेंगे कि आप उन्हें निरन्तर नई से नई कृति दें और उत्सुकता से वे उसकी प्रतीक्षा भी करते हैं। एक रचनाकार के रूप में आपको लगता है कि कुछ ऐसा रह गया है जो आप तुरन्त अपनी कृति में देना चाहते हैं?

नि.व. : मैं समझता हूँ कि बहुत कुछ रह गया है और यह जो बचा रहा है, यही शायद वह खाद है जो मुझे आगे कुछ लिखने में काम आएगी। लेकिन हर किताब एक थोड़ा-सा असन्तोष तो छोड़ ही देती है—हम एक कहानी लिखने के बाद दूसरी कहानी के पीछे इसीलिए भागते हैं कि वह कहानी कहीं हमें अधूरा, असन्तुष्ट छोड़ गई है...।

गि.रा. : नहीं, ज़ाहिर है कि मैं आपसे यह नहीं पूछूँगा कि आपकी अगली कृति क्या होगी। वह रहस्य लेखक का अपना है, लेकिन मन में एक बात और उठती है कि हर बड़े लेखक के बारे में यह माना जाता है, कहा जाता है कि उसका एक विज़न होता है, एक विश्व-दृष्टि होती है। ज़ाहिर है कि यह काम पाठकों और आलोचकों का है कि वे बताएँ, निर्मल वर्मा की विश्व-दृष्टि क्या है या क्या नहीं है? फिर भी कई बार रचनाकार स्वयं उपलब्ध हो तो मन तो होता है यह पूछने का कि परिभाषा न सही, कुछ सूत्र दे सकते हैं कि क्या 'विज़न' है, क्या विश्व-दृष्टि है...?

नि.व. : आपने बहुत अच्छा प्रश्न किया है : निबन्धकार के तौर पर मेरी एक विश्व-दृष्टि हो सकती है लेकिन कलाकार के रूप में मेरी एक नहीं, बहुत-सी विश्व-दृष्टियाँ हैं और वे हमेशा आपस में टकराती रहती हैं। अभी हम यूरोप और भारत की बात कर रहे थे—अफ्रीकी सभ्यता है, उनकी विश्व-दृष्टि है; सनातन भारतीय दृष्टि है। सारी दृष्टियाँ मेरे भीतर नदी की लहरों की तरह एक-दूसरे से टकराती हैं। जिस दिन मैं यह कहूँगा कि मेरे लिए यह विश्व-दृष्टि सर्वश्रेष्ठ है तो

मैं समझता हूँ कि मेरे रचनाकार की जो धारा है, यह कुंठित होगी। एक रचनाकार एक विश्व-दृष्टि के आधार पर नहीं लिखता। टॉल्स्टॉय के बारे में कहा गया था कि उनके भीतर दो जानवर एक साथ रहा करते थे—हेज-हॉग (Hedge-Hog) जो कि सिर्फ़ एक दिशा में जाता है और 'फॉक्स' (लोमड़ी) जो पचासों दिशाओं के चक्कर लगाती है। टॉल्स्टॉय हेज-हॉग होना चाहते थे और वे धार्मिक पुस्तकें भी लिखते थे। लेकिन उनका कलाकार पचासों दिशाओं में भागता था। पचासों प्रलोभनों और अनुभवों को चखना चाहता था, तभी वे इतने महान कलाकार थे। टॉल्स्टॉय यदि किसी एक विश्व-दृष्टि को पकड़ लेते तो मैं नहीं समझता कि वे मनुष्य, स्त्री, पशु-पक्षी इत्यादि का इतना सुन्दर, विशद वर्णन कर पाते जैसा कि उन्होंने अपने उपन्यासों में किया है।

गि.रा. : विश्व-दृष्टि से जुड़ी एक चीज़ और जिस पर आपने सही विचार किया है—एक दौर अस्तित्ववाद का आया था, उससे पहले बॉदलेयर, मलार्मे जब से आधुनिकतावाद का आरम्भ होता है—या दार्शनिकों में नीत्शे जिन्होंने प्रमुख पुरानी दृष्टियों और विश्व-दृष्टियों, नैतिक मूल्यों के निषेध पर ही अपनी सारी रचना और विचार की दुनिया खड़ी की। उसके बाद अस्तित्ववाद का एक बहुत बड़ा दौर आया, वह भी उसी तरह से निहलिस्टिक था। जैसा कि उन्नीसवीं सदी में निहलिज़्म का एक पूरा दौर चला था। आधुनिकता में इसके तत्त्व बहुत हैं और उत्तर-आधुनिकता में भी बहुत हैं।

जहाँ किसी भी विश्व-दृष्टि को चाहे वह लिबरलिज़्म हो, चाहे वह मार्क्सिज़्म हो या डेमोक्रेसी हो...जब हर दृष्टि संशय की आँख से देखी जा रही हो, हर अर्थ पर एक प्रश्नचिह्न लग रहा है, आप कोई अर्थ नहीं खोज सकते। भाषा क्या कह रही है, इसके लिए हर पाठक, हर शावक स्वतंत्र है कि उसका क्या अर्थ ग्रहण कर रहा है—क्या ऐसी स्थिति में फिर हम विश्व-दृष्टियों पर किसी नई तरह से सोचने लगे हैं? या सिर्फ़ अनेक विश्व-दृष्टियों के सह-अस्तित्व में ही सन्तोष करें?

नि.व. : आपने शुरू में जो कहा था—मनुष्य के अस्तित्व के बारे में जो यूरोप की एक अस्तित्ववादी धारा रही है—धाराएँ आती हैं और चली जाती हैं, हम उसे छोड़ या अपना लेते हैं फ़ैशन के तौर पर। मैं व्यक्तिगत रूप से यह समझता हूँ कि अस्तित्ववादी धारा नहीं है, कभी भी नहीं थी—अस्तित्व के बारे में सोचना, यह एक लेखक और दार्शनिक का हमेशा मुख्य विषय रहा है और क्योंकि मनुष्य का अस्तित्व कभी भी स्पष्ट रूप से अंकित नहीं हो पाया, वह हमेशा एक तरह से देवता और पशु के बीच में एक अधूरा, झूलता हुआ-सा प्राणी जान पड़ता है। कभी भी हम यह नहीं कह सकते कि मनुष्य की यह मूर्ति, यह इमेज उसकी एब्सोल्यूट (Absolute) या फ़ाइनल इमेज है—ये मनुष्य के अस्तित्व के बारे में आशंकाएँ,

अनुमान, बराबर मनुष्यों और कलाकार के भीतर चलते रहेंगे—एक लेखक के नाते मैं समझता हूँ कि यह चिरंतन प्रक्रिया के चलते ही—चाहे किसी युग के पाठक क्यों न हों—हर पाठक मनुष्य के अस्तित्व के उन कोनों को देखता है जो अब तक अँधेरे में छिपे थे। जब मैं एक उपन्यास पढ़ता हूँ तो मैं केवल अपना रसास्वादन नहीं करता। एक महान उपन्यास जीवन और अस्तित्व के उन पहलुओं की तरफ़ मेरा ध्यान आकर्षित करता है जिनके बारे में मैं बिलकुल अनभिज्ञ था। मुझे ऐसी अनुभूतियों से साक्षात् करवाता है जहाँ जाते हुए मैं डरता था लेकिन जहाँ इस उपन्यास ने ले जाने का विरल दुस्साहस किया। दो शब्दों में कहूँ तो उस उपन्यास को पढ़ने के बाद मनुष्य के बारे में छवि वही नहीं रहती जो उस उपन्यास को पढ़ने से पहले थी। यानी मनुष्य की छवियाँ साहित्यिक कृतियों में बराबर बदलती रहती हैं, उसमें परिवर्तन होते हैं और हर साहित्यिक कृति एक सम्पूर्णतर मनुष्य के रूप में एक उदाहरण हमारे सामने प्रस्तुत करती है, जो हमारे साहित्यिक संस्कारों को अधिक समृद्ध, परिष्कृत बनाने में अपना योगदान देती है।

गि.रा. : और इसलिए आपकी सलाह होगी अपने पाठकों को कि वे साहित्य की तरफ़ ज़्यादा जाएँ क्योंकि वहाँ पर अधिक सम्पूर्ण मनुष्यत्व की असंख्य नई-नई छवियाँ मिलेंगी बजाय इसके कि कुछ बनी-बनाई धारणाओं के पीछे चलते रहें।

नि.व. : हमेशा मनुष्य साहित्य के पीछे इसीलिए जाता है। साहित्य आपको उन सब विश्वासों से अलग कर देता है जिसको लेकर आपने उस कृति को पढ़ना शुरू किया था। साहित्य आपको हमेशा बने-बनाए विश्वासों से अलग करके सन्देहों और आशंकाओं के क्षेत्र में ले आता है...।

['रंगायन' : 1996]

भारत और यूरोप

रत्नोत्तमा सेनगुप्ता की बातचीत

रत्नोत्तमा सेनगुप्ता : 'भारत और यूरोप' लिखने की प्रेरणा आपको कैसे मिली?

निर्मल वर्मा : हाइडलबर्ग विश्वविद्यालय के दक्षिण-पूर्वी अध्ययन विभाग ने मुझे अज्ञेय स्मृति व्याख्यान देने के लिए आमंत्रित किया था। उनका ही यह सुझाव था कि मैं भारतीय संस्कृति और यूरोपीय सभ्यता के बीच अन्तस्सम्बन्धों पर अपना व्याख्यान दूँ। इस निबन्ध में मैंने उन सब अच्छे-बुरे प्रभावों का विश्लेषण करने का प्रयास किया है, जो इंग्लैंड की औपनिवेशिक सत्ता के माध्यम से भारतीय समाज पर पड़े, जिसके परिणाम हम आज भी भोग रहे हैं। भारत के आधुनिक इतिहास को मोड़ देने में ब्रिटेन की और ब्रिटेन के माध्यम से यूरोप की महत्त्वपूर्ण भूमिका रही है। उन्नीसवीं शताब्दी और बीसवीं सदी के आरम्भिक काल में जो बौद्धिक नवजागरण हुआ, उसके पीछे कहीं बहुत गहन स्तर पर राजा राममोहन राय, विवेकानन्द, श्री अरविन्द और गांधी का आत्म-मंथन और मूल्यान्वेषण था। किस तरह आज के हमारे अन्तर्द्वंद्व उस समय की बहसों, विचारों और निर्णयों की देन हैं, मैंने इस निबन्ध में उसकी पड़ताल की है।

र.से. : भारतीय और यूरोपीय सभ्यताओं के बीच आप क्या अन्तर देखते हैं?

नि.व. : तीन प्रकार के अन्तर मुख्य रूप से देखे जा सकते हैं : समय, प्रकृति और आत्म (सेल्फ़) के प्रति दोनों के दृष्टिकोण एक-दूसरे से बिलकुल भिन्न हैं। यूरोप ही नहीं, समूची पश्चिमी सभ्यता के लिए प्रकृति महत् वस्तु (ऑब्जेक्ट) है, जिसे मनुष्य अपने उपयोग और उपभोग के लिए ही इस्तेमाल करना चाहता है। विश्व के केन्द्र में मनुष्य है, बाक़ी समस्त पदार्थ, जीव-जन्तु, धरती और आकाश सिर्फ़ साधन हैं, साध्य मनुष्य है। समय का विभाजन भी आनुक्रमिक ढंग से किया जाता है, जो एक सीधी लकीर में अतीत से वर्तमान और वर्तमान से भविष्य की ओर 'प्रगति' करता है।

जीवन-मूल्यों का निर्धारण भी समय के एक रैखिक कालबोध द्वारा होता है। मैक्स मूलर के लिए भारत का अतीत गौरवमय था, किन्तु वर्तमान अन्धकारमय; उनकी राय में भारत की मुक्ति इसी में है कि वह शीघ्र से शीघ्र अपना यूरोपीयकरण कर सके।

भारतीय परम्परा यदि यूरोपीय संस्कृति से इतना भिन्न रही तो इसका कारण उसकी मनुष्य के 'आत्म' (सेल्फ़) के प्रति यह विशिष्ट अवधारणा थी कि यह एक सर्वव्यापी सत्ता का अंश है, जिससे न केवल मनुष्य बल्कि प्रकृति और अन्य जीव-जन्तुओं का समूचा विश्व अनुप्राणित होता है। मनुष्य का आत्म एक विराट शक्ति का 'मिनिएचर', ब्रह्मांड का पिंड है—उससे भिन्न नहीं। वह आक्रामक अहं भावना से मुक्त है। वह 'दिव्य' का वाहक है—और चूँकि उसमें संचेतना का आत्मबोध है, वह समूचे जगत् के चर-अचर जीव-प्राणियों के प्रति अपना दायित्व-बोध महसूस करता है, जो 'उपभोग' की लोलुप भावना से बहुत अलग है। भारतीय परम्परा का समूचा मिथकीय लोक मनुष्य और मनुष्येतर शक्तियों के अन्तस्सम्बन्धों का कथा-लोक रहा है।

र.से. : आपने जो 'भारतीय परम्परा' के बारे में कहा, उसका हमारा आज के नागरिक, सेक्यूलर जीवन से कैसा सम्बन्ध बैठता है?

नि.व. : सच पूछा जाए तो भारतीय परम्परा में धर्म की अवधारणा इतनी सघन और व्यापक थी कि उसमें मनुष्य के लौकिक व्यवहार और नागरिक दायित्वों के बीच कोई विभाजन-रेखा खींचना असम्भव था। जैसा कि हम पश्चिम में देखते हैं, जहाँ मनुष्य का 'सेक्यूलर' जीवन उसके 'रिलीजस' भावबोध से लगभग अलग हो गया है। वहाँ यह विभाजन रेनासाँ काल से शुरू हो गया था। राज्य ने मनुष्य के नागरिक और चर्च ने उसके धार्मिक पक्षों पर अपना शक्ति-केन्द्र स्थापित कर लिया। भारतीय परम्परा दोनों के प्रति अविच्छिन्न और अखंडित दृष्टि अपनाती है, अत: मनुष्य का समूचा जीवन धर्म से आप्लावित है। गांधी जी हिन्दू-मुस्लिम एकता की सच्चाई 'सेक्यूलरिज़्म' के कारण नहीं, धर्म को सार्वभौमिक सत्ता के आधार पर करते थे... जो भारतीय सभ्यता की शक्ति का सनातन स्रोत रही है।

र.से. : फिर आज हमारे संकट का कारण क्या है?

नि.व. : संकट इसलिए है क्योंकि हमारा समाज धीरे-धीरे अपने पारम्परिक स्रोतों से कटता गया है। मध्यकाल में भी हमारे समाज पर गहरा संकट आया था, किन्तु उसका प्रतिकार हमारे भक्ति-आन्दोलन ने बड़े पैमाने पर किया था। कर्नाटक, महाराष्ट्र, उत्तरी भारत का कोई भाग ऐसा नहीं था, जहाँ भक्तों, कवियों, सन्तों और सुधारकों ने घोर निराशाओं के बीच एक नवीन सांस्कृतिक उन्मेष को संचारित नहीं किया। कुछ वैसा ही जीवट आध्यात्मिक उद्यम उन्नीसवीं शताब्दी में रामकृष्ण परमहंस,

विवेकानन्द और दयानन्द ने किया था, जिसे बीसवीं शताब्दी के आरम्भिक दशकों में श्री अरविन्द और गांधी जी ने और अधिक सुदृढ़ और गरिमाशील बनाया। हमारा राष्ट्रीय आन्दोलन इस दृष्टि से महत राजनीतिक स्वतंत्रता प्राप्त करने का संघर्ष नहीं था, वह पश्चिमी सभ्यता के विरोध में एक वैकल्पिक सभ्यता का मॉडल प्रस्तुत करता था, जिसकी सांस्कृतिक जड़ें भारतीय परम्परा में मौजूद थीं। गांधी जी ने 'हिन्द स्वराज' में इस मॉडल का सबसे स्पष्ट और सजीव विश्लेषण किया था और वह भी 1910 में, जब पश्चिमी सभ्यता चरमोत्कर्ष पर थी और उसे कोई चुनौती देने का साहस नहीं कर सकता था।

र.से. : जिस तेज़ी से आज दुनिया का 'ग्लोबलाइज़ेशन' हो रहा है, क्या उससे यह संकट और भी गहरा न हो जाएगा?

नि.व. : निस्सन्देह आज हम एक ख़तरनाक दौर से गुज़र रहे हैं। इससे बड़ा अभिशाप क्या हो सकता है कि एक समूचा समाज अपने मूल स्वभाव, स्वधर्म को ही भूल जाए और जहाँ से जो हवा चले, उसके साथ बहने लगे—कभी रूस, कभी चीन और अमेरिका? भारतीय परम्परा में आत्मबोध को इसीलिए इतना गहरा महत्त्व दिया जाता था, क्योंकि उसके बिना मनुष्य सम्पूर्ण रूप से मनुष्यत्व नहीं प्राप्त करता। जब तक हम अपने को नहीं जानते, तब तक सारी दुनिया से कैसे कोई अर्थपूर्ण सम्बन्ध बना सकेंगे?

र.से. : क्या आपने इन 'चिन्ताओं' को अपनी कहानियों, उपन्यासों में व्यक्त किया है?

नि.व. : हमारे तथाकथित महानगरों में लोगों के वैयक्तिक सम्बन्धों में जो रिक्तता और आत्म-उन्मूलनबोध आया है—अर्थ पाने की प्यास किसी दिव्य सत्ता के अभाव में एवं निर्वासित अनाथावस्था की पीड़ा—ये सब परोक्ष रूप से मेरी कहानियों में व्यक्त हुई हैं—किन्तु अधिक सीधे और समस्यामूलक स्तर पर उनकी अभिव्यक्ति मेरे निबन्धों और लेखों में हुई है, जो मैं पिछले वर्षों में कहानी-उपन्यास के साथ लिखता रहा हूँ।

र.से. : आपके प्रिय लेखक कौन हैं?

नि.व. : फ्रांसीसी लेखिका और चिन्तक सिमोन वेल की पुस्तकें मेरी प्रेरणा का सतत स्रोत रही हैं—ख़ास कर उनके निबन्ध-संग्रह 'द नीड फॉर रूट्स' और 'वेटिंग ऑन गॉड' जो आधुनिक युग के 'उन्मूलन-बोध' और आध्यात्मिक शून्यता का गहन विश्लेषण करती है। मुझे कामू का लेखन भी बहुत प्रभावशाली लगता है—ख़ास कर जिस निर्भीकता से उन्होंने फ्रांस के सुविधापरस्त वामपंथी लेखकों का विरोध किया था। आर्वेल का प्रांजल पारदर्शी गद्य बरसों बाद आज भी उतनी

ही ताज़गी और सच्चाई में पगी गरिमा में चमकता दिखाई देता है। वास्लाव हावेल ने चेक कारागृह से अपनी पत्नी ओल्गा को जो पत्र लिखे थे ('लेटर्स टु ओल्गा'), वे मुझे इसलिए भी आत्मीय लगते हैं, क्योंकि मैंने भी अपने जीवन के कुछ श्रेष्ठ वर्ष चेकोस्लोवाकिया में गुज़ारे थे।

कथा साहित्य में उन्नीसवीं शताब्दी के लेखकों—टॉल्स्टॉय, दोस्तोएव्स्की, तुर्गमेव, चेख़ॅव ने अपने उपन्यासों, कहानियों में जिस सघन सांद्रता और अन्तर्दृष्टि से मनुष्य की आध्यात्मिक विडम्बनाओं को, जो अब तक दर्शन और अध्यात्म के घेरे में आती थीं, उन्हें एक कथ्यात्मक स्पेस प्रदान किया, वह अपने में अद्‌भुत है। प्रूस्त का उपन्यास—'खोये समय की खोज', एक अद्‌भुत औपन्यासिक सृष्टि है, जिसकी विश्व साहित्य में कोई तुलना नहीं।

भारत में रवीन्द्रनाथ ठाकुर का 'गोरा' और प्रेमचन्द का 'गोदान' आधुनिक क्लासिक माने जा सकते हैं—कथा में लिखे गए हमारे जातीय आख्यान। अज्ञेय के 'शेखर' और रेणु के 'मैला आँचल' ने हिन्दी के कथ्यात्मक गद्य को नये मोड़ दिये—कुछ उसी तरह जैसे बांग्ला में ताराशंकर बनर्जी के 'आरोग्य निकेतन' और विभूति भूषण वंद्योपाध्याय के 'आरण्यक' और 'पाथेर पांचाली' की भूमिका रही। वर्जीनिया वुल्फ़ के कथा-शिल्प ने हमेशा मुझे आश्चर्य में डाला है और हाल ही में पढ़े हुए टोनी मॉरीसन के उपन्यासों को पढ़कर लगा कि अमेरिका में नीग्रो जीवन की विकट गुंजलों को एक नये कथ्यात्मक शिल्प में ढालकर इतनी सशक्त अभिव्यक्ति दी जा सकती है...काश! हमारे दलित लेखक नारों और गालियों को अलग छोड़कर टोनी मॉरीसन जैसी लेखिकाओं से कुछ सीख पाते!

['टाइम्स ऑफ़ इंडिया' : 24 मई, 1997]
अंग्रेज़ी से अनूदित

परम्परा अपने को जानने का रास्ता है

वीना श्रीवास्तव की बातचीत

वीना श्रीवास्तव : 'मूर्तिदेवी पुरस्कार' प्राप्त कर आप कैसा महसूस कर रहे हैं?

निर्मल वर्मा : मुझे ख़ुशी है। इस तरह का निबन्धों के संग्रह पर पुरस्कार मिलने का मतलब है कि निबन्ध-सी गम्भीर विधा पर लोगों का ध्यान आकृष्ट हुआ है। अधिकतर पुरस्कार कविता, उपन्यास, कहानी संग्रह आदि पर दिये जाते हैं पर 'मूर्तिदेवी पुरस्कार' थोड़ा भिन्न है, अनूठा है जो चिन्तन केन्द्रित विषयों पर लिखी किताबों पर दिया जाता है।

वी.श्री. : पर मौजूदा दौर में निबन्ध बहुत कम लिखे जा रहे हैं। यह परम्परा टूटती-सी नज़र आ रही है जिससे इसके भविष्य पर भी प्रश्नचिह्न है।

नि.व. : मुझे नहीं लगता कि इस विधा में नहीं लिखा जा रहा या इसका भविष्य निराशाजनक है। असल में हमें आलोचनात्मक लेखन और निबन्ध को विभाजित नहीं करना चाहिए। आज जो आलोचनात्मक लेख लिखे जाते हैं, वे भी इसी विधा में आते हैं, निबन्ध शैली में ही आते हैं। देखा जाए तो आलोचनात्मक लेख पढ़ते हुए हमें वही आनन्द, वही रसास्वादन मिलता है जो अच्छे निबन्ध पढ़ते समय मिलता है। आज अगर हम इस विधा का भेद न करें तो हिन्दी में बहुत बड़ी संख्या में तो नहीं, पर अच्छे लेख, समीक्षाएँ और निबन्ध कम-से-कम कुछ उत्कृष्ट विचार-प्रधान पत्रिकाओं जैसे 'आलोचना' में पहले कभी निकला करते थे और आजकल 'पूर्वग्रह' में प्रकाशित होते हैं। आज रमेशचन्द्र शाह हैं, एक ज़माने में मलयज हुआ करते थे। साही के जो निबन्ध हैं, विद्यानिवास मिश्र के लेख हैं, अशोक वाजपेयी के निबन्ध और आलोचनात्मक लेख हैं—यह सब हमें एक काफ़ी शक्तिशाली विधा के रूप में सामने लाते हैं।

वी.श्री. : दलाई लामा से ही पुरस्कार प्राप्त करने के पीछे आपकी क्या सोच है?

नि.व. : मैंने कोई पूर्व-निर्धारित सोच के आधार पर तो ऐसा नहीं किया था। मुझे तो यह भी नहीं मालूम था कि उनके पास अवकाश होगा कि नहीं क्योंकि वह बहुत व्यस्त थे। लेकिन जब इस तरह का प्रस्ताव किया गया कि शायद वे आ सकें, ऐसी सम्भावना थी तो मुझे बहुत ख़ुशी हुई और उस ख़ुशी के कई कारण थे। उसमें एक तो यह कि तिब्बती स्वतंत्रता का जो आन्दोलन है, मैं उसमें भाग लेता रहा हूँ। तिब्बत पर चीनी आक्रमण से तो एक पूरी सभ्यता-संस्कृति को उन्मूलित किया जा रहा है, मैं उसका विरोध भी करता रहा हूँ—अपने लेखों में भी और अपने वक्तव्यों में भी। इसके अलावा तिब्बत की बहुत पुरानी परम्परा रही है जिसका विकास भारतीय परम्परा के साथ हुआ है। दोनों में बहुत गहरा सम्बन्ध रहा है। कश्मीर, तिब्बत, लद्दाख—ये सब ऐसे देश थे जहाँ पर भारतीय सभ्यता की परम्परा का विकास हुआ था और यह चिन्ता का विषय है कि तिब्बत की उस परम्परा पर एक तरह की मुसीबत आई हुई है। मैं समझता हूँ कि भारत के बुद्धिजीवियों को, जो अपनी इस परम्परा के प्रति सतर्क हैं, चिन्तित हैं, उन्हें पहल करनी चाहिए। जब दुनिया के बुद्धिजीवी तिब्बत के प्रति इतनी सहानुभूति प्रकट करते हैं तो यह बड़े शर्म की बात है कि भारत के लेखक चुप रहें। इसीलिए मुझे अतिरिक्त ख़ुशी हुई जब दलाई लामा ने आना स्वीकार किया। मेरे लिए तो यह गहरे सम्मान और सौभाग्य का अवसर था कि मुझे उनके हाथों यह पुरस्कार मिला और वह भी बुद्धपूर्णिमा के अवसर पर।

वी.श्री. : अभी जिस निबन्ध 'भारत और यूरोप : प्रतिश्रुति के क्षेत्र' पर आपको पुरस्कार मिला, उसमें आपने 'संस्कृति' शब्द का प्रयोग न कर 'सभ्यता' शब्द का प्रयोग किया है। इसके पीछे आपकी क्या सोच रही है?

नि.व. : संस्कृति की जगह सभ्यता शब्द का प्रयोग इसलिए किया है कि सभ्यता संस्कृति से थोड़ा व्यापक अर्थ रखती है। एक समाज किस लय पर अपने जीवन को निर्धारित करता है, सभ्यता उसका नाम है। सभ्यता उस लय को अभिव्यक्त करती है। ज़रूरी नहीं कि किसी समाज की संस्कृति समृद्ध हो तो उसकी सभ्यता भी बहुत विराट हो लेकिन भारतीय समाज की जो विराट संस्कृति व सभ्यता थी, उसके पीछे एक दर्शन था, एक चिन्तन शैली थी, अपने जीवन के उद्देश्यों को या लक्ष्यों को निर्धारित करने का एक साहस था और हमने एक ऐसे समाज का गठन करने का स्वप्न देखा जो कि हमारे सांस्कृतिक सपनों को चरितार्थ करता था, इसलिए 'सभ्यता' शब्द मैंने ज़्यादा उचित समझा। अपने इन निबन्धों के लिए जब गांधी जी ने 'हिन्द स्वराज' में लिखा था कि अंग्रेज़ों के जाने के बाद भारत को अपनी नियति को कैसा बनाना चाहिए तो उन्होंने इस सभ्यता को हमारे सामने रखा था।

इसमें न हिंसा के लिए स्थान था, न लिप्सा के लिए, न लोलुपता के लिए, न प्रकृति के विरुद्ध किसी तरह का अत्याचार या प्रकृति को मनुष्य का दास बनाने की लालसा थी। तो यह एक ऐसी अन्तर्दृष्टि थी जिसमें न केवल मनुष्यों और मनुष्यों के बीच सम्बन्धों को एक नई लीक पर निर्धारित करने का स्वप्न था बल्कि इसमें मनुष्य का समूचे विश्व के साथ एक नया सम्बन्ध स्थापित करने का लक्ष्य था। तो यह सभ्यता का स्वप्न गांधी जी ने अपने देश के लिए परिकल्पित किया था। इसीलिए मैंने सभ्यता शब्द का प्रयोग किया।

वी.श्री. : तो संस्कृति के बारे में आप क्या कहेंगे?

नि.व. : संस्कृति तो बिना किसी राष्ट्र के, बिना किसी गठित समाज के भी जीवित रह सकती है, जैसे अफ्रीका में कितनी संस्कृतियाँ हैं जिनका कोई गठित समाज नहीं है लेकिन फिर भी उनका नृत्य है, संगीत है, उनका साहित्य है या उनकी बोलियाँ हैं। यह एक अच्छी संस्कृति तो बनाती है पर सभ्यता का रूप देने के लिए उन बातों की ज़रूरत है जो समाज के लक्ष्यों को पूरा कर पाएँ। ऐसे समाज को बनाने की परिकल्पना जिसमें कि संस्कृति के लक्ष्य चरितार्थ हो सकें।

वी.श्री. : आपने जो यह विषय चुना, इसको लिखने की प्रेरणा आपको कैसे, कहाँ मिली?

नि.व. : मुझे जर्मनी में हाइडलबर्ग यूनिवर्सिटी में आमंत्रित किया गया था। वहाँ पर उन्होंने अज्ञेय की स्मृति में एक व्याख्यानमाला का आयोजन किया था जिसमें उन्होंने अलग-अलग अनुशासनों से विद्वानों को आमंत्रित किया था। भारतवर्ष से भी कुछ लोग गए थे जिनमें मैं और रोमिला थापर आदि थे। मुझसे कहा गया कि मैं भारतीय संस्कृति के बारे में कहूँ कि यूरोप के सम्पर्क में आने के बाद हमने क्या पाया, क्या खोया। किस तरह से हम अपनी परम्परा से विलगित हुए, किन रूपों से हमने उसे बचाने की चेष्टा की। चूँकि ये सारे प्रश्न यूरोप की सभ्यता के सम्पर्क में आने के बाद हमारे चिन्तन में आए, उन्हें मैंने इस निबन्ध में परिभाषित करने की कोशिश की।

वी.श्री. : आपको एक कहानीकार-उपन्यासकार के रूप में ख्याति मिली जबकि मुझे लगता है कि यात्रा-वृत्तान्त लिखने में भी आप बेजोड़ हैं, आपका कोई सानी नहीं है, लेकिन ट्रैवेलॉग राइटर के रूप में आपको उतनी प्रतिष्ठा नहीं मिली। इस बारे में आप क्या कहना चाहेंगे?

नि.व. : ये तो केवल पाठक ही जान सकते हैं।

वी.श्री. : आपके यात्रा-वृत्तान्तों में उस समय के सामाजिक, सांस्कृतिक, राजनीतिक परिदृश्य का वर्णन मिलता है। वह परिवेश जीवन्त हो उठता है।

नि.व. : मैंने यात्रा-वृत्तान्त ही तब लिखने शुरू किये जब मैं यूरोप की यात्रा पर गया था। पहले मैं केवल उन स्थानों के बारे में लिखता था जहाँ मैं अक्सर जाया करता था। पहाड़ों पर, स्टेशनों पर, लेकिन मुख्य रूप से मैंने कोई संस्मरण यूरोप जाने से पहले नहीं लिखे थे। 'चीड़ों पर चाँदनी' भी मैंने यूरोप जाने से पहले लिखा था लेकिन वह एक तरह से अपवाद था। यूरोप में मैं नौ वर्ष रहा, प्राग में भी, ईस्ट जर्मनी में भी और अन्य देशों में घूमता रहा तो मुझे लगा कि हर देश में एक दूसरी तरह के अनुभव होते थे। हर देश की शासन-व्यवस्था अलग थी। चेकोस्लोवाकिया में समाजवादी कम्यूनिस्ट पार्टी का राज्य था। वहाँ पर अजीब तरह की विसंगतियाँ थीं जो राज्य का अंकुश होने की वजह से समाज में पैदा हुई थीं। किस तरह से उस समाज के लोग अपने को पूँजीवादी व्यवस्था से अलग रखते थे, इसके बावजूद समाजवाद के बारे में जो भ्रम पैदा होता था, मैं उसके बारे में लिखता था। पहले तो मुझे लगता था कि वह अपनी समाजवादी व्यवस्था से सन्तुष्ट हैं लेकिन जब मैं वहाँ पर रहा, लोगों से मिला, वहाँ की यूनिवर्सिटी में कार्य किया तो मुझे एक असन्तोष की झलक दिखाई दी कि वे लिखना चाहते थे, स्वतंत्र रूप से अपनी किताबें छापना चाहते थे। स्वतंत्र रूप से अपनी नियति, अपना भविष्य निर्धारित करना चाहते थे। उसके बारे में भारत में बहुत कम लोगों ने लिखा था क्योंकि जितने प्रगतिशील लोग सोवियत संघ या चेकोस्लोवाकिया जाते थे, इन अँधेरे पक्षों के प्रति आँखें मूँदे रहते थे। मैंने सोचा कि एक लेखक को अपने निबन्धों में, यात्रा-संस्मरणों में सत्य तो लाना ही चाहिए।

वी.श्री. : आपके लेखन को परम्परा का पोषक माना जाता है, कहीं ऐसा तो नहीं कि आपको ठीक से समझा न गया हो, क्या ऐसा है?

नि.व. : जानबूझकर हमें किसी परम्परा में नहीं बँधना चाहिए, ऐसा मैं मानता हूँ। मनुष्य स्वतंत्र रूप से अपने जीवन के निर्णय लेता है। वह यह नहीं सोचता कि समाज उसके बारे में क्या सोचेगा, उसके पूर्वजों ने किस प्रकार के निर्णय लिये हैं। उस समय उसे अपनी ज़िन्दगी का सुख-दुःख स्वयं चुनना होगा। जहाँ मैं यह मानता हूँ कि मनुष्य को अपनी स्वतंत्रता में दख़ल डालने की इजाज़त नहीं देनी चाहिए, वहीं यह भी मानता हूँ कि आप किस तरह के निर्णय लेते हैं, किस तरह का रास्ता चुनते हैं, किस तरह की जीवन-पद्धति अपनाते हैं—वह भी एक ढाँचे के भीतर ही आप ले सकते हैं और यह ढाँचा परम्परा से मिलता है। अच्छा है, आप परम्परा को जान पाएँ ताकि हम सही तरीक़े से अपना रिश्ता इससे जोड़ पाएँ।

जब हम नदी में तैरते हैं तो हमें नदी के पानी के बारे में, उसके प्रवाह के बारे में जानना चाहिए। तभी उस प्रवाह में हम अपने को सन्तुलित रख पाएँगे। परम्परा को हम किस दृष्टि से लेते हैं, यह महत्त्वपूर्ण है। मुझे नहीं लगता कि परम्परा मेरी स्वतंत्रता को खंडित करती है। बल्कि मैं अपनी स्वतंत्रता का उपयोग तभी ठीक ढंग से कर सकता हूँ जबकि मैं अपने परम्परागत सामाजिक परिवेश को ठीक से समझ पाऊँ ताकि मैं उसके साथ एक स्वस्थ और अर्थपूर्ण रिश्ता जोड़ पाऊँ। इस अर्थ में परम्परा मेरे लिए बहुत मूल्यवान है। इसमें मैं एक बात और भी जोड़ना चाहूँगा कि हम परम्परा के विरोध में तभी कुछ अर्थपूर्ण कर सकते हैं जबकि हम यह जाँच सकें कि हम किसका विरोध कर रहे हैं। अगर हमें लगता है कि हमारे समाज में कुछ ऐसी कुरीतियाँ हैं, कुछ इस तरह की परम्पराएँ हैं जो मनुष्य के स्वस्थ विकास में बाधा डालती हैं या मेरे जीवन की गति को रोकती हैं तो फिर मैं उसका सामना ज़्यादा सही तरीक़े से कर पाऊँगा। इसलिए परम्परा का ज्ञान वैसे बहुत ज़रूरी है—चाहे मैं उसका समर्थन करूँ या विरोध करूँ, यह बात अलग है। परम्परा अपने को जानने का रास्ता है।

वी.श्री. : पिछले दिनों एक शीर्ष साहित्यकार ने अपनी पत्रिका में 'न लिखने के कारणों' की पड़ताल का अभियान चलाया था। क्या आपको भी लगता है कि इस समय कुछ नहीं लिखा जा रहा?

नि.व. : जब न लिखने के कारणों पर इतना लिखा जा रहा है तो फिर वैसे कितना लिखा जा रहा होगा!

वी.श्री. : आपकी रचनाओं में एक नाटक भी है। बाद में इस विधा में आपने कुछ नहीं किया?

नि.व. : नहीं, वह नाटक नहीं है। वे तीन कहानियाँ हैं। उनका मंचन किया गया था पर वे नाटकों के रूप में नहीं लिखी गईं। मौलिक रूप से वे कहानियाँ ही हैं जिन्हें अंकुर जी ने नेशनल स्कूल ऑफ़ ड्रामा की तरफ़ से मंचस्थ किया था।

वी.श्री. : 'परिन्दे' आपकी सर्वश्रेष्ठ कहानी मानी जाती है लेकिन आपकी नज़र में सर्वश्रेष्ठ कहानी या अन्य विधा में सर्वश्रेष्ठ क्या है?

नि.व. : यह कह पाना बहुत मुश्किल है। कुछ कहानियाँ ज़रूर हैं जो लोगों को ज़्यादा पसन्द आईं, कुछ कम पसन्द आईं पर उसमें मेरे लिए किसी का चयन कर पाना हमेशा ही मुश्किल कार्य रहा है। वैसे समय-समय पर अपनी कहानियों के प्रति मेरी भी रुचि बदलती ही रहती है। कभी मुझे कोई कहानी अच्छी लगती है तो कभी कोई।

वी.श्री. : आपकी सर्वश्रेष्ठ कृति आ चुकी है या आनी बाक़ी है?

नि.व. : यह कहना भी मुश्किल है। अपने लिखने के बारे में क्या कहा जाए! जब तक आदमी लिख नहीं लेता तब तक लिखने के बारे में बात करना ज़्यादा शुभ चीज़ नहीं है।

वी.श्री. : जहाँ तक सन्तोष का प्रश्न है, क्या आप सन्तुष्ट हैं अपने लेखन से?

नि.व. : सन्तोष तो लिखने के बाद होता है। कई चीज़ों को लिखने के बाद लगता है, बात बन गई है। ऐसा लगता है कि आप जिस तरह की कहानी लिखना चाहते थे, आप थोड़ा-बहुत सफल हो गए हैं पर कभी-कभी असन्तोष भी बहुत गहरा होता है और ज़्यादातर असन्तोष ही अपनी कहानियों से होता है। मेरे ख़याल से यह असन्तोष ही है कि एक लेखक एक कहानी से दूसरी कहानी, एक उपन्यास से दूसरे उपन्यास को लिखता रहता है। उसे कभी यह नहीं लगता कि उसे सन्तुष्टि मिल गई है या सत्य पा लिया है।

वी.श्री. : मौजूदा साहित्यिक परिदृश्य पर आपकी टिप्पणी?

नि.व. : मौजूदा साहित्यिक परिवेश पर कोई निर्णय लेना तो काफ़ी मुश्किल है लेकिन पत्र-पत्रिकाओं में कोई ऐसा लेख या कहानी पढ़ने को मिल जाती है जो बहुत ही विचारोत्तेजक जान पड़ती है। पिछले पाँच वर्षों से ऐसे लेखक निबन्धकार हमारे बीच आए हैं जिन्होंने बहुत ही ताज़ा ढंग से चीज़ें लिखी हैं जो पहले दिखाई नहीं देती थीं और मैं समझता हूँ, यह महत्त्वपूर्ण चीज़ है क्योंकि ख़राब चीज़ें तो किसी भी ज़माने में ज़्यादा संख्या में लिखी जाती रही हैं। अच्छी चीज़ें हमेशा अनुपात में कम ही होती हैं। चाहे कम लिखी जा रही हों पर उससे सन्तोष मिलता है।

वी.श्री. : जैसे राजनीति में केन्द्रीकरण होता है, बागडोर किन्हीं ख़ास नेताओं के हाथ में होती है, उसी तरह साहित्यिक माफ़िया परम्परा या साहित्यिक माफ़िया के बारे में आप क्या कहना चाहेंगे? जैसे किसी शीर्षस्थ साहित्यकार, उभरते लेखक पर कोई अच्छी टिप्पणी कर दे तो उसे अच्छा मान लिया जाए या उसके बारे में ख़राब लिख दे तो उसकी योग्यता पर प्रश्नचिह्न लग जाए?

नि.व. : मैं समझता हूँ, चाहे कोई किसी तरह का भी साहित्यिक माफ़िया क्यों न हो, अच्छी रचनाओं को ख़राब साबित करना उतना ही मुश्किल है जितना कि ख़राब रचना को श्रेष्ठ साबित करना। कुछ समय के लिए तो ऐसा हो सकता है लेकिन समय की छलनी में छनकर जो रचना आएगी, उसी का महत्त्व शाश्वत या चिरकालिक रहेगा। कई ऐसे लेखक थे जो अपने ज़माने में ज़्यादा प्रसिद्धि नहीं पा सके, जैसे मुक्तिबोध।

उनकी कविताएँ हमेशा शक्तिशाली लगती थीं और उनके समकालीन कई साहित्यकार थे जिन्हें ख्याति व यश प्राप्त था, आज उनके बारे में कोई जानता भी नहीं है। लेकिन आज मुक्तिबोध के बिना हिन्दी कविता की परिकल्पना भी नहीं कर सकते। समय के साथ-साथ कविता या कहानी को समझने की क़ाबिलीयत आ ही जाती है, इसलिए साहित्यिक माफ़िया थोड़ी देर के लिए ज़रूर व्यवधान डाल सकता है लेकिन अच्छे-बुरे का ज्ञान एक न एक दिन अवश्य ही पाठक को होता है। उसे धोखा देना बहुत मुश्किल है।

वी.श्री. : आपने कई विधाओं में लेखन किया है पर आपको सबसे ज़्यादा किस विधा में लिखने में आनन्द आता है?

नि.व. : कहानी लिखने में मुझे सबसे ज़्यादा अच्छा लगता है। मुझे लगता है कि यह विधा शायद मेरे सबसे निकट है। उपन्यास भी ठीक है पर डायरी, जर्नल अधिक आत्मीय जान पड़ते हैं।

वी.श्री. : नई पीढ़ी के साहित्यकारों के बारे में आपकी क्या राय है?

नि.व. : उन्हें थोड़ी तपस्या की ज़रूरत है। सिर्फ़ लिखने से ही लेखक बनना मुश्किल है। लिखने का भी एक अनुशासन होता है, एक ट्रेनिंग होती है जो किसी स्कूल-कॉलेज में नहीं सीखनी पड़ती बल्कि स्वयं अपने को सिखानी पड़ती है। लिखने के लिए पुस्तकों का परिवेश, एक अध्ययन की पीठिका होनी चाहिए। बहुत-सी किताबें पढ़कर यह लगता है कि आपका मस्तिष्क या आपका संवेदनतंत्र अधिक परिष्कृत होता है और बिना इस आत्मपरिष्कार के अच्छी कविता या कहानी लिखना इसलिए मुश्किल है क्योंकि भाषा पर अधिकार होना बहुत ज़रूरी है। शब्दों के प्रति यदि एक लेखक की संवेदनशीलता नहीं विकसित होती तो उसकी कहानी या कविता लिखने की अभिलाषा केवल एक कोरी अभिलाषा ही है, उसके पीछे किसी तरह की तैयारी नहीं है। ऐसा मैं सोचता हूँ। अधिकांश लेखक इस तैयारी से गुज़रे बिना ही अपनी चीज़ों को छपवाने की कोशिश करते हैं। यह मेरे ख़याल में जल्दबाज़ी है जो ठीक नहीं है।

['राष्ट्रीय सहारा' : 8 जून, 1997]

मुझे अपना व्यक्तिगत जीवन सार्वजनिक करने में गहरा संकोच होता है

विनोद भारद्वाज की बातचीत

विनोद भारद्वाज : निर्मल जी, आणविक विस्फोटों के इस माहौल में कभी-कभी आपको डर नहीं लगता है? आप कैसा सोचते हैं भारत और पाकिस्तान जैसे देशों के परमाणु शक्ति बन जाने को लेकर?

निर्मल वर्मा : डर तो लगता है। ज़रूर डर लगता है। जब हम टेलीविज़न पर बोस्निया के गृहयुद्ध के रक्तरंजित फ़ुटेज को देखते हैं तो हम यह सोचते हैं कि हमसे इसका कोई सम्बन्ध ही नहीं है। ये सब चीज़ें कहीं दूर हो रही हैं। किसी और देश में या दूर कहीं अफ़्रीका में, जबकि यही चीज़ें हमारे देश में भी हो सकती हैं। कोई रोकने वाला नहीं है। मैं उन बुद्धिजीवियों में से नहीं हूँ जो फ़ाइव स्टार होटल में बैठकर अपनी अन्तश्चेतना को साफ़ करने के लिए अणुबम के ख़िलाफ़ कोई बयान दे देते हैं। हमें अपनी सीमाओं और सुरक्षा के परिवेश को देखना होगा। सीमाओं पर लाखों सैनिक हर दिन जोखिम उठाकर अपना काम कर रहे होते हैं। उन सबका भी हमें बचाव करना है। आख़िर कुछ ही लोगों का बलिदान क्यों किया जाए? वे बारह महीने दुर्गम पहाड़ियों, घाटियों में रहकर अपना काम करते हैं। मैं मानता हूँ कि ये विस्फोट दुर्भाग्यपूर्ण हैं। हिरोशिमा के बाद कहीं भी ये विस्फोट नहीं होने चाहिए थे। इन पर सार्वभौमिक पाबन्दी लग जानी चाहिए थी। पर मैं इस बात पर हैरान हो जाता हूँ कि यह शर्त बड़े राष्ट्रों पर क्यों नहीं लागू होती है? क्या अणुशक्ति के प्रयोगों पर पाबन्दी लागू करने की दो कसौटियाँ हैं? पश्चिमी देश जब चाहें, अणुशक्ति का अंबार लगा सकते हैं जिससे सारी दुनिया कई बार नष्ट हो सकती है। यह कहाँ तक नैतिक है? संयुक्त राष्ट्र में सारी दुनिया में नशीली दवाओं पर पाबन्दी लगाने के सवाल पर छोटे-बड़े राष्ट्रों में कोई भेद नहीं है। तो फिर अणुशस्त्रों पर

ऐसी पाबन्दी क्यों नहीं लगाई जा सकती? सच तो यह है कि मुझे भारत द्वारा किये गए अणु विस्फोटों पर कोई गर्व नहीं है। लेकिन इस पर मुझे शर्म भी नहीं महसूस हो रही। कश्मीर के राजा ने जब पाकिस्तानी आक्रमण का सामना करने के लिए भारत से सैनिक मदद माँगी थी, तो अहिंसावादी गांधी जी ने इन सेनाओं को भेजे जाने का समर्थन किया था। आज जब अणु विस्फोटों के सम्बन्ध में गांधी जी की दुहाई दी जाती है, तो अक्सर लोग इस सत्य को भुला देते हैं।

वि.भा. : रूसी लेखक दोस्तोएव्स्की आपके भी प्रिय लेखक हैं। उनका एक प्रसिद्ध कथन है : 'सुन्दरता एक दुनिया को बचाएगी।' मुझे यह कथन हमेशा जटिल और बहुअर्थी लगता है। आप इसकी व्याख्या कैसे करेंगे?

नि.व. : मैं सुन्दरता को कभी भी एक अलग मूल्य के रूप में नहीं देख पाया। वह एक अभिव्यक्ति है। जैसे पेड़ पर उगा हुआ एक फूल इसलिए सुन्दर है क्योंकि उसकी जड़ें नीचे अँधेरी धरती से समूची संजीवनी शक्ति खींचकर उसे सुन्दरता प्रदान करती हैं। मेरे लिए जीवन के वे सब मूल्य महत्त्वपूर्ण हैं जो सुन्दरता को जन्म देते हैं। लेकिन इसी सुन्दरता को यदि एक अमूर्त मूल्य के रूप में स्वीकार करना होगा, तो वह मैं नहीं कर सकता। यहूदियों की खाल से जर्मन सुन्दर लैम्पशेड बनाते हैं, तो भले ही वह लैम्पशेड अपने में सुन्दर हो पर मेरे लिए वह सुन्दर नहीं है। मेरी चिन्ता यह है कि इस सुन्दरता के पीछे कौन-से उपादान काम कर रहे हैं।

वि.भा. : कुछ साल पहले आपके एक इंटरव्यू में कही गई यह बात बहुत चर्चित हुई थी कि भाजपा को सरकार बनाने का अवसर मिलना चाहिए। आज आप इस बात को कैसे देखते हैं?

नि.व. : फ़िलहाल कुछ भी कहना बहुत जल्दी में कही गई बात होगी। पिछले पचास साल में हमारे शासन में सत्ता की नीतियों का एक ढाँचा बना है, भाषा को लेकर हमारे यहाँ औपनिवेशिक नीतियों का अनुकरण किया गया है, अंग्रेज़ी-हिन्दी की एक ख़ास तरह की शिक्षा-पद्धति रही है। इन सबके विरोध में भाजपा ने अपना एक अलग कार्यक्रम बनाया है। तथाकथित धर्मनिरपेक्ष व्यवस्था के विरोध में नई भारतीय सभ्यता के उन्मेष को जागृत करने की इच्छा बड़ी चीज़ है। किन्तु 'कथनी' को 'करनी' में ढालने के लिए समय चाहिए। तीन-चार महीने में समूचे ढाँचे को नया विकल्प नहीं दिया जा सकता। संसद में भाजपा आज अपने-आपमें अल्पमत वाला दल है। समझौते करने की उसकी अपनी विवशताएँ हैं। फ़िलहाल इसलिए कोई जजमेंट उचित नहीं है। यदि भविष्य में भाजपा को साफ़ तरह की मैजॉरिटी मिले और तब वह अपनी कार्यनीतियों पर अमल न कर पाए, तो सचमुच यह गहरे शोक की बात होगी।

वि.भा. : बीसवीं शताब्दी की शुरुआत में हमारे जो सपने और आदर्श थे, आज उन्हें जब हम याद करते हैं, तो इसी शताब्दी के अन्तिम वर्षों में आपको कैसा महसूस होता है?

नि.व. : बीसवीं शताब्दी की शुरुआत में हमारे पास पश्चिम के भौतिकवाद से अलग एक दृष्टि थी। विवेकानन्द, श्री अरविन्द और महात्मा गांधी आदि ने पश्चिम के भौतिकवाद के अमानवीय और राक्षसी रूप को अस्वीकार किया। इन विचारकों के पास जीवन के वे मूल्य थे जिनसे मनुष्य सम्पूर्ण मनुष्य बनता है। स्वतंत्रता के बाद हमने पश्चिम के 'विकासवादी' मूल्यों का अनुकरण करते हुए जिस जीवन-ढाँचे का निर्माण किया, राष्ट्र के निर्माण की जो प्रक्रिया शुरू हुई, उसमें हमने अपनी संस्कृति और सभ्यता की मूलभूत मान्यताओं की अवहेलना शुरू कर दी। शताब्दी के अन्त में इसीलिए यह चुनौती नये सन्दर्भों में हमारे सामने है। एक तरफ़ अपनी सभ्यता के स्वप्न और आदर्शों को कार्यान्वित करने का प्रश्न है, दूसरी तरफ़ 'नेशन स्टेट' का निर्माण करने की अपनी विवशताएँ हैं। जिस जीवन-ढाँचे का निर्माण किया, राष्ट्र के निर्माण की जो प्रक्रिया शुरू हुई, उसमें हमने अपनी संस्कृति और सभ्यता की मूलभूत मान्यताओं की अवहेलना शुरू कर दी। शताब्दी के अन्त में इसीलिए यह चुनौती नये सन्दर्भों में हमारे सामने है। आज की असलियत को हमें इन सम्पूर्ण सन्दर्भों में देखना-समझना होगा।

वि.भा. : आज अचानक पिछले कुछ वर्षों में भारतीय अंग्रेज़ी के अनेक लेखकों को पश्चिम में अभूतपूर्व सफलता मिली है। उन्हें अग्रिम रॉयल्टी की बड़ी-बड़ी रक़म मिल रही है। मीडिया उन पर फोकस कर रहा है। क्या इसके पीछे एक कारण यह भी है कि पश्चिमी देशों के लेखन की अपनी रचनात्मक भूमि बंजर हो गई है?

नि.व. : मैं यह तो नहीं स्वीकार कर सकता कि भारतीय अंग्रेज़ी में जो लिखा जा रहा है, वह निकम्मा और अर्थहीन है। उसका पश्चिम में महत्त्व है तो इससे उसकी कलात्मक उत्कृष्टता कम नहीं हो जाती। इधर विक्रम सेठ, अमिताभ घोष, अरुंधति रॉय आदि के 5-6 उपन्यास ऐसे आए हैं जो कलात्मक दृष्टि से उत्कृष्ट हैं। आज हरेक देश में नये साहित्य के परिवेश को जानने की उत्सुकता है। पश्चिमी बंजर रचनात्मकता की आपकी बात सही है। पश्चिमी देशों में लोग अपने देश की साहित्यिक कृतियों की सीमित दुनिया से तंग आ गए हैं। स्त्री-पुरुष सम्बन्धों की हिंसा, छोटे नगरों की विसंगतियों के चित्रण अब उन्हें आकर्षित नहीं करते। भारतीय अंग्रेज़ी का लेखन पश्चिमी पाठकों को विशिष्ट लग रहा है। उसका एक अनूठा स्वाद है। इसके अलावा इनका कथात्मक रचाव, शिल्प भी सुन्दर है। मुझे क्षोभ तो इस बात का है कि भारतीय अंग्रेज़ी साहित्य समूचे भारतीय साहित्य का प्रतिनिधित्व नहीं करता है।

सलमान रुश्दी ने जैसे अपने संकलन में ग़लतफ़हमी पैदा की है। क्षेत्रीय भाषाओं के साहित्य के प्रति अज्ञान को कभी-कभी जानबूझकर बढ़ावा दिया जाता है। वैसे एक बड़ी सच्चाई यह भी है कि भारतीय भाषाओं के श्रेष्ठ साहित्य के अगर अच्छे-से-अच्छे अनुवाद भी हों, तो भी वे विदेशी पाठकों को आकर्षित नहीं करेंगे। सच तो यह है कि पश्चिमी पाठक भारतीय मनीषा, भारतीय जीवन के अन्तर्द्वंद्वों के प्रति कोई रस या रुचि या समझ नहीं रखते। ऑक्टोवियो पाज़ की काव्य-चेतना स्पानी भाषा के सन्दर्भों में कितनी भी फ़ैंसी हो पर उन सबके भाषा, इतिहास, धर्म आदि के समान सन्दर्भ भी हैं। मिसाल के लिए सुर्रियलिज़्म (अतियथार्थवाद) का समान सन्दर्भ ही पाज़ को पश्चिम में स्वीकार्य बना देता है।

रवीन्द्रनाथ ठाकुर के गीतों का अच्छा अनुवाद भी हो, तो भी उन्हें सेंटीमेंटल माना जाएगा। यूरोपीय कविता से उसकी अलग दिशा है। इस कविता के अध्यात्म, धर्म, संगीत के सन्दर्भों का विदेशी मनीषा से सम्बन्ध नहीं है। हम अपने को धोखा देते रहे पर सच्चाई यही है।

वि.भा. : हिन्दी में अच्छी आत्मकथाओं, जीवनियों की कमी है। अज्ञेय जैसे लेखक की जीवनी भी जब छपती है तो वह साधारण और नीरस लगती है। मुझे लगता है कि जीवनी लेखक के पास अपने विषय के प्रति श्रद्धा ही नहीं, बुनियादी अश्रद्धा भी होनी चाहिए। आपने कभी आत्मकथा लिखने का मन बनाया? 'एक दिन का मेहमान' जैसी आपकी कहानियों में स्पष्ट आत्मकथात्मक रुझान है।

नि.व. : बच्चन जी की आत्मकथा अच्छी है। वह लेखक के अपने बारे में ही नहीं है। समूचे कायस्थ परिवार के संस्कारों ने उनके जीवन को कैसे बदला, उसकी तथ्यात्मकता दुर्लभ है। मेरे मन में आत्मकथा लिखने की इच्छा कभी उत्पन्न नहीं हुई। सिद्धान्ततः मुझे यह सही नहीं लगता कि एक लेखक को आत्मकथा लिखनी चाहिए। रचना जीवन का प्रतिबिम्ब नहीं है, न होनी चाहिए। आडेन ने तो यह कह दिया था कि मेरी मृत्यु के बाद कोई जीवनी न लिखी जाए। मेरे पत्र जला दिये जाएँ। मुझे अपना व्यक्तिगत जीवन सार्वजनिक करने में गहरा संकोच होता है। मैं लिखना भी चाहूँगा तो महादेवी वर्मा की तरह जीते-जागते आसपास के चरित्रों पर लिखना चाहूँगा यानी व्यक्तिगत जीवन से हटकर मित्रों, पशुओं, पुराने नौकरों, बच्चों आदि के संस्मरण। जब हम अपने जीवन की घटनाओं को फ़िक्शनलाइज़ कर देते हैं, तो हमें उन छिपे हुए मन के कोनों को कुरेदने का मौक़ा मिल जाता है जो कभी हम सीधे-सपाट तथ्यों में प्रकट न कर पाते। टी.एस. इलियट जैसे लेखकों ने निर्वैयक्तिकता पर ज़ोर दिया था। इसका यह अर्थ नहीं कि लेखन में अपना व्यक्तित्व शामिल न हो। लेकिन अपने व्यक्तित्व का अतिक्रमण करने की क्षमता भी उसमें होनी चाहिए। आत्मकथा के विवरण नहीं, पर आसपास के जीवन की घटनाएँ मेरे लिखने के

जीवन में हस्तक्षेप करती हैं। यात्रा-संस्मरणों में शहर के परिवेश के साथ मैं अपना रिश्ता खोजता हूँ। अपने को देखने का यह एक अप्रत्यक्ष तरीक़ा है—आत्मकथा की विधा के रूप में नहीं। वैसे मुझे गांधी, नेहरू, बर्ट्रेंड रसेल आदि की आत्मकथाएँ, टॉल्स्टॉय या वर्जीनिया वुल्फ़ की डायरियाँ बहुत अच्छी लगती हैं। वर्जीनिया वुल्फ़ की डायरियाँ और पत्र ऐसा युद्धस्थल है जहाँ वह अपने से लड़ती थीं।

वि.भा. : काफ़्का के पत्र और डायरियाँ कितनी महत्त्वपूर्ण हैं? अगर उन्हें जला दिया गया होता... ?

नि.व. : हाँ, वे महत्त्वपूर्ण हैं। पर मैं इस बात को नहीं मानता कि लेखक की प्राइवेट लाइफ़ को जानकर उसके लेखन की कोई गहरी समझ हमें मिलती है। इलियट ने 'वेस्टलैंड' जब लिखी, तो उनकी पत्नी पागल हो चुकी थी। सम्बन्धों में गहरा संकट था। यह आत्मकथात्मक कविता भी है। पर क्या इस जानकारी का कोई काव्यात्मक महत्त्व है? वह कविता अपने में महान, विशिष्ट और अंग्रेज़ी साहित्य में क्रान्तिकारी है। जहाँ तक जीवनी की बात है, उसके लेखन की एक कला है। लेखक को देवता मानकर हम उसे निर्जीव बना देते हैं। उसके छिछोरेपन, कमज़ोरियों, उसके अपने नर्क के भीतर झाँककर ही समूचे व्यक्तित्व के उतार-चढ़ाव को समझा जा सकता है। आपने अश्रद्धा भाव का ज़िक्र कर ही दिया है। लेखक अपने अच्छे जीवनी लेखक पर भरोसा कर सकता है। अपने पत्र, डायरियाँ, संस्मरण आदि आपने जीवनकाल में छपाने का उसे संकोच हो सकता है। पर अपनी मृत्यु के बाद वह सारी सामग्री किसी भरोसे के व्यक्ति को सौंप सकता है।

मुझे ई.एम. फार्स्टर की जीवनी आदर्श जीवनी लगती है। अपने मित्र को मरने से पहले उन्होंने सभी चीज़ें सौंप दी थीं। उसमें देवास के दिनों के उनके निजी जीवन, अपनी समलैंगिकता आदि के दिलचस्प प्रसंग भी हैं। अमृतराय अपने पिता प्रेमचन्द की जीवनी में बहुत-सी बातें दबा गए जबकि एस. गोपाल ने अपने पिता डॉ. राधाकृष्णन की जीवनी बहुत निष्पक्ष भाव से लिखी। यहाँ तक कि उन्होंने पिता के 'वुमेनाइज़र' रूप को भी नहीं छिपाया। क्या हम हिन्दी के लेखक सचमुच ऐसे पत्र, डायरियाँ आदि लिखते हैं जो फ्रैंक हों, मुखर हों, बिना शर्त के लिखी गई हों? हिन्दी लेखकों में अज्ञेय का जीवन कितना समृद्ध था! उनका सैनिक जीवन भी था। पर उनके व्यक्तिगत जीवन के बारे में एक शब्द भी नहीं मिलता है। उनका सार्वजनिक जीवन बहुत 'एडवेंचर्स' और 'रिच' था। पर उनकी जीवनी में न सार्वजनिक जीवन है और न व्यक्तिगत जीवन। बीच का एरिया है। भारतेन्दु, प्रसाद आदि सभी का व्यक्तिगत जीवन अब तक अँधेरे में है। दरअसल जीवनी विधा विकसित तकनीकी उपकरण माँगती है। उसमें तथ्य जमा करने का धैर्य, मेहनत, निष्ठा आदि की ज़रूरत है। अल्बैर कामू की अब नई जीवनी आ गई है। उसमें नई चीज़ें सामने आई हैं।

दरअसल जीवनी लेखक के मन में कोई आत्म-वर्जना नहीं होनी चाहिए। हाँ, ख़ुद लेखक में ऐसा कोई संकोच हो, तो हमें उसका सम्मान करना चाहिए।

पश्चिम में इस तरह के काम होते रहते हैं। हर दस-पन्द्रह वर्षों बाद नये तथ्यों की रोशनी में किसी लेखक का पुनर्मूल्यांकन किया जाता है।

['जनसत्ता' : जुलाई, 1998]

भारत और तिब्बत की यातना

शंकर शरण की बातचीत

शंकर शरण : हिन्दी जगत में बहुत कम लोग हैं जो तिब्बत के लिए सोचते और मुखर होकर बोलते हैं। तिब्बत से आपकी सहानुभूति कब से और कैसे उत्पन्न हुई?

निर्मल वर्मा : दरअसल मेरी पृष्ठभूमि कुछ ऐसी रही है कि तिब्बत पर चीनी आक्रमण होने से पहले भी कम्यूनिस्ट व्यवस्थाओं के इतिहास से मैं अपरिचित नहीं था। मैंने कई वर्ष चेकोस्लोवाकिया में बिताए थे। मैं वहाँ पर चेक भाषा और साहित्य का अध्ययन करने गया था। उन दिनों का अनुभव मेरे लिए यह था कि सोवियत संघ ने जिस प्रकार एक छोटे-से देश चेकोस्लोवाकिया पर बराबर दबाव डाला और जब वहाँ की कम्यूनिस्ट पार्टी ने कम्यूनिज़्म का सुधार करने के लिए क़दम उठाए तो उसे किस तरह कुचलने के लिए आक्रमण किया। तभी से मुझे पता चला कि सोवियत सत्ता का न तो अन्तरराष्ट्रीय भाईचारे से कोई सम्बन्ध है, जिसे वे कम्यूनिज़्म के नाम पर बराबर प्रचारित करते रहे, न ही वे उन शक्तियों से मूलभूत रूप से अलग हैं जिन्हें वे अमेरिका या इंग्लैंड की तरह साम्राज्यवादी कहते रहे। जब किसी छोटे देश, चाहे उसमें कम्यूनिस्ट पार्टी की ही व्यवस्था क्यों न हो, यदि वहाँ पर सरकार की नीतियाँ किसी बड़ी कम्यूनिस्ट पार्टी की नीतियों के विरुद्ध जाती हैं या उसकी महत्त्वाकांक्षाओं के रास्ते में रुकावट डालती हैं तो उस बड़ी कम्यूनिस्ट व्यवस्था को चाहे वह चीन हो, सोवियत संघ हो, उसके सामने किसी तरह की कोई नैतिक हिचकिचाहट या अवरोध नहीं रहता कि वह बल के द्वारा या छल के द्वारा उस छोटे राष्ट्र की संस्कृति, सभ्यता, स्वतंत्रता को छीनने का प्रयत्न न करे। ऐसे अनुभव के बाद कम्यूनिज़्म के प्रति जो मेरा सम्मोहन या आकर्षण था, वह कुछ इस बुरी तरह टूटा कि जब तिब्बत की अन्दरूनी नीतियों में चीन ने हस्तक्षेप करना शुरू किया तो मुझे यह समझते देर न लगी कि यह वही कम्यूनिस्ट प्रकार की साम्राज्यवादी लिप्सा है जिसका स्वरूप मैंने यूरोप में सोवियत संघ की नीतियों में देखा था।

शं.श. : सोवियत संघ की नीतियों का ऐसा स्वरूप सबसे पहले आपने कब महसूस किया था?

नि.व. : इसका धीरे-धीरे अहसास मुझे भारत में ही हुआ था जब 1956 में हंगरी में एक बहुत बड़े विरोध की आवाज़ उठी थी, जिसमें हंगेरियन कम्यूनिस्ट सत्ता के विरुद्ध वहाँ के मज़दूर, वहाँ की जनता, यहाँ तक कि कम्यूनिस्ट पार्टी के लोगों ने भी अपनी आवाज़ उठाई थी। तब स्टालिन की मृत्यु हो चुकी थी और ख्रुश्चेव सत्ता में थे। ख्रुश्चेव ने अपनी सेनाएँ हंगरी में भेजीं और काफ़ी बड़े रक्तपात के बाद वे इस विरोध को क़ाबू में कर पाए थे। तब पहली बार मुझे लगा कि ख़ुद को श्रमिकों की सरकार कहने वाली सत्ता किस तरह से दूसरे देश की व्यवस्था का दमन कर सकती है जो ख़ुद मेहनतकशों की सरकार मानी जाती है। यह एक शिक्षाप्रद अनुभव था। मुझे लगा कि एक दृष्टि से पश्चिमी साम्राज्यवाद और कम्यूनिस्ट साम्राज्यवाद के बीच कोई मूलभूत अन्तर नहीं है।

शं.श. : इससे पूर्व आपमें साम्यवादी व्यवस्था के प्रति आकर्षण था?

नि.व. : कॉलेज में और बाद में भी मैं समाजवाद के प्रति आकर्षित हुआ था। भारतीय समाजवाद में लोहिया और जयप्रकाश जी की किताबें मैंने पढ़ी थीं। मुझे लगता था कि स्वतंत्रता के बाद भारत की आर्थिक समस्या तब तक नहीं सुलझ सकती जब तक कोई रेडिकल क़दम इस असमता और शोषण को दूर करने के लिए न उठाया जाए। मुझे लगता था कि कांग्रेस की नीतियाँ लोकतांत्रिक होने के बावजूद उस बुनियादी परिवर्तन के प्रति शिथिल हैं, उतनी उत्सुक नहीं हैं जितनी कि वामपंथी पार्टियों की नीतियाँ हैं। समाजवाद के प्रति आकर्षण मुझे कम्यूनिस्ट पार्टी के नज़दीक ले गया। इसका कारण यह भी था कि कम्यूनिज़्म के नाम पर चीन की क्रान्ति सफल हो चुकी थी। फिर सोवियत संघ से भी बड़ी आशाएँ थीं क्योंकि उसने जर्मन फ़ासिज़्म को हराया था। मन में यह एक प्रबल चीज़ थी कि यदि सोवियत संघ में सोवियत सत्ता के प्रति जनता का विश्वास न होता तो वे स्वतंत्रता के लिए इतने बड़े पैमाने पर बलिदान नहीं करते। लेकिन जब शीत युद्ध की राजनीति चली और फिर ख्रुश्चेव की गुप्त रिपोर्ट सामने आई तो पहली बार लगा कि जो 1936 के आसपास सोवियत संघ में सीक्रेट ट्रायल्स हुए थे, बहुत-से कवियों को लेबर कैम्प में भिजवाया गया था, जिनके बारे में हम हमेशा प्रश्न पूछा करते थे, मगर कभी उसका उत्तर हमें नहीं मिलता था और क्योंकि हम इतने अधिक फ़ैनेटिकल थे कि जो कुछ सोवियत विरोध में लिखा जाता था, जैसे आर्वेल या कोएस्लर और सिलोन जैसे लेखकों की पुस्तकें, तो उन पर अधिक विश्वास नहीं हो पाता था। कम्यूनिस्ट प्रचार इतना शक्तिशाली था कि इन विरोधी आवाज़ों पर हमारा विश्वास नहीं हो पाता था।

मगर जब वह सब घटनाएँ होने लगीं—हंगरी, चेकोस्लोवाकिया पर सोवियत आक्रमण और ख़ुद भारत में रणदिवे के समय कम्यूनिस्ट पार्टी में संकीर्ण नीतियों का अनुकरण—इससे मुझे लगा कि न केवल कम्यूनिस्ट पार्टी का लोकतंत्र में कोई विश्वास नहीं है बल्कि स्वयं मार्क्सवाद के आमूल परिवर्तन की परिकल्पना में भी बहुत बड़ा खोखलापन है। यद्यपि वह प्रचार का एक मुखौटा ज़रूर है।

अब मेरे जैसे व्यक्ति, जिसकी पृष्ठभूमि ऐसी रही हो, उसे समझने में देर नहीं लगी कि चीन का तिब्बत के प्रति रवैया बराबर धोखाधड़ी का, छल का, प्रपंच का रहा है, और जवाहरलाल नेहरू का यह तरीक़ा रहा कि वे चीन पर विश्वास करते रहे। उनका सोवियत संघ और चीन के प्रति हमेशा सद्भाव और सहानुभूति का रवैया रहा। चीनी क्रान्ति का बड़े उत्साह से उन्होंने स्वागत किया था इसलिए वे कल्पना भी नहीं कर सकते थे...और तिब्बत के बारे में उनका कुछ ज़्यादा गहरा ज्ञान नहीं था कि उसका क्या इतिहास रहा है। चीन की बराबर एक विस्तारवादी नीति रही। तिब्बत शक्तिशाली होता था तो स्वतंत्र रहता था वरना चीन उसे अपना उपनिवेश बनाने की कोशिश करता रहता था। नेहरू जी का चीनियों पर अन्धविश्वास-सा था और दलाई लामा उन दिनों बहुत छोटे थे। तिब्बत अपने को बड़ा असुरक्षित पाता था। उसका सबसे बड़ा सहारा नेहरू और भारत थे। जब चीन को यह लगा कि दलाई लामा उसका खेल नहीं खेलने वाले हैं तो उसने तिब्बत में एक गहरा दमन शुरू किया। इसके परिणामस्वरूप दलाई लामा और हज़ारों तिब्बती शरणार्थियों को भारत आना पड़ा। अजीब बात यह है कि उन दिनों भी भारत की कम्यूनिस्ट पार्टी कहती थी कि दलाई लामा तिब्बत की सामन्ती शक्तियों का प्रतिनिधित्व करते हैं।

शं.श. : कम्यूनिस्ट तो अब भी यही कहते हैं।

नि.व. : इसका मतलब आज तक, सोवियत संघ की घटनाओं के बाद भी, कम्यूनिस्ट पार्टी ने कोई सबक़ नहीं सीखा है।

शं.श. : नहीं, क्योंकि पुरानी पीढ़ी अब बदल नहीं सकती और नये लोग कम्यूनिस्ट पार्टी में हैं नहीं। फिर उनमें सीखने-समझने की इच्छा भी नहीं रह गई है।

नि.व. : मुझे तिब्बत के ऊपर चीन की सुजरेनिटी (आधिपत्य) या सॉवरेनिटी (सम्प्रभुता) की बात किसी भी तर्क के आधार पर समझ नहीं आती थी। तिब्बत की सभ्यता, संस्कृति, उसका बौद्ध धर्म और अतीत बहुत कुछ भारत की सभ्यता-संस्कृति और बौद्ध धर्म के निकट रहा है। तिब्बत से बौद्ध भिक्षु शताब्दियों से भारत आते रहे। यहाँ की कई पांडुलिपियों का उन्होंने अनुवाद किया जो तिब्बत के संग्रहालयों में रहा। कश्मीर और तिब्बत के बीच सांस्कृतिक सम्बन्ध थे। तिब्बत की एक स्वायत्त सांस्कृतिक अस्मिता थी जिसकी चीनी सभ्यता से कोई समानता नहीं थी।

नेहरू जी ने तिब्बत पर चीन की सुजरेनिटी मानी थी पर उन्होंने कभी कल्पना भी नहीं की थी कि उस सुजरेनिटी का मतलब यह होगा कि वह एक दिन चीन का उपनिवेश बनकर रह जाएगा। किसी तरह की स्वायत्तता तिब्बत के हाथ में नहीं बचेगी।...इधर दलाई लामा ने जर्मनी में एक विनम्र घोषणा भी की कि हम चीन से बाहर होने की माँग नहीं कर रहे, उसके भीतर रहकर ही एक तरह की स्वायत्तता चाहते हैं। पर इस तरह की माँगों को भी ठुकरा दिया गया। इससे स्पष्ट होता है कि चीन के नेताओं में किसी तरह की इच्छा नहीं है कि वे किसी प्रकार की रियायत या तिब्बत के प्रति उदारता का बरताव करें। उलटे वे तिब्बत में जिस प्रकार चीनियों को भेजकर वहाँ की डेमोग्राफ़ी को बदल रहे हैं, वहाँ की प्रकृति का विनाश कर रहे हैं, वहाँ अणुबमों की सामग्री का चूरा तथा करकट फेंक रहे हैं, उससे जान पड़ता है कि वे तिब्बत के प्राकृतिक साधनों का पूरा दोहन करने में लगे हुए हैं और तिब्बत के सांस्कृतिक चरित्र का आमूल परिवर्तन करने में सक्रिय हैं।

शं.श. : कभी-कभी तो लगता है कि स्वयं चीनी भी तिब्बत को अपना हिस्सा नहीं मानते। अपने हिस्से के साथ कोई इतना बुरा बरताव नहीं करता। चीनी क्रान्ति के तुरन्त बाद ही चीनी सेना तिब्बत में गई थी। क्या उस समय भी आपको बुरा लगा था या आपने उस समय उतना ध्यान नहीं दिया था?

नि.व. : उस समय चीन का तिब्बत के प्रति रुख़ उग्र और हिंसात्मक नहीं था। जब उन्होंने अपनी क्रान्ति की विजय को कॉन्सोलिडेट कर लिया, सुदृढ़ कर लिया, तब वे तिब्बत के प्रति अधिक आक्रामक नीतियाँ अपनाने लगे। उस समय तो बहुत उत्साह था हमारे भीतर चीनी क्रान्ति के प्रति। चीनी सभ्यता भी बड़ी महान सभ्यता रही है। सन् यात् सेन की क्रान्ति, फिर च्यांग काई शेक और जवाहरलाल नेहरू के सम्बन्ध बहुत अच्छे थे। जब जापानी आक्रमण चीन पर हुआ था, हमारी सहज रूप से सहानुभूति चीन के साथ थी। शायद इसी के कारण कुछ देर लगी यह समझ पाने में कि जिस कम्यूनिस्ट पार्टी ने चीन को मुक्त किया था, वही कम्यूनिस्ट पार्टी सत्ता में आने के बाद किसी छोटे देश को अपना ग़ुलाम बनाएगी, इसकी कल्पना कम हो पाती थी उन दिनों। मगर यह भी एक कारण था कि तिब्बत के बारे में हमारा ज्ञान बहुत कम था, अनुभव नहीं था, उसे हम बहुत पिछड़ा हुआ समझते थे।

शं.श. : तिब्बती भी दुनिया से कटे हुए रहते थे। वे स्वयं भी इसे एक कारण मानते हैं जिससे कि चीन उन पर क़ाबिज़ हो सका। अच्छा, अभी जो निर्वासित तिब्बती अपनी स्वतंत्रता या स्वायत्तता के लिए आवाज़ उठा रहे हैं, उसमें कभी-कभी एक दुविधा-सी दिखती है। कभी लगता है कि वे चीन से पूर्ण स्वतंत्रता के लिए लड़ रहे हैं,

कभी लगता है कि वे चीन के अन्दर रहकर किसी प्रकार की स्वायत्तता को भी स्वीकार कर सकते हैं। जैसा आपने कहा कि इतिहास भी ऐसा ही रहा है कि शक्तिशाली होने पर तिब्बत स्वतंत्र रहता आया है, अन्यथा चीन के अधीन रहा है। यह स्थिति थोड़ी पेचीदा लगती है। क्या इसे कुछ सरल किया जा सकता है? आपके विचार में स्वायत्तता या स्वतंत्रता में क्या उचित या सम्भव है?

नि.व. : मेरे विचार में यह प्रश्न तभी कुछ मायने रखेगा जब चीन की नीति में तिब्बत के प्रति कोई परिवर्तन आएगा। अभी तो आप स्वायत्तता की ही माँग क्यों न करें, यदि आपका आन्दोलन चीन पर किसी प्रकार का दबाव नहीं डाल सकेगा या अन्तरराष्ट्रीय आवाज़ इतना महत्त्व नहीं रखेगी कि चीन के नेताओं को भी विवश करे कि जब तक वे तिब्बत के मामले को नहीं सुलझाते, पश्चिमी राष्ट्र, मुख्यतः अमेरिका, भी उनके साथ किसी तरह का व्यापारिक सम्बन्ध नहीं रखेगा। जब तक अन्तरराष्ट्रीय सम्मेलनों और गोष्ठियों में मानवाधिकार का प्रश्न तिब्बत को लेकर प्रचारित नहीं होता तब तक स्वायत्तता या स्वतंत्रता, दोनों ही बातें मुझे हवाई जान पड़ती हैं। आख़िर दलाई लामा तो आख़िरी सीमा तक गए थे जब उन्होंने कहा कि हम सीमित स्वायत्तता को मानने के लिए तैयार हैं। पर चीन पर इससे भी कोई असर नहीं हुआ।

शं.श. : तिब्बत के लिए वातावरण बनाने में या चीन के नेताओं पर दबाव डालने में अमेरिका की भूमिका, आपकी समझ में क्या बहुत बड़ी होगी?

नि.व. : अमेरिका की नीति महत्त्वपूर्ण हो सकती है पर अमेरिका अपनी स्वार्थ-लिप्साओं में इतना लिप्त है कि वह मानव अधिकारों का प्रश्न तभी उठाता है जब यह स्वार्थों से जुड़ता हो। कश्मीर में आज जो कुछ हो रहा है उसमें अमेरिका ज़्यादातर चुप्पी साधने का काम करता है।...पर मैं समझता हूँ कि अमेरिका की तुलना में अफ्रीका और एशिया के देशों को तिब्बत के मामले में अधिक सक्रिय भूमिका निभानी चाहिए, विशेष कर भारत को। भारत की चुप्पी या ढुलमुल नीति मुझे तो बहुत ही लज्जास्पद जान पड़ती है। भारत के नेताओं को डर लगता है कि तिब्बत के बारे में बोलने से कहीं कश्मीर के मामले को न उठाया जाए। लेकिन मैं समझता हूँ कि उन्हें स्पष्ट रूप से कश्मीर और तिब्बत के भीतर क्या बुनियादी अन्तर है, इसका पूरा इतिहास बताना चाहिए। कश्मीर अपनी संस्कृति में हज़ारों वर्ष से भारत का अभिन्न भाग रहा है जबकि तिब्बत हमेशा सांस्कृतिक रूप से चीन से बिलकुल भिन्न रहा है। भारत के प्रतिनिधियों को यह अन्तर समझना चाहिए। चूँकि कश्मीर में मुस्लिम कट्टरपंथियों की आतंकवादी कार्रवाई हो रही है, इससे डरकर और चीन के साथ मैत्री दिखाने की लालसा में तिब्बत पर चुप्पी साध लेना या उसे बलिदान कर देना—इससे बढ़कर शर्म की क्या बात हो सकती है!

शं.श. : ऐसा लगता है कि डर से ज़्यादा यह हमारे राजनीतिज्ञों का प्रिय तर्क हो जाता है कुछ न करने का। डर से अधिक यह अकर्मण्यता है।

नि.व. : उन्हें यह मालूम होना चाहिए कि हम आज उतना भी नहीं बोल रहे हैं जितना मसला 1950 या '60 के दशक में उठाते थे, जब हम तिब्बत के मामले को सबसे आगे लाकर रखते थे और चीन से इस पर ख़ासी बातचीत होती थी। हम तिब्बत के हित को अपने देश-हित के साथ जोड़कर देखते थे। यदि आज तिब्बत पूरी तरह चीन का भाग बन जाता है तो भारत की उत्तरी सीमाएँ ख़ुद ख़तरे में पड़ सकती हैं। यह बात तो ख़ैर दूसरी है कि अभी भी वहाँ से नदियों का जल हमारे यहाँ प्रदूषित होकर आता है तो उससे हमारे आर्थिक 'स्वास्थ्य और पर्यावरण पर बुरा असर पड़ता है। मुझे तो यह लगता है कि भारत की नैतिक आवाज़ अमेरिका से कहीं ज़्यादा अर्थ रखेगी' यदि भारत संयुक्त राष्ट्र या अन्य जगहों पर इन बातों को रखे। नेहरू जी ही थे जिन्होंने अपनी नासमझी में कुछ ग़लतियाँ तो कीं, पर उन्होंने ही इसे स्वीकार भी किया। भारत ने ही अपनी ग़लती को पहचाना भी। इसी अपराध-बोध से भारत ने दलाई लामा को शरण दी। कोई समृद्ध देश न होते हुए भी तिब्बती शरणार्थियों की सहायता के लिए जो कुछ कर सकता था, भारत ने किया। पर यह बात मुझे बहुत अखरती है कि दलाई लामा आज तक भारत की संसद में नहीं बोल सके हैं जबकि उन्होंने अमेरिका की सीनेट में भाषण दिया, और फ्रांस, इटली के राजनीतिज्ञों ने उन्हें बुलाया। पर भारत से इतना प्राचीन सम्बन्ध और पड़ोसी होते हुए भी हमारी संसद में उन्हें इतना महत्त्व नहीं दिया जाता। यह दुःखद है।

शं.श. : ऐसा लगता है कि पश्चिमी देशों में सरकार के स्तर पर शुरू से ही यह बात बन गई है कि जब दलाई लामा भारत में हैं और भारत ही कुछ नहीं बोलता तो पश्चिमी देश कितनी दूर तक जा सकते हैं?

नि.व. : कभी-कभी कुछ तिब्बती मित्र बोलते हैं कि यदि दलाई लामा भारत छोड़ कहीं और रहे होते तो शायद तिब्बत प्रश्न पर और सक्रियता दिखाई पड़ सकती थी।

शं.श. : जी हाँ, ऐसा पता चला है कि कुछ सरकारें, जैसे लिथुआनिया की सरकार तिब्बत की निर्वासित सरकार को मान्यता देना चाहती है। शायद जर्मनी भी। पर जब तक भारत इसे मान्यता नहीं देता तब तक प्रोटोकॉल की दृष्टि से यह एक अजीब-सी स्थिति हो जाएगी। इससे ऐसा ज़रूर लगता है कि भारत में रहने से तिब्बती निर्वासित सरकार का समर्थन व्यापक नहीं हो पा रहा है। परन्तु ऐसा भी लगता है कि भारत में आम पढ़े-लिखे लोगों में कट्टर वामपंथियों को छोड़कर तिब्बत के प्रति सहानुभूति का भाव तो है मगर लोग यह नहीं समझ पाते कि तब करें क्या?

एक बेबसी-सी भी महसूस करते हैं। क्या आप कोई सलाह दे सकते हैं कि तिब्बत की मदद के लिए भारत के लोगों को क्या करना चाहिए?

नि.व. : मुझे ऐसा लगता है कि तिब्बती निर्वासित सरकार को थोड़ा निर्भीक होकर भारतीय शहरों में, कम-से-कम बड़े शहरों में सीधे-सीधे, अगर राजनीतिक मंच पर नहीं तो सांस्कृतिक मंचों से अपनी बात पूरी स्पष्टता और निर्भीकता से कहनी चाहिए। आख़िर तिब्बत की दृष्टि में, उनकी संस्कृति ही उनकी राजनीति है क्योंकि वे सांस्कृतिक, राजनीतिक, धर्म और धर्मनिरपेक्षता में हम जैसे सेक्यूलरिस्टों की तरह भेद नहीं करते। यह बहुत सुन्दर बात है क्योंकि उनके लिए धर्म वही है जो उनके समूचे जीवन को प्रभावित करता है। उनका धर्म वह नहीं है कि चर्च या मन्दिर में जाकर पूजा करने के बाद हम व्यावहारिक दुनिया में लग जाते हैं। उनका व्यावहारिक और ग़ैर-व्यावहारिक जीवन एक धर्मसूत्रता के साथ बँधा हुआ है। तो इस बात से उन्हें नहीं डरना चाहिए कि यदि वे अपना सन्देश भारत के बुद्धिजीवियों को, राजनीतिज्ञों को या जो कर्मठ लोग हैं, या आम जनता है, वहाँ जाकर तिब्बत की समस्या पर, तिब्बत में जो कुछ हो रहा है उसके बारे में, इस तरह कहें जिसमें भारत सरकार को यह न महसूस हो कि कोई राजनीतिक प्रोपेगैंडा किया जा रहा है—क्योंकि तब उसे रोका जा सकता है। राजनीति उनका धर्म है और धर्म उनकी राजनीति है, इसलिए जो कुछ भी वे कहेंगे, उसमें राजनीति की अनुगूँज तो रहेगी ही। और तिब्बत की अस्मिता और बौद्ध धर्म आपस में इतने गुँथे हुए हैं कि भारतीय जनता में उनके प्रति हमेशा सहानुभूति जागृत होती रहेगी। एक तो तिब्बतियों को स्वयं अपनी ओर से अधिक सक्रिय होना चाहिए, और डरना नहीं चाहिए। भारत सरकार उन पर कोई विरोधी क़दम तभी उठाती है जब उसे लगता है कि वह बिना किसी विरोध के ऐसा कर सकती है। अगर किसी तिब्बती प्रदर्शन पर पुलिस यहाँ लाठी चलाती है और चारों तरफ़ से लोग और राजनीतिक पार्टियाँ सरकार की ऐसी नीति की आलोचना करती हैं तो आप देखेंगे कि सरकार धीरे-धीरे एक दूसरी तरह का रुख़ अपनाने लगती है। क्योंकि सरकार और सत्ताधारियों के मन में भी तिब्बतियों के प्रति कोई विरोध का भाव नहीं है। या तो वहाँ आलस्य है या फिर सहानुभूति ही है जो तभी मज़बूत हो सकती है जब स्वयं तिब्बतियों की ओर से एक मुहिम या आन्दोलन सतत रूप से चलता रहे—सांस्कृतिक स्तर पर, धार्मिक स्तर पर और अन्य मंचों पर।

दूसरे, हमारी राजनीतिक पार्टियों को तिब्बत के प्रश्न को नैतिक रूप में बराबर एक मुहिम की तरह संसद और इसके बाहर उठाते रहना चाहिए। इसे भारतीय राजनीतिक जीवन के कॉन्सेंस के रूप में प्रस्तुत करते रहना चाहिए। ये पार्टियाँ, जैसे कांग्रेस, कोई मोनोलिथिक तो नहीं है। इनमें तरह-तरह के विचारों के लोग हैं, तिब्बत के समर्थक लोग भी हैं। उन्हें हर अवसर पर इस प्रश्न को सामने रखना चाहिए।

इस तरह तिब्बतियों तथा भारतीयों दोनों पक्षों से यह आना चाहिए। दोनों चीज़ें आपस में सम्बन्धित हैं। तिब्बतियों का आन्दोलन जितना ही शक्तिशाली होगा, भारत सरकार उन्हें उतना ही स्कोप देगी कि वे अपना काम कर सकें। अगर तिब्बती डरते रहेंगे तो भारत सरकार भी उन्हें डराती रहेगी क्योंकि उसका फ़ायदा इसी में है कि वे चुप बैठे रहें। हालाँकि मिथ्या रूप में ही भारत सरकार ऐसा समझती है, वास्तव में तिब्बत के प्रश्न को उठाने में ही भारत सरकार का भी हित है। यदि भारत सरकार यह उठाती है तो चीन सरकार आकर उसका मुँह थोड़े ही बन्द कर देगी। भारत कोई चीन के अधीन तो नहीं है। यह स्वतंत्र देश है और एक स्वतंत्र देश को जो नैतिक और राजनीतिक रूप से उचित लगे, उसे कहने का अधिकार है।

शं.श. : हाँ, दुनिया में जो सरकारें तिब्बत के बारे में बोलती हैं, उनके चीन से सम्बन्ध चल ही रहे हैं। ख़त्म नहीं हो गए। पर जहाँ तक तिब्बतियों की बात है, जो निर्वासन में हैं, उनकी रणनीति अभी तक यही रही है कि दुनिया के नेताओं से, सांसदों से, प्रमुख लोगों से मिलकर उन्हें इस बात के लिए प्रेरित करने का प्रयास करना कि वे अपने-अपने सदस्यों को प्रेरित करें ताकि वे चीन पर तिब्बत समस्या के समाधान के लिए दबाव डालें। यह पिछले कई वर्षों से चल रहा है। किन्तु चीनी नेतृत्व के पास पहुँचकर बात ख़त्म हो जाती है क्योंकि वे तो जो स्वयं कहते हैं, उसे भी नहीं करते। देंग सियाओ पिंग ने कहा था कि तिब्बत की स्वतंत्रता को छोड़कर किसी भी बात पर बात हो सकती है। दलाई लामा ने 1988 में स्ट्रासबर्ग प्रस्तावों में स्वतंत्रता की बात भी नहीं की—केवल धार्मिक, सांस्कृतिक स्वायत्तता चाहिए। फिर भी चीनियों ने बातचीत से इनकार कर दिया। इस तरह तिब्बतियों की रणनीति एक बन्द गली में जाकर ख़त्म हो जाती है। आपके विचार में क्या कोई और रास्ता हो सकता है?

नि.व. : आपका प्रश्न महत्त्वपूर्ण है। इसके बारे में कई बार मैंने सोचा भी है और तिब्बती भी इस पर सोचते हैं। उनमें कभी-कभी गहरा असन्तोष देखा जाता है कि उनके प्रयास निष्फल हो रहे हैं। दलाई लामा के प्रयासों से कोई परिणाम अभी तक नहीं मिला है, ऐसा लगता है। मैं समझता हूँ कि दलाई लामा ने जहाँ तक अहिंसा को अपना उसूल बनाया है, वहाँ तक तो बिलकुल ठीक ही है। परन्तु अहिंसात्मक तरीक़े जिस तरह से अपनाए जा रहे हैं, केवल सरकारों को एप्रोच किया जाता है। तिब्बत के बाहर या अन्दर तिब्बती लोग चीन के आधिपत्य के विरुद्ध किसी तरह का अहिंसात्मक आन्दोलन ठोस रूप से नहीं चलाते हैं जिसमें उन्हें कुछ बलिदान भी करना पड़े, जिसकी ख़बर सारे देश में फैलेगी कि तिब्बतियों को कष्ट दिये गए, उन्हें जेल भेजा गया। इससे एक दूसरी तरह का समर्थन तिब्बतियों के प्रति उभरता है।

गांधी जी ने अहिंसा के भीतर ही ऐसा शक्तिशाली आन्दोलन छेड़ा था जिससे दुनिया का ध्यान आकर्षित हुआ था। ऐसा कुछ करना चाहिए जिससे दुनिया को लगे कि देखो, एक ये लोग हैं जो अपने देश के लिए अहिंसात्मक रूप से अपना बलिदान करने के लिए तैयार हैं। इसलिए ऐसे तरीक़े अपनाना ज़रूरी हो गया है कि दूसरे देशों की सरकारों पर निर्भर न रहकर स्वयं तिब्बतियों को लेकर आन्दोलन आगे बढ़े। इसका स्वरूप क्या हो, इस पर तो तिब्बती नेताओं को ही सोचना चाहिए पर मुझे लगता है कि हिंसा और अहिंसा के बीच एक बहुत बड़ी ज़मीन है जहाँ पर हर तरह की स्ट्रेटजी और टैक्टिक्स अपनाई जानी चाहिए।

शं.श. : बिलकुल। मैं बहुत दिनों से देख रहा हूँ कि अक्सर यह होता है कि कोई गोष्ठी आयोजित की जाती है। कुछ बड़े-बड़े लोग आते हैं, वही परिचित चेहरे—वही बातें होती हैं। कुछ महीने बाद फिर कोई गोष्ठी होती है। अब जो भारतीय सांसदों का मंच है, वह भी शायद ही कभी स्वयं कुछ करता है। सांसदों के मुख्य क्रिया-कलाप दूसरे हैं। अपने स्वतंत्र राजनीतिक क्रिया-कलापों में वह तिब्बत पर शायद ही कभी चर्चा करते हैं।

नि.व. : यह बात आपने बहुत ठीक उठाई। आप स्वयं ही उसे महत्त्व नहीं देंगे तो और लोग कैसे देंगे?

शं.श. : कुछ पुराने साम्यवादी हैं जो तिब्बत से सहानुभूति तो रखते हैं मगर उनका कहना है कि चीनियों के ख़िलाफ़ नारे लगाने, प्रदर्शन करने से तिब्बत का नुक़सान ही होता है। चीनी चिढ़ जाते हैं। इसलिए अच्छा यह है कि चीनियों को कह-सुनकर तैयार किया जाए और जो भी वह देना चाहें, उसी को लेकर तिब्बतियों का भला किया जा सकता है। चीन के ख़िलाफ़ बोलने से कोई फ़ायदा नहीं है। आपको यह बात कैसी लगती है?

नि.व. : जो भी थोड़ा-बहुत काम हो रहा है, वह लोग उसे भी इस तर्क के पीछे नष्ट कर देना चाहते हैं। प्रदर्शनों का एक समाचार महत्त्व होता है, पर चीन उससे डर नहीं जाता। किन्तु यदि उसे भी बन्द कर दें तो चीन पर क्या दबाव रह जाएगा? फिर क्या उसके मन में तिब्बत के प्रति प्रेम पैदा हो जाएगा? यह कैसा तर्क है! यह कुतर्क है। चीन को तो कोई भी बातचीत दलाई लामा से ही करनी पड़ेगी और दलाई लामा के न्यूनतम प्रस्तावों के प्रति भी चीन का क्या रुख़ है? वह ज़रा भी सहानुभूतिपूर्ण नहीं है। इसलिए वामपंथियों का तर्क मेरी समझ में नहीं आता।

शं.श. : अमेरिका के बारे में तो आपने कहा, पर अन्य पश्चिमी देशों में, सरकार या जनता के स्तर पर, तिब्बत के प्रति कैसा भाव है?

नि.व. : पिछले वर्षों में स्थिति में कुछ सुधार हुआ है—विशेष कर तब से, जब से दलाई लामा को नोबेल शान्ति पुरस्कार मिला है। वरना जब वे पेरिस या लन्दन जाते थे तो कोई बड़ा राज्य अधिकारी उनसे नहीं मिलता था, छोटे-मोटे लोग मिलते रहते थे। राष्ट्रपति या प्रधानमंत्री उनसे भेंट करने में कतराते थे क्योंकि चीन से व्यापारिक सम्बन्ध इन देशों के भी हैं। पर व्यापारिक राजनीतिक हित ही सौ प्रतिशत सच नहीं है। थोड़ी-सी जगह बची रहती है जहाँ अन्तर्मन भी कुछ कहना चाहता है—जहाँ कहीं अत्याचार हो रहा हो या किसी निर्दोष पर निर्ममता या बर्बरता बढ़ती जा रही हो। क्योंकि ये सरकारें कोई तानाशाही सरकारें तो नहीं हैं। जनता ही इन्हें चुनकर भेजती है तो जनता के प्रति भी उनका एक उत्तरदायित्व रहता है। जनता समाचार माध्यमों से घटनाओं के बारे में जानती रहती है। इसलिए अमेरिका में भी राजनीतिक नेता छिपकर चीन का समर्थन क्यों न करें, खुले रूप से करने में कतराते हैं। यह एक बड़ी बात है और यूरोप में तिब्बत की मदद करने की इच्छा अमेरिका की तुलना में अधिक है।

शं.श. : कुछ वर्षों से भारत और चीन के बीच सम्बन्ध सुधरने की चर्चा हो रही है। क्या आपको लगता है कि वास्तव में सम्बन्ध सुधर रहे हैं? दूसरी बात यह है कि कब से और क्यों भारत और चीन के सम्बन्ध बिगड़े थे? यह प्रश्न इसलिए कि कुछ लोगों का मानना है कि तिब्बती शरणार्थियों के कारण ही भारत और चीन के सम्बन्ध बिगड़े थे।

नि.व. : मैं इससे बिलकुल सहमत नहीं हूँ। मैं समझता हूँ कि भारत को चीन के प्रति एक नीति रखनी चाहिए, जिसमें उसे तिब्बत के मामले को नहीं उलझाना चाहिए। तिब्बत का मामला भारत की सीमाओं का मामला है—यह एक प्रश्न है। इस पर किसी प्रकार का समर्पण नहीं होना चाहिए। इसे ध्यान में रखकर भारत चीन से सम्बन्ध सुधार सकता है तो वह तभी सुधारेगा जब उसमें इतनी शक्ति होगी, जब चीन को भी यह लगे कि उसे भारत के साथ सम्बन्ध सुधारने चाहिए। चीन के साथ भारत का सीमा-विवाद तिब्बत के प्रश्न से जुड़ा हुआ है और उसका स्थायी हल तब तक नहीं हो सकता जब तक दोनों मामलों को एक साथ न देखा जाए और सम्बन्ध-सुधार की किसी भी वार्ता में इस प्रश्न को क़ालीन के नीचे नहीं दबा देना चाहिए, जैसा भारत सरकार ने पिछले बीस-तीस वर्षों में करना शुरू कर दिया। अपनी सीमा या तिब्बत के मामले को छोड़कर कोई समझौता नहीं किया जाना चाहिए। यह सुलझ न पाए, यह एक बात है पर चीन को यह न लगे कि भारत ने उसे स्वीकार कर लिया है। यह स्पष्ट रहना ज़रूरी है। इसे कूटनीतिक रूप से किया जाना चाहिए।

फिर सांस्कृतिक आदान-प्रदान में हमारे लेखक चीन जाते हैं। उन्हें तिब्बत के बारे में वहाँ प्रश्न उठाना चाहिए। वहाँ के लेखकों तथा संस्कृति के बारे में जानकारी लेनी चाहिए।

मुझे इस बात पर गहरी आपत्ति है कि हमारे लोग तिब्बत को चीन का अन्दरूनी मामला मानने लगे हैं।

शं.श. : एक प्रश्न यह है कि दलाई लामा के प्रति कुछ भारतीय मित्रों का कहना है कि उनके नेतृत्व में धर्म और राजनीति एक जगह मौजूद है। इसलिए लोकतंत्र के लिए इसका परिणाम अच्छा कैसे हो सकता है? यहाँ कई लोग भारत के सन्दर्भ में अक्सर इस तरह की चर्चा करते ही रहते हैं तो क्या तिब्बत के सम्बन्ध में भी वही बात है?

नि.व. : इसके बारे में मैंने संकेत किया था कि तिब्बतियों के लिए लौकिक और ग़ैर-लौकिक संसार अलग-अलग नहीं है। देखा जाए तो भारतीयों का भी अलग-अलग नहीं है। पर हमारे तथाकथित धर्मनिरपेक्षियों ने यूरोप के सांस्कृतिक प्रभाव में सेक्यूलर और रिलीजियस को दो ख़ेमों में ही विभाजित करने की कोशिश की है। यद्यपि एक भारतीय के जीवन में ऐसा कोई भेद नहीं रहता। धार्मिक अनुष्ठान उसके लौकिक, सांसारिक जीवन को भी प्रभावित करते हैं। देखा जाए तो धर्म का असली अर्थ यही है और इसी अर्थ में वह अंग्रेज़ी के रिलीजन से बहुत अलग है। रिलीजन जहाँ एक ख़ास तरह की निष्ठा या आस्था से सम्बन्ध रखता है, धर्म मनुष्य के जीवन के समूचे क्रिया-कलाप से जुड़ा है, इसका अर्थ व्यापक है। यह बात तिब्बती लोगों पर और भी गहराई से लागू होती है। वहाँ बौद्ध धर्म की नींव बड़ी पुरानी और गहरी है। उसमें भिक्षु जीवन और ग़ैर-भिक्षु जीवन के बीच उतना गहरा अन्तराल नहीं है जितना कि भारत या और देशों में है—जहाँ बिशप, प्रीस्ट्स, पुजारी या मुल्ला हैं। उनका एक अलग सम्प्रदाय बना रहता है, और जो लेइटी (Laity) हैं, उनका अलग—जो सांसारिक जीवन बिताते हैं। और इन दोनों के बीच कोई गहरा सम्बन्ध नहीं रहता। तो पहले यह समझना चाहिए कि तिब्बती समाज की एक विशिष्ट बात है जो उसकी अस्मिता को बनाती है।

जहाँ धर्म लौकिक जीवन से अलग हो जाता है, वहाँ यह आश्वासन स्वत: ही नहीं मिल जाता कि वहाँ तानाशाही सत्ता नहीं क़ायम होगी। सोवियत संघ में तो धर्म को पूरी तरह निष्कासित कर दिया गया था पर वहाँ घोर तानाशाही का विकास हुआ। इसलिए यह कहना कि धर्म और राजनीति के मिलने से ही किसी तरह की अलोकतांत्रिक व्यवस्था के जमने का ख़तरा रहता है—यह अपने में भी ग़लत विचार है। दूसरी बात जो ज़्यादा महत्त्वपूर्ण है कि दलाई लामा ने पिछले वर्षों में अनेक ऐसे वक्तव्य दिये हैं कि अगर उन्हें फिर से तिब्बत जाने का अवसर मिले और वहाँ जीवन सामान्य हो जाए तो सामाजिक और राजनीतिक व्यवस्था वही नहीं रहेगी जो पहले थी। उन्होंने यह भी कहा है कि वहाँ एक लोकतांत्रिक व्यवस्था होगी। यहाँ निर्वासित तिब्बती सरकार की संस्थाएँ भी लोकतांत्रिक तरीक़े से ही अपना कार्य करती हैं।

यहाँ लोगों को यह मालूम नहीं है कि पिछले वर्षों में दलाई लामा के मिशन में रेडिकल चेंज आया है। और ये परिवर्तन कोई आधुनिकीकरण के मोह में नहीं किये हैं दलाई लामा ने। वह पश्चिमी लोकतांत्रिक संस्थाओं का अनुकरण मात्र नहीं करने जा रहे हैं। उन्होंने उन संस्थाओं का गठन करने पर ज़ोर दिया है जो अपने धार्मिक-सांस्कृतिक चरित्र को अक्षुण्ण रखते हुए भी व्यक्ति की स्वतंत्रता को विकसित कर सकें, जो शायद पुरानी व्यवस्था में उतना नहीं हो पाता था। इससे समझना चाहिए कि तिब्बत में जिस लोकतंत्र का विकास होगा, वह भारतीयों के लिए भी प्रेरणा का स्रोत हो सकता है। भारत में लोकतांत्रिक संस्थाओं का विकास अपनी प्राचीन अस्मिता को खोकर किया गया है। दलाई लामा इसका उलटा करने का स्वप्न देख रहे हैं। यह अत्यन्त महत्त्व की बात है।

['गांधी मार्ग' : अगस्त, 1998]